「保険化」する社会保障の法政策

現状と生存権保障の課題

伊藤 周平
Ito Shuhei

法律文化社

目　　次／「保険化」する社会保障の法政策──現状と生存権保障の課題

序章　問題の所在──社会保障改革と生存権侵害 ……………………… 1

第1部　保険方式をとる社会保障分野の法政策

第1章　年金保険の法政策 …………………………………………………… 21
　第1節　公的年金制度と年金受給権　21
　第2節　年金制度改革の展開と財政検証　32
　第3節　年金受給権からみた年金減額処分の違憲性　41
　第4節　年金保険の法政策的課題　51

第2章　医療保険の法政策 …………………………………………………… 61
　第1節　医療保険の法体系と給付構造　61
　第2節　医療保険財政の法政策　73
　第3節　高齢者医療の法政策　80
　第4節　診療報酬の法政策　84
　第5節　医療保険制度改革の展開　88
　第6節　医療保険の法政策的課題　92

第3章　介護保険の法政策 …………………………………………………… 97
　第1節　高齢者福祉政策の展開と介護保険法の制定・施行　97
　第2節　介護保険の概要と給付構造　101
　第3節　介護保険財政の法政策　110
　第4節　介護保険制度改革の展開　115
　第5節　介護保険の法政策的課題　127

i

第2部 「保険化」する社会保障分野の法政策

第4章 障害者福祉の法政策 ……………………………………… 139
- 第1節 障害者福祉の沿革と障害者福祉改革の展開　139
- 第2節 障害者総合支援法の構造と法的問題　143
- 第3節 障害者福祉各法の構造と法的問題　149
- 第4節 障害者福祉の法政策的課題　151

第5章 児童福祉・保育の法政策 ………………………………… 157
- 第1節 児童福祉の理念と保育制度改革の展開　157
- 第2節 保育所保育の法的問題　163
- 第3節 子ども・子育て支援新制度の構造と法的問題　170
- 第4節 児童福祉・保育の法政策的課題　184

第3部 保険方式をとりえない社会保障分野の法政策

第6章 生活保護の法政策 ………………………………………… 201
- 第1節 生活保護の沿革と現状　201
- 第2節 生活保護法の基本原則と適用　206
- 第3節 生活保護基準の法政策　214
- 第4節 生活保護の種類と方法　225
- 第5節 生活保護の実施過程　228
- 第6節 生活保護の法政策的課題　232

終章 社会保障の法政策的課題 …………………………………… 241
――給付引き下げ・負担増の中の生存権保障の課題
- 第1節 社会保障の権利　241
- 第2節 社会保険の変容と生存権保障からみた社会保険の法政策的課題　252
- 第3節 社会福祉の変容と生存権保障からみた社会福祉・生活保護の法政策的課題　259

第 4 節　課題と展望——生存権保障の観点から　267

あとがき
判例索引

略語一覧

1　法令など
＊本文および注の法令等については，次に示すような略語を用いた（正式名の50音順）

医師	医師法
医療	医療法
介保	介護保険法
行審	行政不服審査法
行訴	行政事件訴訟法
行手	行政手続法
憲法	日本国憲法
健保	健康保険法
厚年	厚生年金保険法
高齢医療	高齢者の医療の確保に関する法律
国年	国民年金法
国保	国民健康保険法
子育て支援	子ども・子育て支援法
児福	児童福祉法
児手	児童手当法
社福	社会福祉法
障害総合	障害者の日常生活及び社会生活を総合的に支援するための法律
身障	身体障害者福祉法
生保	生活保護法
精神, 精神保健福祉法	精神保健及び精神障害者福祉に関する法律
地自	地方自治法
知障	知的障害者福祉法
認定こども園	就学前の子どもに関する教育，保育等の総合的な提供の推進に関する法律
労基, 労基法	労働基準法
老福	老人福祉法

2　判例

＊本文および注の判例については，次に示すような略語を用いた

最大判	最高裁判所大法廷判決
最判	最高裁判所小法廷判決
大阪高判	大阪高等裁判所判決
東京地判	東京地方裁判所判決
さいたま地決	さいたま地方裁判所決定
広島高岡山支判	広島高等裁判所岡山支部判決

3　判例集・判例収録誌

＊本文および注の判例集および頻繁に引用した雑誌名については，次に示すような略語を用いた

民（刑）集	最高裁判所民事（刑事）判例集
行集	行政裁判所判例集
訴月	訴務月報
判時	判例時報
判タ	判例タイムズ
労判	労働判例
判例自治	判例地方自治
金判	金融・商事判例
賃社	賃金と社会保障
保情	月刊保育情報

4　文　献

＊本文および注で頻繁に引用した文献は，以下のように略記した（著者・編者名の50音順）

阿部	阿部和光『生活保護の法的課題』（成文堂，2012年）
石橋	石橋敏郎『社会保障法における自立支援と地方分権——生活保護と介護保険における制度変容の検証』（法律文化社，2016年）
伊藤・権利	伊藤周平『権利・市場・社会保障——生存権の危機から再構築へ』（青木書店，2007年）
伊藤・介護保険法	伊藤周平『介護保険法と権利保障』（法律文化社，2008年）
伊藤・後期高齢者医療制度	伊藤周平『後期高齢者医療制度——高齢者からはじまる社会保障の崩壊』（平凡社，2008年）

伊藤・しくみと法　　伊藤周平『社会保障のしくみと法』(自治体研究社, 2017年)

伊藤・入門　　伊藤周平『社会保障入門』(筑摩書房, 2018年)

伊藤ほか　　伊藤周平・日下部雅喜『改定介護保険法と自治体の役割——新総合事業と地域包括ケアシステムへの課題〔新版〕』(自治体研究社, 2016年)

医療・福祉問題研究会　　医療・福祉問題研究会編『医療・福祉と人権——地域からの発信』(旬報社, 2018年)

碓井　　碓井光明『社会保障財政法精義』(信山社, 2009年)

加藤ほか〔第7版〕　　加藤智章・菊池馨実・倉田聡・前田雅子『社会保障法〔第7版〕』(有斐閣, 2019年)

加藤ほか〔第6版〕　　加藤智章・菊池馨実・倉田聡・前田雅子『社会保障法〔第6版〕』(有斐閣, 2015年)

菊池・将来構想　　菊池馨実『社会保障法制の将来構想』(有斐閣, 2010年)

菊池・社会保障法〔第2版〕　　菊池馨実『社会保障法〔第2版〕』(有斐閣, 2018年)

北野〔第7版〕　　北野弘久・黒川功補訂『税法学原論〔第7版〕』(勁草書房, 2016年)

塩野Ⅰ〔第6版〕　　塩野宏『行政法Ⅰ 行政法総論〔第6版〕』(有斐閣, 2015年)

社会保険研究所　　社会保険研究所編『介護保険の実務——保険料と介護保険財政』(社会保険研究所, 2015年)

高端ほか　　高端正幸・伊集守直編『福祉財政』(ミネルヴァ書房, 2018年)

西村〔第3版〕　　西村健一郎『社会保障法入門〔第3版〕』(有斐閣, 2017年)

堀・総論〔第2版〕　　堀勝洋『社会保障法総論〔第2版〕』(東京大学出版会, 2004年)

堀・年金保険法〔第4版〕　　堀勝洋『年金保険法——基本理論と解釈・判例〔第4版〕』(法律文化社, 2017年)

棟居　　棟居快行『憲法学の可能性』(信山社, 2012年)

序章　問題の所在──社会保障改革と生存権侵害

1　日本における貧困の拡大と脆弱な社会保障

いま，日本では，高齢者をはじめあらゆる世代にわたって貧困が拡大，深刻化している。

生活保護世帯数は過去最高を更新し，相対的貧困率は15.6％（2015年時点）と，前回調査時点（2012年）よりは低下したものの，依然として国際的にみて高い水準にあり（国民の6人に1人が貧困状態にある），子どもの虐待件数も高齢者の虐待件数も過去最多を更新し続けている。高齢者の孤立死・孤独死，家族の介護疲れによる介護心中事件，親亡き後の将来を悲観した障害者・家族の心中事件も後を絶たない。過労死・過労自殺の労働災害（労災）の認定も増加し続けており，2017年度の労災補償状況によれば，仕事が原因でうつ病などの精神障害を発症して労災認定を受けた人は506人で，はじめて500人の大台に乗り（うち98人が自殺・自殺未遂），過去最多になっている。

日本国憲法25条1項は，国民の「健康で文化的な最低限度の生活を営む権利」を明記し，同条2項は「国は，すべての生活部面について，社会福祉，社会保障及び公衆衛生の向上及び増進に努めなければならない」とし，国（地方自治体も含む）の社会福祉・社会保障における責任，その向上増進義務を規定している。憲法25条の規定を踏まえ，社会保障を定義するならば，失業しても，高齢や病気になっても，障害を負っていても，どのような状態にあっても，すべての国民に，国や自治体が「健康で文化的な最低限度の生活」を権利として保障する制度ということができる。そして，憲法25条1項で保障されるべき生活水準は，生存ぎりぎりの「最低限度の生活」（ヒトとしての生命体を維持できるぎりぎりの生活）ではなく，「健康で文化的な」ものでなければならないと解されている。日本における貧困の拡大と深刻化は，こうした社会保障制度が脆弱で十分

機能していないことを意味する。

　脆弱な制度に加え，現在，少子高齢社会に対応するため制度の持続可能性を確保する改革と称して，社会保障費の抑制・削減（以下「社会保障削減」という）が進められている。年金，医療など社会保障全般にわたり，社会保障削減を意図した諸立法，改正法が次々に成立し，生活保護基準や年金給付など社会保障の給付水準の引き下げ，給付の縮減・縮小（介護保険において特別養護老人ホームの入所資格を要介護3以上の人に限定するなど），費用負担（保険料負担や患者・利用者負担）の引き上げといった改革が実施に移されている。その結果，多くの国民，とりわけ年金生活者や生活保護受給者の生活実態は「健康で文化的な最低限度の生活」には程遠い現実が生み出され，これらの人の生存権侵害が常態化している。その意味で，現在の社会保障改革は，国民の生存権侵害をもたらす憲法25条違反の政策といえる。

　一方，以上のような給付水準の引き下げや費用負担の引き上げに対して，当事者が声をあげはじめている。もともと，日本の人権をめぐる訴訟の中で，さまざまな困難をかかえつつも，生活保護基準の違憲性を争った朝日訴訟など，固有の人名を付した裁判として，活発に提訴されてきたのが，憲法25条の生存権をめぐる裁判であったといわれる[1]。現在，生活保護基準引き下げの違憲訴訟が，全国29地方裁判所に提訴され，原告は1000人を超えている（2019年3月現在）。年金給付の引き下げについても，全国44都道府県39の地方裁判所に，それを違憲とする年金減額処分取消訴訟が提訴され，原告は5279人にのぼり（2019年4月現在），社会保障裁判では史上最大の集団訴訟に発展している。

　第1章以下の各論につなげる総論部分にあたる本章では，こうした状況を踏まえ，現在の社会保障改革の特徴を理念・内容の面から考察し，生存権をめぐる判例・学説を概観したうえで，改革による生存権侵害に歯止めをかける生存権理論と法政策の方向を示唆する。

2　社会保障改革の特徴と問題点

(1)　改革の基本的考え方・理念の特徴と問題点

　現在，進められている社会保障改革は，第1に，理念面で，憲法の定める生存権保障を基礎とするのではなく，「自助・共助・公助」論と「制度（財政）の

持続可能性」を基本的な考え方としている点に特徴がある。

　時系列的にみると，2012年に社会保障制度改革推進法が制定・施行され，それに基づき時限的に設置された社会保障制度改革国民会議が，2013年8月に「確かな社会保障を将来世代に伝えるための道筋」と題する報告書（以下「国民会議報告書」という）をまとめ，これを受けて，同年12月には，社会保障改革の手順・法案提出の工程（プログラム）を示した「持続可能な社会保障制度の確立を図るための改革の推進に関する法律」（以下「プログラム法」という）が制定・施行された。

　現在の社会保障改革は，このプログラム法に沿って進められるとともに，同法に改革の基本的考え方が典型的に現れている。すなわち，プログラム法は「受益と負担の均衡がとれた持続可能な社会保障制度の確立を図るための改革」を実施することを目的とし（1条），続く「講ずべき社会保障制度改革の措置等」の冒頭で，政府が「個人がその自助努力を喚起される仕組み」の整備に努めること，「住民相互の助け合いの重要性を認識し，自助・自立のための環境整備等の推進」を図ることを規定している（2条）。この考え方は，いわゆる「見返り」論であり，社会保険制度を機軸に置きつつ「負担なければ給付なし」という，社会保険の「保険原理」を徹底するものである。国民会議報告書も，社会保障の中心を社会保険に置き，社会保険制度の特徴を「保険料を支払った人にその見返りとして受給権を保障する仕組み」とする。

　しかし，そもそも，社会保障の給付を受けることは，憲法25条1項にいう「健康で文化的な最低限度の生活を営む権利」にほかならず，受給権は，必要（ニーズ）に応じて発生するのであって，保険料負担の見返りとして発生するのではない。歴史的にみても，社会保険制度は「保険原理」を「社会原理」により修正・克服する形で構築されてきた経緯があり，強制加入を原則とする社会保険は，保険料負担能力の低い人も被保険者とするのであるから，それらの人には保険料の減免が当然の前提となる（応能負担原則）。保険料負担（拠出）を前提としない給付があることこそが「社会保険」の特徴であり，「見返り」論は，そもそも成り立たない。プログラム法や社会保障制度改革推進法は，そうした社会保障発展の歴史的経緯，応能負担という憲法の原則を無視している。

　また，国民会議報告書は，自助や共助（ここでは「社会保険」をさす）では対応

できない困窮などの状況について，公的扶助や社会福祉などの「公助」が補完する仕組みを「社会保障」と定義づけているが，プログラム法では「公助」には触れず，「住民相互の助け合い」や「自助・自立のための環境整備等の推進」を図ることが「社会保障」と捉えられている[2]。しかし，これらは誤った社会保障の捉え方，少なくとも，生存権保障における国家責任（公的責任）を看過した社会保障概念の歪曲であり，憲法25条の立法による歪曲ともいえる。こうした社会保障概念の歪曲が行われているのは，公的責任（とくに国の責任）を縮小し，社会保障の削減を進めようとの政策意図に基づく。以上のような考え方で社会保障改革が進められているため，改革とは必然的に社会保障削減を意味することになる。

(2) 財政政策・経済政策の側面からの改革

第2に，財政政策・経済政策に従属する形で改革が進められ，社会保障制度のあり方が大きく変容している点に特徴がある。

2015年の「経済財政運営と改革の基本方針2015」に基づき経済・財政再生計画が策定され，2016年度から2018年度にかけて，社会保障関係費の自然増の伸びは年間5000億円に抑えられてきた。安倍政権の6年間で，医療崩壊をもたらしたといわれた小泉政権時代を，すでに上回る1.6兆円もの大幅削減である。

経済・財政再生計画では，社会保障分野で44項目もの改革検討項目が掲げられ（2018年の新改革工程表で61項目に），毎年改定される工程表（アクションプラン）に沿って，同じく毎年6月に閣議決定される「経済財政運営と改革の基本方針（骨太の方針）」により若干の軌道修正はあるものの，社会保障費，とくに医療・介護の公費負担部分が削減されてきた。2018年6月に閣議決定された「経済財政運営と改革の基本方針2018（骨太の方針2018）」でも2025年に国家財政のプライマリーバランス（基礎的財政収支）の黒字化を達成することを目標に（ただし，2019年7月に公表された内閣府の試算では，実質2％の高い経済成長が実現した場合でも，黒字化は2027年度になるとされている），抑制の目安こそ示さなかったが，社会保障費の自然増を引き続き抑制していくことが示された。

さらに，経済成長・経済再生の柱として社会保障が位置付けられ，医療・介護分野で，営利化・ビジネス化が進められ，保険給付の範囲や水準の切り下げが，民間需要を拡大する目的（企業のビジネスチャンス）で断行されている点に

特徴がある。[3)]

(3) 社会保障制度全般にわたる改革

　第3に，医療・年金・介護などの社会保険，子育て支援や障害者福祉など社会保障制度全般にわたって改革が進められているという特徴がある。

　年金・医療・介護など社会保険制度は，この間，保険料の引き上げや自己負担（医療費の自己負担，介護保険の利用者負担など）の増大，国庫負担の引き下げなどに加え，「負担なければ給付なし」という「保険原理」が強化され，制度そのものが，きわめて保険主義的な制度，私保険に近い制度に変容させられてきた。とくに，2000年から施行されている介護保険制度は，低所得を理由とした保険料免除を認めず，月額1万5000円という低年金の高齢者からも年金天引きで保険料を徴収し（特別徴収），給付費総額と保険料が連動する仕組みを構築しており，「保険原理」を徹底した制度であった。2008年には，後期高齢者医療制度が導入され，高齢者医療でも，保険料の年金天引きの仕組み，高齢者医療費と保険料が直結する仕組みがつくられた。また，国民健康保険料・介護保険料の滞納者への給付制限も強化されている。こうした「保険原理」の強化は，保険料を払えない低所得者を保険給付から排除し（社会保険の排除原理），必要な人が医療や介護の給付を受けられない事態，そして社会保険料・自己負担増による生活困窮，将来不安の増大といった事態を招いている。

　社会福祉法制についても，「措置から契約へ」の理念のもと，介護保険法，障害者総合支援法，子ども・子育て支援法など一連の立法により，高齢者福祉，障害者福祉，児童福祉の各分野において，社会福祉給付の大半が直接的なサービス給付（現物給付）から利用者個人へのサービス費用の助成（現金給付）へと転換させられた（個人給付方式）。同時に，株式会社をはじめとする多様なサービス供給主体の参入が促進され，利用者がそれらと契約を締結してサービスを利用する仕組みに変えられた（直接契約方式）。契約制度のもとでのサービス利用が現実に困難な者に対して，サービスを直接提供する措置制度は残されたが，同制度の形骸化と市町村責任の後退が顕著となっている。また，個人給付・直接契約方式の導入と規制緩和による企業参入により，とくに介護保険にみられるような供給量の増大をもたらしたものの，介護職や保育士などの労働条件の悪化と人材不足，サービスの質の低下をもたらしている（第3章第3節・

第5章第4節参照)。

3 社会保障改革と生存権をめぐる学説の動向と課題

以上のような社会保障の給付水準の引き下げと縮減, 費用負担の引き上げが続く中, 法的観点から歯止めをかける生存権論の確立が課題となる。社会保障法学は, これまで, 権利としての社会保障の観点から, そうした生存権論(社会保障法理論)の構築をめざしてきたが, 近年の学説状況は, こうした課題に十分応えているとはいいがたい現状にある。

第1に, 生存権理念の揺らぎ・相対化がみられる。1980年代に独立の法領域として確立した社会保障法学においては, 社会保障の法的根拠と基本理念を憲法25条の生存権規定に求めるのが通説的見解であった。国民の生存権実現のための政策規範や裁判規範の構築がめざされたといってよい。しかし, 1990年代以降, 社会保障法学説や実務において生存権理念の相対化がみられるようになってきた。生存権理念の相対化は, 1995年の「社会保障の再構築」と題した社会保障制度審議会の勧告(以下「95年勧告」という)に典型的にみられる。「95年勧告」では, 「権利性」が「普遍性」「公平性」「総合性」「有効性」と並ぶ社会保障推進の原則のひとつとして位置づけられており, もはや権利論あるいは生存権論のみで社会保障のあり方を論じ尽くせなくなったとの指摘がある[4]。また, 社会保障立法の制定や改正に対する批判の拠り所として, しばしば「生存権の理念」が持ち出されるが, その内容は空虚で, 論者の価値観をそのまま移入してしまっているとし, 解釈論の裏づけのない運動論的色彩の濃い立法政策批判となりがちとの指摘までなされている[5]。こうした生存権理念の相対化の背景には, 福祉国家と呼ばれた先進諸国において, 低成長による財政的制約の中で, 高度成長期にみられたような社会保障の拡大が難しくなってきたことがある。とはいえ, 日本の場合, 戦後一貫して, 社会保障や生存権理念の未発達が問題視されてきたし, 権利としての社会保障の確立があったともいいがたい。

第2に, 生存権理念の相対化に伴い, 憲法13条や社会連帯の理念を社会保障の基礎理念とする学説が主張されるようになってきた。それらは, 憲法25条を重視する従来の通説的学説を, 給付を受ける個人を国家に対して「受動的な立場」としての地位に置くものと批判し, 憲法13条を基礎に, 個人を「能動的な

主体」として位置づける。同時に，社会保障の権利に対応する「貢献」が求められるとする「貢献原則」などが主張されている[6]。貢献原則は，前述の「負担なければ給付なし」といった「保険原理」に親和性を有している。

第3に，後述の堀木訴訟最高裁判決の立場を踏襲し，生存権の具体化における立法府の広い裁量を認め，給付内容の縮減や給付水準の引き下げなども立法府の広い裁量に属するとみなし，基本的に違憲の問題は生じないとする学説が有力になっている。これらの学説では，立法政策に迎合的で，法制度や法改正の解説に終始する傾向が強い。

第4に，少子・高齢化の進行などを背景に，社会保障の財政的な制約を所与のものととらえ，財政的側面から社会保障の給付水準の引き下げや費用負担の引き上げを正当化する見解が目立ってきた。これらは貢献原則や社会保険の優位性を強調する見解ともあいまって，個人の拠出（費用負担）を重視する傾向にあり，低所得者の過剰な費用負担が，その生存権侵害を引き起こしている現状を追認することとなり問題がある。

こうした学説の現状を踏まえ，以下では，社会保障改革による生存権侵害に歯止めをかける生存権論の確立に向けての端緒を探る。

4　給付水準の引き下げによる生存権侵害の問題

(1)　生存権規定をめぐる判例と学説の動向

まず，生活保護や年金の給付水準の引き下げによる生存権侵害の現状がある。この問題については，給付水準の引き下げにおける立法・行政裁量の司法的統制，すなわち裁量統制の法理による生存権侵害の歯止めが考えられる。

憲法25条の生存権規定をめぐっては，朝日訴訟の最高裁判決（最大判1967年5月24日民集21巻5号1043頁）が，生存権規定の趣旨を実現する立法がなされれば，具体的権利が付与されるとし，厚生大臣（当時）の生活扶助基準定立における裁量を認めつつも，「現実の生活条件を無視して著しく低い基準を設定する等憲法及び生活保護法の趣旨・目的に反し，法律によって与えられた裁量権の限界をこえた場合または裁量権を濫用した場合には，違法な行為として司法審査の対象となる」と裁量行使に一応の歯止めをかけている。朝日訴訟判決は「現実の生活条件を無視」することは違法であると明言している点で，「健康で文

化的な最低限度の生活」を事実のレベルで，ある程度確定しうる概念と捉え，裁量の羈束をより強く打ち出しているとの指摘もある[7]。

　その後，堀木訴訟の控訴審判決（大阪高判1975年11月10日行集26巻10=11号1268頁）が，憲法25条1項は公的扶助（生活保護）である救貧施策，同条2項はその他の社会保障施策など防貧施策を定めたものとする憲法25条1項・2項分離論（以下「分離論」という）を展開した。2項の防貧施策はさまざまな施策の組み合わせで防貧という結果を出せばよく，最後のセーフティネットとして救貧施策（生活保護）があるので，立法裁量の余地は広いが，1項の救貧施策については「健康で文化的な最低限度の生活」水準を確保する必要があるから，立法裁量の余地は限定され，厳格な司法審査が及ぶというわけである。

　社会保障法学説では，分離論の当否には争いがあり，同判決については，1項に関わる生活保護以外の社会保障施策に対する司法審査の可能性を遮断するものとして批判が多い。ただし，分離論は，少なくとも，憲法25条1項の「最低限度の生活」保障にかかわる法律については，厳格な違憲審査基準の適用の可能性を示唆しており，それを受けて，たとえば，外国籍保持者に対する障害福祉年金の支給の可否が争われた塩見訴訟第1審判決（大阪地判1980年10月29日行集31巻10号2274頁）では，憲法25条1項の「健康で文化的な最低限度の生活」には「絶対性のある基準」があり，厳格な審査をすべき可能性を示唆し，2項に基づく防貧施策に関する立法裁量の当否も，1項的な救貧施策と関連づけて立法されている場合は，その限度で厳格な審査に服するとした。

　しかし，堀木訴訟最高裁大法廷判決（1982年7月7日民集36巻7号1235頁）は「憲法25条の規定の趣旨にこたえて具体的にどのような立法措置を講ずるかの選択決定は，立法府の広い裁量にゆだねられており，それが著しく合理性を欠き明らかに裁量の逸脱・濫用と見ざるをえないような場合を除き，裁判所が審査判断するに適しない事柄である」とし，1項・2項分離論をとらず，憲法25条全体について立法府の広い裁量を認めた。この堀木訴訟最高裁判決の影響は絶大で，老齢福祉年金の併給調整を争った岡田訴訟判決（最判1982年12月17日訴月29巻6号1074頁）や塩見訴訟上告審判決（最判1989年3月2日判時1363号68頁）など，その後の憲法25条をめぐる生存権訴訟の最高裁判決には必ず引用され，憲法25条違反の主張を排斥する，きわめて強力な法理として確立していく[8]。

(2) 裁量統制の法理の展開1——判断過程審査の登場

　堀木訴訟最高裁判決の後，学説の関心は，生存権の具体化における立法・行政裁量の統制，すなわち裁量統制の手法に移っていく。

　朝日訴訟第1審判決（東京地判1960年10月19日行集11巻10号2921頁）は，最低限度の生活水準を判定するについて，国の予算・財政事情による抗弁を排斥する裁量統制の方法を採用したが，最高裁は，前述のように，裁量権の逸脱濫用型審査をとりつつ，広い立法・行政裁量を認め，国の予算事情も，生存権の具体化についての考慮要素になるとする。学説でも，裁量統制の手法としては逸脱濫用型審査が主流といえた。

　しかし，2006年に，70歳以上の高齢者に支給されていた生活保護の老齢加算が廃止され，それ以降，老齢加算廃止の違憲性を争う一連の訴訟が提起され，裁量統制の法理の展開は新たな局面を迎えることとなる。一連の訴訟のうち，福岡訴訟と東京訴訟についての2つの最高裁判決（最判2012年2月28日民集66巻3号1240頁および最判2012年4月2日民集66巻6号2367頁）は，老齢加算の廃止に伴う生活保護基準の改定についての厚生労働大臣の裁量を広く認め，同改定を違憲ではないとしたが，老齢加算廃止に至る厚生労働大臣の判断の過程および手続きにおける過誤・欠落の有無について裁量権の逸脱・濫用があるかという審査，すなわち判断過程審査を採用した点に特徴がある。判断過程審査は，行政決定に至る判断形成過程の合理性について追行的に審査する裁量統制手法といわれ[9]，判断に至る過程に着目した審査といえる。こうした判断過程審査の手法は，とくに生活保護基準の引き下げのような行政決定にかかわる裁量審査の手法として適合的かつ有効と考えられる（第6章第3節参照）。

(3) 裁量統制の法理の展開2——制度後退禁止原則の緻密化

　一方で，老齢加算廃止訴訟を契機に，憲法学説でも，生存権を具体化するうえで広い立法・行政裁量を認めつつも「ひとたび裁量が行使され，給付の仕組みや給付水準が具体的に確定した後には，正当な事由がない限り，いったん到達した水準からの後退は禁止される」[10]という制度後退禁止原則が有力に主張されるようになってきた。制度後退禁止原則とは，端的には「立法・行政裁量の行使により，正当な理由なく現行の給付水準が切り下げられないことの法的保障」[11]とされ，憲法25条の生存権の法的性格をめぐる通説たる抽象的権利説から

派生する原則とされている。[12)]

　裁判例では，憲法25条2項の国の社会保障等の向上増進義務を手がかりにしながら，制度後退禁止原則を説く下級審判決が，すでにいくつか存在していた。たとえば，普通恩給と老齢福祉年金との併給調整を争った宮訴訟に関する東京地裁判決 (東京地判1974年4月24日行集25巻4号274頁) は「憲法25条は，国の文化経済の発展に伴って右理念に基づく施策を絶えず充実拡充して行くことをも要求していると考えられるから，右理念を具体化した法律によってひとたび国民に与えられた権利ないし利益は立法によってもこれを奪うことは許され(ない)」とした (塩見訴訟に関する大阪地判1980年10月29日行集31巻10号2274頁も同旨)。

　実定法では，生活保護法56条が不利益変更禁止を明記している。学説でも，ドイツの判例で提示された判断過程の審査基準である①判断根拠の首尾一貫性，②判断の合理性を事後的に審査可能にするための判断の透明性などの法理を，生活保護基準引き下げの違憲審査の方法として用いるべきとの見解もある。[13)] さらに進んで，近年では，政策を具体化するに際して，ある程度広い裁量が認められるとしても，一旦具体化した水準を低下・後退させる場合 (制度後退を行う場合) には，立法・行政裁量の幅は狭まり，制度後退等の必要性についての相応の正当化が要請され，正当化の立証は，制度後退を行った側が負うべきとの見解が有力になりつつある。[14)]

　制度後退禁止原則に基づく司法審査も，判断過程審査と同様，給付水準の引き下げにかかる裁量統制の手段として有効と考えられる (第1章第3節参照)。

5　費用負担の増大による生存権侵害の問題

(1)　社会保険料負担の増大

　ついで，保険料や利用者負担などの費用負担の引き上げによる生存権侵害の現状がある。

　社会保険料負担の現状についてみると，そもそも，日本は社会保障給付費の9割以上を社会保険方式で実施している社会保険中心の国であり，社会保険料収入の占める比重が大きい。実際に，社会保険料の負担は，先進諸国ではトップレベルとなっており，個人の所得税負担より社会保険料負担の方が大きいのは，主要国中では日本だけと指摘されている。[15)]

そして、次にみるように、社会保険料は、給付を受ける対価とされているため、所得の低い人や所得がない人にも保険料を負担させる仕組みをとることが多い。健康保険や厚生年金保険などの被用者保険の保険料は、標準報酬に応じた定率の負担となっているが、国民年金の保険料は定額負担（2019年度で月額1万6410円）で、免除制度は存在するものの、保険料免除の場合は、国庫負担を除いて給付に反映されない。国民健康保険料や介護保険料については、保険料の軽減制度はあるものの、最大で7割軽減であり、まったく収入がなくても、保険料が賦課される。特別な理由があれば、市町村は条例により保険料を減免することができるが（国保77条、介保142条）、「特別な理由」による免除は、災害など突発的な事由に限定されており、恒常的な低所得者への保険料免除は想定されていない。

　また、所得税のような累進制が採用されておらず、保険料負担に上限が存在し（厚生年金保険料について標準報酬月額の上限31級で62万円。厚年20条）、高所得者の保険料負担は軽減されている。一方で、逆進性の強い社会保険料負担は、とくに低所得者の家計に重くのしかかり、その生活を圧迫している。

(2) 社会保険料負担をめぐる判例と学説

　社会保険制度について、行政解釈は、被保険者が同じリスクを持つことに着目して保険集団を形成し、もっぱら定められた給付に保険財源を使用するから、受益と負担は閉じた世界に存し、受益者である以上、何らかの負担をすることがむしろ公平の観念に合致するなどの理由から、社会保険制度は所得がなくても保険料を負担する仕組みとしている[16]。

　しかし、憲法25条の生存権規定からすれば、税のみならず社会保険料においても、負担能力に応じた負担、すなわち「応能負担原則」が規範的に要請される。同時に、国民が「健康で文化的な最低限度の生活を営む権利」（憲法25条1項）を公権力が侵害してはならない、つまり最低生活費に食い込むような課税や保険料の賦課は行ってはならないという「最低生活費非課税（非賦課）原則」も、憲法25条から導き出される基本原則といえる[17]。したがって、受益者である以上は、負担能力がなくても何らかの負担をすべきとの立論は成り立たないし、憲法25条の趣旨に反する。そもそも、前述のように、社会保険は強制加入の社会保障制度であり、負担能力がなければ保険料の負担（拠出）をすること

なく，必要に応じて給付がなされるのが，私保険と決定的に異なる社会保険の最大の特徴といえ，行政解釈（それを肯定する学説）は，社会保険の本質を歪曲するものであり妥当でない。

　憲法学でも，「健康で文化的な最低限度の生活」の保障は，生活を営むための最低限の生活費が国民の手元に確保されることが前提であり，その水準以下に引き下げるような課税や保険料賦課は，生存権の自由権的側面の侵害にあたるとの学説が有力である。裁判例でも，総評サラリーマン税金訴訟の第1審判決（東京地判1980年3月26日行集31巻3号673頁）が「国家は国民自らの手による健康で文化的な最低限度の生活を維持することを阻害してはならないのであって，これを阻害する立法，処分等は憲法の右条項（25条1項）に違反し無効と言わなければならない」とし，生存権の自由権的側面を認めている。憲法25条と介護保険料負担が問題となった事案においても，大阪地裁は「保険料の徴収により，生活保護法を含む他の法制度によって具体化されている国民の健康で文化的な最低限度の生活を営む権利を害することになるにもかかわらず，保険料の負担を減免するなどの措置を講じてない場合には（中略）憲法25条の趣旨に反すると評価せざるを得ない」としている（大阪地判2005年6月28日判例自治962号27頁）。

　社会保障法学説では，生存権の自由権的効果を援用しつつ，保険料負担の引き上げに批判的な見解がある一方で[18]，生活保護法など法制度全体として，憲法25条の保障がなされていることなどから，低所得者に対して一定の軽減措置などの配慮がなされていれば足りるとする考え方もある[19]。しかし，低所得者に一定の配慮がなされていれば足りるとする考え方では，本来，年金制度など社会保障制度が，国民の生存権保障を目的とするものであるにもかかわらず，生活保護以外の社会保障制度については，結果的に，国家による健康で文化的な最低限度の生活保障が規範的に及ばないということになり，妥当な解釈とはいえない[20]。何よりも，国民自らの手による「健康で文化的な最低限度の生活」の維持を国家が侵害している現状，生存権侵害の現状（公権力による国民の貧困化）を追認することになる。少なくとも，生活保護基準以下の生活状態にある（もしくは，保険料賦課により生活保護基準以下の生活状態になることが確実な）人に対する保険料の賦課・徴収は，当該被保険者に適用されるかぎりで適用違憲の余地が

あると考えるべきであろう（第3章第3節参照）。

(3) 一部負担金，利用者負担の増大

現在の社会保障改革では，保険料負担の増大にとどまらず，給付の際の自己負担や利用者負担も引き上げられており，患者や利用者の受診・利用抑制につながっている。

利用者負担の方式には，受給者の所得などを基準に費用負担を決定する応能負担と，受給者が得る財・サービスの量を基準に負担額を決定する応益負担がある。社会保険方式をとる医療保険の一部負担金や介護保険の利用者負担は，定率負担（応益負担）が原則となっている。社会保険方式による給付の際に，応益負担が選択されていることが多いのは，保険給付の総量を抑制する手段として利用者負担が用いられていることに起因するとの指摘がある。[21] 近年では，まさに医療・介護の給付費抑制のために，とくに高齢者について，医療費や介護保険の利用者負担割合が1割から2割に引き上げられ，さらに，現役並所得者については3割とされている（第3章第4節参照）。しかし，要保障者が医療受診や介護を受けることを躊躇させるような負担増，さらには健康で文化的な最低限度の生活を営むことを脅かすような負担増は生存権侵害に該当し，憲法25条違反となると考えられる。

一方，保育料など福祉サービスの利用者負担は，応能負担が原則となっているものの，国の費用負担基準は，従来の措置制度のときの「全額徴収原則」が踏襲されている。「全額徴収原則」とは，利用者（保育料の場合は保護者）が福祉提供（保育）にかかる費用を全額負担することを標準にして，負担能力に応じて，その額を段階的に減らしていく方式をいう。[22] しかし，保育など福祉の給付は，憲法25条の生存権，児童福祉法の基本理念（1条2項）や公的責任原則（2条）などを基礎とするもので，福祉にかかる費用については，公的責任のもと，公費で全額負担するのが原則であり，利用者負担を課すべきではないと考える。少なくとも，福祉サービスの利用を制約しない程度の低額な負担であることが，憲法および社会福祉各法の規範的要請である。

6 「社会保険主義」の問題点

社会保障法学説では，税方式の生活保護（公的扶助）や社会福祉などを「社会

扶助」と総称し，その対比において，社会保険の長所として，①拠出に対する見返りとして給付の権利性が強く，その受給に恥辱感・烙印（スティグマ）が伴わない，②保険料の徴収について租税の徴収よりも国民の合意が得られやすく，ある程度の給付水準を確保しやすいといった長所を挙げ，社会保険の優位性を説く見解がみられる。[23]

保険料負担の積極的意義，すなわち社会保険の対価性（権利性）に基づく優位性を強調する前述の行政解釈や貢献原則に代表される学説（以下，それらを総称して「社会保険主義」と呼ぶ）は，社会福祉も「社会扶助」と総称し，福祉給付についても，あたかも公的扶助のような資産調査や所得制限を伴うものとの選別主義的なイメージを付与してきた。負担と給付の対価性の強調は，生活保護や社会手当など税を財源とする給付の権利性を相対的に弱める考え方につながり，貢献原則は，生活保護に即していえば，稼働能力のある受給者には職業訓練・職業紹介など自立に向けた積極的な取り組みが規範的に求められるとし，就労と給付を結びつける「ワークフェア（workfare）」政策の導入に親和的となる。[24]

政策面でも，公費負担を抑制する意図もあって，1980年代以降，高齢者・障害者福祉や保育など福祉の給付（措置制度といわれた），そして社会手当について，受給資格に所得制限をつけ，給付内容を必要最小限度にとどめ，保育所や福祉施設の整備を抑え，保育料など利用者負担を強化する政策が展開されてきた。その後，イギリスはもとより，ドイツ，フランスなど社会保険中心の国々でも，介護・保育など福祉給付の重要性に気づき，社会保険主義の修正を進めてきたが，日本では，財政赤字の深刻化や高齢化・少子化の進展も重なり，政策転換が進まなかったとの指摘がある。[25] 日本では，社会保険主義の呪縛は強く，生活保護や福祉の給付は，いまだに権利と意識されず，「保険料を払うことによって権利になる」との言説のもと，税方式で行われていた高齢者福祉を社会保険方式（介護保険）に転換し，保育や子育て支援についてまで「こども保険」が提唱される現状である。

しかし，社会保険（の保険原理）は「負担なき給付を排除」する「排除原理」を内在している。それゆえ，前述のように，被保険者への保険料賦課や保険料滞納者への給付制限が強化されてくると，保険料を支払えない被保険者が必要な給付を受けることができなくなる。さらに，介護保険料のように年金から源泉

徴収される制度では，保険料負担が低所得者の生活を圧迫するという事態を生じさせている。日本の社会保険主義は，社会保障改革の名目で行われている給付水準の引き下げや費用負担の引き上げによる生存権侵害という事態を追認し，正当化しているという点で批判され克服されるべきである。

同時に，社会保険における給付水準の引き下げと費用負担増は，社会保険主義の論者が強調する「共同連帯の理念」を掘り崩し，制度そのものに対する不信を拡大させている(終章第2節参照)。中でも，介護保険は，制度改革により要支援者の保険給付外しなど徹底した給付抑制が進められ，要支援状態という保険事故が生じても，給付が受けられず，「国家的詐欺」とまで揶揄されている[26]。年金制度についても，すでに受給している既裁定年金が，マクロ経済スライドにより引き下げられており，同様の制度不信が拡大している。

7 「財政至上主義」の問題点

現在の社会保障法学説では，給付水準の引き下げなどは憲法25条2項の社会保障の向上増進義務にかかわる問題ととらえ，社会保障給付には財政負担の問題が結びついており，財政の悪化等の関係で給付の切り下げ，支給要件の厳格化・制限等が行われる場合，立法府の政策選択の問題であるとして，憲法25条2項違反の問題は生じないという見解がみられる[27][28]。また，介護保険制度改革について給付の抑制や対象者の制限，負担の引き上げも，介護保険の「財政的制約」を理由として「やむを得ない」と結論づける見解もみられる[29]。

しかし，給付水準の引き下げ等の問題が生存権侵害をもたらしている現状は，端的に，当該受給者の生存権侵害，憲法25条1項にかかわる問題ととらえるべきであろう。また，財政制約を所与のものとみなし，国による生存権保障よりも国の財政事情の方を優先させる「財政至上主義」は，憲法解釈としても妥当とはいえない。とくに「健康で文化的な最低限度の生活」水準を定める生活保護基準については，そもそも，国の財政事情が苦しいからといって無制約の引き下げが許容されるものではない(第6章第3節参照)。

8 本書の問題意識と構成

以上みてきたような社会保障改革による社会保障削減のもと，社会保険方式

をとる年金・医療・介護の諸制度では，社会保険の「保険原理」の強化（「負担なければ給付なしの原則」もしくは「貢献原則」の強化）により，給付水準の引き下げ，費用負担の引き上げが断行され，生存権侵害の状況が広がっている。一方で，社会保険方式をとっていない障害者福祉や児童福祉などの社会福祉の法制度では，従来の高齢者福祉措置制度を個人給付・直接契約方式さらには社会保険方式に転換した介護保険をモデルとしつつ，福祉給付が個人給付化され（福祉給付が「サービス」という形で，利用者が購入する仕組みに変容させられ），将来的に社会保険方式に転換する政策（福祉の保険化）が志向されている。

　こうした憲法25条違反が疑われる生存権侵害をもたらしている社会保障改革に対して，政策の転換を求める集団訴訟が，史上最大規模で提起されているにもかかわらず，社会保障法学をはじめとする学界の反応は鈍い。それどころか，国の財政事情を生存権保障に優先させる「財政至上主義」のような現状追認の議論や制度改正の解説に終始する傾向が顕著になっている。もともと，裁判所により広い立法裁量が承認されているもと，社会保障給付の引き下げなどに対しては，法解釈学としての社会保障法学も沈黙を強いられざるをえないとの指摘がある[30]。しかし，頻繁な法改正が行われてきた（いる）社会保障法分野において，法学が法制度の解説に終始するだけでは，生存権の理念に基づく政策規範なり裁判規範を示すという本来の役割を十分果たしえないのではなかろうか。

　本書は，以上のような問題意識から，社会保険における「保険原理」（「負担なければ給付なし」の原則，もしくは貢献原則）の強化と，社会福祉における個人給付・直接契約方式の導入，さらには社会保険方式（保険給付）への転換という政策志向を「保険化」と総称する。そして，給付水準の引き下げ，費用負担の引き上げを基軸にした改革により，「保険化」する社会保障の法政策の諸問題を生存権保障の観点から分析し，法政策の課題と方向性を示すことを目的としている。

　まず，第1部「保険方式をとる社会保障分野の法政策」では，制度の発足当初から社会保険方式を採用している年金保険（第1章）と医療保険（第2章），ついで，税方式から社会保険方式に転換した介護保険（第3章）について考察する。第2部「『保険化』する社会保障分野の法政策」では，介護保険との統合が

めざされたが頓挫したものの，個人給付・直接契約方式への転換はなされた障害者福祉（第4章），個人給付・直接契約方式への転換が一部しか実現しなかった児童福祉・保育（第5章）について考察する。第3部「保険方式をとりえない社会保障分野の法政策」では，最低生活レベルから落ち込んだ生活困窮者を対象とするがゆえに拠出制度（社会保険方式）をとりえないにもかかわらず，「保険原理」に近い「貢献原則」に基づく就労支援の強化のみならず医療費自己負担の導入までもが提案されつつある生活保護（第6章）について考察する。そのうえで，生存権保障の観点から，社会保障の財源問題も含め社会保障の法政策の方向性を提言する（終章）。

1) 高田篤「生存権の省察」村上武則・高橋明男・松本和彦編『法治国家の展開と現代的構成』（法律文化社，2007年）135頁参照。
2) 社会保険を「助け合い」の仕組みと捉える考え方は，社会保障を「自助」「共助」「公助」のうち，公的な仕組みとしてではなく，「共助（互助）」の仕組みと捉える政府の考え方と共通する。しかし，もともと，日本語には「自助」という言葉はあるが，「共助」という言葉は「社会保険」とは別の意味で使われ，「公助」という言葉は存在しない。政府・厚生労働省が作り出した特異な概念といえる。これらの考え方が国際的に通用しない特異な解釈であると批判するものに，里見賢治「厚生労働省『自助・共助・公助』の特異な新解釈と社会保障の再定義——社会保障理念の再構築に向けて」賃社1610号（2014年）22頁参照。
3) 同様の指摘に，高田清恵「社会保障制度改革の現状と憲法25条論の課題——社会保障法学の観点から」法の科学75号（2017年）49頁参照。
4) 菊池・社会保障法〔第2版〕60頁参照。
5) 岩村正彦「社会保障改革と憲法25条」江頭憲二郎・碓井光明編『法の再構築Ⅰ・国家と社会』（東京大学出版会，2007年）114頁参照。
6) 菊池・将来構想9-21頁参照。
7) 棟居快行・工藤達朗・小山剛編『判例トレーニング・憲法』（信山社，2018年）158頁（棟居快行執筆）参照。
8) この点については，伊藤・しくみと法29-30頁参照。
9) 橋本博之『行政判例と仕組み解釈』（弘文堂，2009年）149-150頁参照。
10) 小山剛「生存権の『制度後退禁止』？」慶應法学19号（2011年）98頁。
11) 棟居398頁。
12) 棟居快行「社会保障法学と憲法学——具体と抽象の間で」社会保障法22号（2007年）153頁参照。同原則について，法律によって具体化された内容が，単なる法律上の地位から憲法上の権利に格上げされる危険性を指摘するものに，葛西まゆこ「生存権と制度後退禁止原則——生存権の『自由権的効果』再考」企業と法創造7巻5号（2011年）33頁参照。

13) 木下秀雄「最低生活保障と生活保護基準」日本社会保障法学会編『新・講座社会保障法3／ナショナルミニマムの再構築』(法律文化社，2012年) 155頁参照。
14) 高橋和之『立憲主義と日本国憲法〔第4版〕』(有斐閣，2017年) 289頁，および葛西・前掲注12) 32頁参照。
15) 高端正幸「誰もが抱える基礎的なニーズは税で満たせ——「社会保険主義」の罪」公平な税制を求める市民連絡会会報8号 (2017年) 2頁参照。
16) 社会保険研究所 124頁。
17) 北野〔第7版〕122頁参照。
18) たとえば，伊藤・介護保険法 264-268頁，原田啓一郎「判例研究」法政研究66巻3号 (1999年) 1285頁以下などを参照。
19) 江口隆裕『社会保障の基本原理を考える』(有斐閣，1996年) 193-195頁，倉田賀世「市町村国保における減免対象者の範囲」賃社1302号 (2001年) 72頁以下などを参照。
20) 同様の指摘に，高田・前掲注3) 55頁参照。
21) 原田大樹『例解・行政法』(東京大学出版会，2013年) 238頁参照。
22) 「全額徴収原則」の問題については，伊藤周平「子ども・子育て支援新制度のもとでの施設・事業，保護者負担と子ども・保護者の権利(上)」賃社1655号 (2016年) 16頁参照。
23) 堀・年金保険法〔第4版〕64頁，および堀・総論〔第2版〕45頁参照。
24) 「ワークフェア」政策については，その定義も含め，Peck, J., *Workfare States*, The Guilford Press, 2001, chapter 3. 参照。
25) 高端・前掲注15) 3頁参照。
26) 伊藤ほか 140頁 (日下部執筆) 参照。新田秀樹「介護保険の『保険性』」菊池馨実編『社会保険の法原理』(法律文化社，2012年) 181頁は，介護保険を引き続き社会保険の一類型として留め置くためには，社会保険の保険性 (保険らしさ) を示す実質的要素として，「対価性」を今まで以上に重視していく必要があると指摘しているが，介護保険制度改革は，その「対価性」を空洞化させることで，介護保険への信頼という制度の存立基盤を切り崩しているといえる。
27) 堀・年金保険法〔第4版〕245頁も，年金給付水準の引き下げについて，年金削減等を行う立法は，憲法29条1項 (財産権) および憲法25条2項違反の問題とする。
28) 西村〔第3版〕334-335頁参照。
29) 稲森公嘉「介護保険制度改革」論究ジュリスト11号 (2014年) 18頁以下参照。
30) 棟居・前掲注12) 153頁参照。

第1部
保険方式をとる社会保障分野の法政策

第1章　年金保険の法政策

　年金制度は，老齢・障害などによる収入の中断，被保険者の死亡による遺族の生活困難に対処する生活保障の仕組みである。日本の年金制度は，特定の年齢層を強制加入の被保険者とする社会保険方式を採用しており（年金保険），政府が保険者となっている。この点で，民間の保険会社などが運営する私的年金制度と区別され，公的年金制度といわれる。

　序章でみたように，現在の社会保障改革では，過去の保険料拠出に基づく既裁定年金についても給付の引き下げが断行されている。本章では，公的年金制度の特徴と年金受給権の構造，給付水準について検討し，近年の年金制度改革の動向を分析し，既裁定年金引き下げの違憲性を明らかにしたうえで，社会保険方式による高齢期の所得保障の限界と今後の制度改革の方向を展望する。

第1節　公的年金制度と年金受給権

1　公的年金制度の沿革と概要

(1)　公的年金制度の沿革

　日本の公的年金制度は，明治時代の軍人や官吏に対する恩給，官業共済組合から始まり，船員保険（1939年）や労働者年金保険法（1941年）など民間労働者へと順次，拡大されてきた。しかし，すべての国民がなんらかの年金制度に加入する皆年金体制の確立は，1959年の，農林水産業従事者や自営業者などを対象とする国民年金法の制定を待たなければならなかった（1961年より皆年金）。

　国民年金法は，年金支給開始年齢と保険料納付期間との関係で年金受給権が発生しないか，発生しても十分な年金額を確保できない人のために，無拠出の福祉年金（老齢福祉年金，障害福祉年金など）を設けている。国民年金法が厚生年

金保険法と異なり,「保険」の文字を付していないのはそのためである。

　国民年金法の制定により実現した皆年金体制は,民間労働者が加入する厚生年金,公務員が加入する各種共済年金および自営業者などが加入する国民年金など8つの年金制度に分立していたが,1973年には「5万円年金」の確立,物価スライド制度の導入などにより給付水準の向上がはかられてきた。

　1985年には,抜本的な改革が行われ(以下「1985年改革」という),現行の枠組みが確立した。すなわち,国民年金による基礎年金を1階部分とし,厚生年金保険や各種共済組合に加入する民間労働者や公務員等に対して,基礎年金に加えて報酬比例年金を支給する2階建て年金の導入である。旧制度では,厚生年金に加入する民間労働者に扶養されている配偶者(ほとんどが女性)は,国民年金に任意加入しないかぎり基礎年金の受給権がなかったが,この改革で,新たに第3号被保険者として,固有の年金受給権を取得することとなった。いわゆる「女性の年金権の確立」といわれる改革である[1]。1989年には,物価の変動率に完全に対応して年金額を改定する完全物価スライド制度が導入された。さらに,後述する被用者年金一元化法により,2015年10月から,共済年金は厚生年金に統合されている(ただし,積立金運用や運営組織は引き続き分立して運営されている)。

(2) 公的年金制度の概要

　現行の公的年金制度は,主に自営業者が加入する国民年金,被用者年金である厚生年金からなる。給付は,全制度共通の基礎年金(国民年金加入者が受け取る年金の総称)が1階建て部分となり,2階建て部分として所得比例の厚生年金がある(図表1-1)。

　国民年金および厚生年金保険の保険者は政府である(国年3条,厚年2条)。2010年1月より,社会保険庁が廃止され,日本年金機構(公法人)が政府の委託を受け,保険料徴収や適用・年金給付などの事務を行っているが,保険者はあくまで政府である[2]。

　国民年金の被保険者(加入者)は,3つの類型に区分され(国年7条),同条の各号に応じて,それぞれ第1号,第2号および第3号被保険者といわれる。このうち第1号被保険者は,日本国内に住所がある20歳以上60歳未満の者で,第2・3号被保険者でないものをいい,定額の保険料を納付する。保険料額は,

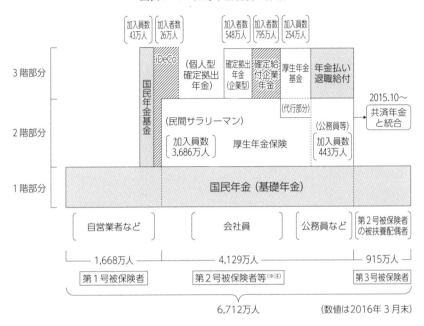

図表1-1 公的年金制度の体系

2017年度から月額1万6490円で以後固定されている（物価や賃金の変動を反映した率を乗じての改定はあり，2019年度は同1万6410円となっている）。生活保護などを受給している場合には，保険料が免除となり（法定免除），一定所得以下で自ら申請して免除となる申請免除（全額免除, 4分の3, 2分の1, 4分の1の免除）がある。20歳以上の学生については，2000年4月より，本人だけの所得で保険料の納付を猶予する学生納付特例制度が設けられている。

　第2号被保険者は，厚生年金など被用者保険に加入している者であり，保険料は報酬比例（標準報酬に保険料率をかけた額）で，事業主などと折半し給与から天引きされて徴収される。保険料率は，2017年度18.3％で以後固定されている。第3号被保険者は，第2号被保険者の被扶養配偶者で20歳以上60歳未満の者をいう。被扶養配偶者とは，主に第2号被保険者の収入により生計を維持している者で，その圧倒的多数（99.7％）は女性（主婦）である。厚生年金など被

第1章　年金保険の法政策　23

用者年金制度の保険者は，毎年度，基礎年金の給付に要する費用に充てるため，基礎年金拠出金を負担している（国年94条の2）。この拠出金制度は，第2号被保険者および第3号被保険者の基礎年金に関する保険料をまとめて負担することを意味しており，第2号・第3号被保険者は，国民年金の保険料を個別に負担する必要はなく，また，基礎年金拠出金には，第3号被保険者の保険料相当部分も含まれているため，第3号被保険者本人の負担はない。

年金給付の種類には，①老齢年金，②障害年金，③遺族年金がある。①は老齢になって支給される。国民年金の給付である老齢基礎年金は，65歳以上の人に受給資格期間に応じて支給される。受給資格期間は，保険料納付期間，免除の期間，制度上支払うことができなかった期間（給付額に反映しないので「カラ期間」といわれる），学生納付特例制度などの手続きを行った期間のそれぞれを合計した期間をいう。この受給資格期間が10年以上ないと，老齢基礎年金を受け取ることができない。[3] 年金の給付額は，40年間（480ヶ月）保険料を支払った場合の満額で，年額77万円，月額6万4000円余りとなる（2018年度）。納付期間が40年に満たなかったり，免除を受けている期間がある場合には，さらに減額される。全額免除だと，満額支給額の2分の1の給付額となる。②は障害を負った場合に支給される。③のうち遺族基礎年金は，被保険者や老齢年金の受給者が死亡した場合，その人に扶養されていた18歳未満の子どものある配偶者や18歳未満の子どもに支給される。

(3) 任意加入の年金

以上の強制加入の公的年金制度の仕組みに加えて，任意加入の制度がある。

報酬比例部分（2階建て部分）を持たない第1号被保険者については，国民年金基金が設けられている（国年115条以下）。各都道府県にひとつずつの地域型国民年金基金と農業従事者・弁護士・医師といった業種ごとに設立されている職域型国民年金基金の2種類があり，老齢年金と遺族一時金の給付が行われている。

厚生年金被保険者など第2号被保険者については，報酬比例部分に加えて3階部分として企業年金と呼ばれる任意の付加的給付がある。このうち厚生年金基金は，厚生年金適用事業所の事業主とそこで使用される被保険者で組織された法人で（厚年107条），本来であれば国が給付すべき老齢厚生年金の一部を代

行し（代行部分は，物価スライド・標準報酬月額再評価に伴う増額部分を除く給付），さらに企業独自の加算部分を給付するものであった。しかし，厚生年金基金の財政状況が悪化し，後述の年金健全性信頼性確保法により，基金の新設は認められなくなり，現存する基金についても運営が健全な一部の基金以外は今後清算されることとなった。これにより，日本の企業年金制度の中で厚生年金基金の果たす役割は事実上終わったとの評価もある。なお，公務員には，共済年金（長期給付）の中に，企業年金に相当する職域加算があったが，前述の被用者年金一元化にともない廃止された。

このほか，企業年金には，代行を行わない確定給付企業年金や，将来の年金額を確定させず，掛金を自己責任により運用する確定拠出年金がある。

2　公的年金制度の目的と特徴

(1)　公的年金制度の目的——生存権保障

では，公的年金制度の目的は何か。一般には，その目的は，高齢期の所得保障とされているが，国民年金法は「国民年金制度は，日本国憲法第25条第2項に規定する理念に基き，老齢，障害又は死亡によつて国民生活の安定が損なわれることを国民の共同連帯によつて防止し，もつて健全な国民生活の維持及び向上に寄与することを目的とする」と定める（国年1条）。この規定から，国民年金制度は，憲法25条2項に定める国の社会保障向上増進義務を具体化した制度といえる。

国民年金法の目的規定に挙げられているのは憲法25条2項のみであるが，憲法学では，同条1項の「健康で文化的な最低限度の権利を営む権利」と，同条2項とを一体的にとらえる見解が通説である。したがって，国民年金法の目的規定には憲法25条1項の趣旨も含まれると解され，国民年金は，高齢者や障害者といった年金受給者の「健康で文化的な最低限度の生活」の保障を目的とする制度ということができる。

国民年金法の趣旨が，憲法25条の生存権保障にあるとするならば，老齢基礎年金は，それのみで受給者の「健康で文化的な最低限度の生活」を保障するものでなければならないと解される。そして，その額は，国が公認した最低生活の基準，すなわち厚生労働大臣が定める生活保護基準を上回るか，少なくとも

同程度のものでなければならないはずである。この点で，基礎年金の給付水準が問題となるが，これについては後述する。

　厚生年金については，保険料が標準報酬月額に基づき算定され，給付額も標準報酬月額および被保険者期間によって算定されるため，基礎年金よりも保険料と給付内容の報酬比例の性格が強いものとなっており，「所得比例年金」ともいわれる。国民年金（基礎年金）は，高齢期の基礎所得の保障を目的とし，厚生年金（所得比例年金）は，現役期から高齢期の移行に起因する所得の激減を防止し，高齢期の所得を安定させる目的があると一応は区別できるが，厚生年金も，老齢，障害など稼働能力喪失の原因となる定型的な事故について所得保障を目的とする点で，国民年金と共通している（同旨の裁判例として，和歌山地判2002年12月17日第一法規法情報総合データベース28080664参照）。その意味で，国民年金・厚生年金ともに，国民の生存権保障を目的とする制度であるといえる。

　(2)　**国民年金制度の特徴——国庫負担と保険料減免制度の存在，スライド制度の採用**

　日本の公的年金制度は，社会保険方式を採用しているが，社会保険方式を貫徹した場合，その目的である生存権保障という目的を十分に達成することができないため，とくに国民年金制度について，保険方式に修正が加えられ，次のような特徴を有するに至っている。

　第1に，国庫負担の存在がある。国庫負担は，国の義務的経費で，裁量的経費である補助金とは法的性格が異なり，国が義務として負担するもので，憲法25条2項に基づく生存権保障義務を財政面において具体化したものである。現在，基礎年金の給付費の2分の1が国庫負担となっている。厚生年金については，従来の定額部分が基礎年金に移行し，報酬比例部分が厚生年金として基礎年金に上乗せする報酬比例の年金とされたことから，国庫負担は廃止されている。また，学生納付特例の期間については，国庫負担はなく，10年以内に保険料が追納されない限り（国年94条1項），老齢基礎年金の額の計算には反映されない。また，事務費については，全額国庫負担とされている（国年85条2項，厚年80条2項）。ただし，1998年度から，特例措置として事務費に年金保険料が充当されるようになり，さらに，2007年6月に成立した「国民年金事業の運営の改善のための国民年金法等の一部を改正する法律」（いわゆる「社会保険庁改革関連法」）により，2008年4月から，恒久的に事務費に保険料が使用できることに

なった。しかし，国民年金法・厚生年金保険法の趣旨に照らしても，保険料を事務執行費用に充てることは問題がある[6]。

第2に，低所得者に対する保険料の減免・猶予制度が採用されている。前述のように，国民年金には保険料について法的免除と申請免除があり，保険料免除期間に対して，国庫負担が行われることで，保険料の支払いなしに給付がなされる。被保険者期間の全期間に保険料免除が行われたとしても，年金が支給される。支給額が国庫負担分の2分の1にとどまるという問題はあるものの，この場合に支給される老齢基礎年金は全くの無拠出年金である。つまり，国民年金制度は保険方式をとりながらも，「保険料を基礎として給付を行う」仕組みは，大きく修正されている。公的年金制度が，保険方式を採りつつも，私的保険とは区別される「社会保険」といわれるゆえんである。社会保険の最大の特徴は，拠出(保険料負担)のない給付が存在することにあるといえる(序章参照)。

第3に，年金の実質的価値を保つため，スライド制度が導入されている。年金給付に関しては賃金スライド制度，物価スライド制度があり，1989年から物価指数の変動に応じて年金額を改定する完全物価スライド制度が導入されている。これに対して，賃金スライドは，被保険者の名目賃金の伸びに応じて過去の標準報酬を再評価するものであったが，人口の高齢化とともに，年金給付費が増大し，税や保険料負担が上昇することになり，名目賃金の伸びより手取り賃金の伸びが低くなることが予想されたため，1994年の国民年金法等の改正で，名目賃金の変動率から社会保険料・税を控除した手取り賃金(可処分所得)の伸びに応じて過去の標準報酬を再評価するスライドに改められた。その後，2000年の法改正で，既裁定年金のスライド率が従来の手取り賃金の変動率から物価の変動率に変えられ，賃金スライドは，新規裁定時にのみ行われ，裁定後には行われないこととなった。

3 年金受給権の構造と特徴

(1) 年金受給権の構造

以上の公的年金制度において，個々人の年金給付を受ける権利を「年金受給権」という。

現行法上，公的年金(老齢・遺族・障害年金)の給付を受けるには，給付を受

ける権利を有する者（受給権者）の請求に基づいて、厚生労働大臣が裁定を行うことが必要とされる（国年16条、厚年33条）。この裁定は、法律によって定められている年金受給資格の存在を公的に確定する処分（確認行為）であり、年金受給権を発生させる処分（形成行為）ではないとされている（厚生年金につき、東京高判2004年9月7日判時1905号68頁参照）。

　年金受給権そのものは、保険料納付などの法定の要件を満たすことによって、法律上当然に発生するが、抽象的な権利にとどまっており、裁定によって、年金給付を請求する具体的な権利が発生すると解されている（本村訴訟についての最判1995年11月7日民集49巻9号2829頁参照）。その意味で、裁定は受給権の発生（成立）要件ではなく、効力発生要件といえる[7]。なお、裁定を得ないまま5年が経過すると、時効によってその部分の給付を受ける権利が消滅する（国年102条1項、厚年92条1項）。

　年金受給権の具体化の段階は、①受給権を満たす前で、年金受給の期待（権）がある段階、②受給要件は満たしているが裁定がされておらず、受給権は発生しているが年金給付を現実に受給できていない段階、③受給要件を満たした者が裁定を受けた後、年金給付を現実に受給できている段階（いわゆる既裁定年金）、④支払期月が到来し年金給付の支払いがなされた段階に区分できる。このうち、③の段階で発生する具体的な権利は、基本権であり、④の段階で月ごとに発生する個々の受給権は支分権といわれる。

　基本権たる年金受給権は、裁定を受けることで、支払期月の到来により当該期月の支分権たる年金給付が支給されることで（国年18条、厚年36条）、保障される。基本権とは、各月の支分権の根拠となる権利であり、支分権とは、各支払期に支払われる各月分の年金の支給を受ける権利であり、基本権から派生する権利ということができる。個々の支分権は、基本権の存在を前提として発生し、その消滅によって消滅するが、ひとたび発生した支分権は、その後は別個の独立した権利となる（恩給につき、東京地判2009年1月16日判時2049号10頁も同旨）。本書で年金受給権という場合は、原則として基本権をさす。

(2)　年金受給権の特徴と受給権保護規定

　年金受給権は、受給権者の生活を保障し、その福祉の向上を図ることを目的とするため、一身専属の権利（民法896条ただし書）であり、相続の対象とはなら

ない。ただし，支給すべきであった給付が残っている場合には，一定の遺族に未支給年金を支給するという処理がなされる（国年19条，厚年37条）。

　障害年金の受給者が，国民年金の保険料を拠出して老齢年金の受給権を取得したものの，併給調整規定により老齢年金の支給が停止されたため，その支払いを求め提訴したが，第1審の訴訟継続中に死亡し，死亡した受給権者が提起した未支給年金支払請求訴訟を遺族が承継できるかが争われた事案がある（前記本村訴訟）。最高裁は，社会保険庁長官（当時）の未支給年金の支給決定を受けるまでは，遺族は死亡した受給権者が有していた未支給年金に係る請求権を確定的に取得したということはできないとし，遺族の請求を棄却している。この最高裁判決の示す解釈によれば，遺族は改めて保険者に対し，未支給年金の請求を行い，不支給決定に対する不服申立てを経て，新たに訴訟を提起しなければならないが，一定の条件のもとで，原告の妻による訴訟承継を認めた裁判例もある（宮訴訟についての東京高判1981年4月22日行集32巻4号593頁参照）。

　また，年金受給権には，生活保障と福祉の向上という目的を達成するため，受給権保護規定が置かれている。すなわち，年金給付を受ける権利（年金受給権）は，これを譲渡し，担保に供し，または差し押さえることはできない。ただし，「別に法律で定める」場合には担保に供することが認められる。また，老齢基礎年金，付加年金および老齢厚生年金は国税滞納処分により差し押さえることができる（国年24条，厚年41条1項）。これは，老齢基礎年金などが課税対象となっているためで，障害年金や遺族年金は公租公課が禁止されており（国年25条，厚年41条2項），非課税年金とされ，差し押さえはできない。

　これに関連して，老齢年金および労災保険金の振り込みによる預金債権を連帯保証人としての保証債務と相殺した事案において，銀行口座に振り込まれた年金等は預金債権に転化しており，これを差押禁止とすることは，取引秩序に混乱を招くとして，相殺を認めた原審を支持する最高裁判決がある（最判1998年2月10日金判1056号6頁）。

4　年金給付水準

(1)　当初の年金給付水準の考え方——最低生活保障

　国民年金の拠出制年金の給付水準については，国民年金制度が「社会保障制

度の一環として老齢，廃疾または死亡による国民生活の安定がそこなわれることを防止するという目的を果たすためには，その年金額は最低生活費を保障するための強い支柱となる程度のものであることが必要」との認識のもと，最低加入期間（当時は25年間）について保険料を納付した場合の年金額を最低基準額とし，その月額2000円は，当時（1957年当時。以下同じ）の「生活保護の4級地における60歳以上の老人の1か月の基準額である男子2430円，女子2135円を基準として，家族単位の生活を前提とする家計内の共通費用分を差し引いて」算出された。そして，40年間満期の保険料を納付した場合の年金月額3500円は，当時の成人1人1ヶ月の消費支出額から共通経費を除いた金額と同等になるように定められたものであった[9]。そして，将来，国民の生活水準が上昇すれば，これにあわせて年金額も引き上げることとされていた。[10]

つまり，少なくとも，国民年金制定当初は，給付水準の設定にあたって，最低生活保障が強く意識され，生活保護基準・高齢者の消費支出を根拠にして拠出制年金の給付水準が定められていたのである。その意味で，国民年金は，老齢・障害・死亡（母子）という事由に関して，生活保護に代わる最低生活保障制度として制度化されたといえる。[11]

また，1962年8月の社会保障制度審議会の「社会保障制度の総合調整に関する基本方策についての答申及び社会保障制度の推進に関する勧告」（以下「62年勧告」という）も「老齢年金，障害年金，遺族年金については，すべての制度において給付額の最低保障を行い，その額は定額で，なるべく均衡するように定める」とし，「老齢年金その他前述の諸給付は，それによってそれぞれの事故の起きた場合に，少なくともその最低生活を保障するためのものであるから，最低保障額を設ける必要がある。その最低保障額は，生活保護基準を上回るかあるいはそれと同程度のものでなければならない」と述べている。社会保障制度審議会が，社会保障制度審議会設置法に基づき設置された内閣と同列の諮問機関であり，当時，政府に対する勧告権を唯一有していた審議会であったことを考えるならば（中央省庁再編に伴い，社会保障制度審議会自体は，2001年1月に廃止されたとはいえ），国民年金法制定当時の同審議会の勧告は，同法の解釈にあたっても考慮されるべきであろう。[12]

(2) 給付水準の適正化へ——老後生活の基礎的部分の保障

しかし，その後，1985年改革による基礎年金の導入に際して，基礎年金の額（月額5万円）は，最低加入期間の25年間保険料を納付した場合ではなく，40年間満期の保険料を納付した場合の「国民の老後生活の基礎的部分を保障するものとして高齢者の生計費等を総合的に勘案（1984年度の65歳以上の単身，無業者の基礎的消費支出にその後の消費水準の伸びを加味）して」設定されることとなった。[13]

保障されるべき年金の給付水準が「最低生活費」から「老後生活の基礎的部分」へと，最低加入期間の水準から満期納付期間の水準へと変わったのである。これにより，国民年金，厚生年金の老齢年金給付について，旧制度と新制度（成熟時点）の給付水準を1984年度価格で比較すると，単身者で，40年加入の場合で約36％もの大幅な引き下げとなった。国民年金では，月額7万6900円から同5万円と34.9％も引き下げられた。[14]

給付水準のこうした変更（それに伴う給付水準の大幅な引き下げ）が，なぜ行われたのかについて，国の側からの説得的な説明はなされていないが，1985年改革以降，公的年金制度改革が，給付水準の充実路線から，制度の長期安定化・持続可能性を図るためと称して，給付抑制路線へ政策転換したことにともなう解釈変更と考えられる。もっとも，ここでいわれている「老後生活の基礎的部分」については，国会で政府委員が，おおむね単身高齢者の生活扶助基準額に「見合う額」と答弁していることなどから，「健康で文化的な最低限度の生活」水準と解釈すべきとの見解もある。[15] しかし，この時点で，基礎年金の水準は，高齢者の消費支出の「基礎的部分」とされた範囲から，本来は「健康で文化的な最低限度の生活」範囲に含まれるべき「教養娯楽費，交通通信費，保健医療費，交際費」が雑費として除外されたことで満額支給は月額5万円とされ，保護基準に基づく最低生活費を下回る水準にとどめられた。[16] つまり，「老後生活の基礎的部分」とは，行政解釈では，「健康で文化的な最低限度の生活」（憲法25条1項）の水準とは解されていなかったのである。

(3) 年金給付水準のあり方

年金引き下げ違憲訴訟において，被告である国側は，老齢基礎年金は，稼働能力の低下等に伴う老後の生活を支えるものであるが，憲法25条の定める「健康で文化的な最低限度の生活」は，社会保険法，社会福祉法その他の社会保障

の法制度全体を通じて保障されるべきもので，国民年金等のみで保障するというものではないとし，年金受給額が健康で文化的な最低限度の生活を保障するに足らない額になったとしても，そのことから，直ちに，本件減額処分が著しく合理性を欠くということはできないと主張している。学説でも，高齢者等の生活は預貯金等の資産，生活保護法等他の施策によっても支えられるのであり，公的年金によってどの程度国家が生活保障を行うかは，生活保護制度がある以上，基本的には立法裁量の範囲にあると考えるべきとの見解がある[17]。

しかし，生存権としての年金受給権の保障という観点からすれば，また国民年金法の趣旨が被保険者の老後の生活保障，最終的には，憲法25条の生存権保障にあるとするならば老齢基礎年金については，それのみで，受給者の「健康で文化的な最低限度の生活」を保障するものでなければならないと解される。そして，その額は「公認された生活困窮判定基準」[18]である厚生労働大臣が定める生活保護基準を上回るか，少なくとも同程度のものでなければならないはずであり，国民年金法の制定当初は，社会保障としての年金は生活保護基準を上回る定額制度にする必要があることは，国の側が認めていた[19]。

老齢基礎年金が，最低加入期間の拠出（保険料負担）を前提として給付される仕組みであることも，この考え方を補強する。そもそも，40年にわたり国民年金の保険料を払いつづけても（満額支給で年額77万9300円。2017年度現在），生活保護の基準額に及ばない場合があるという事実は，一般の加入者にとって保険料納付意欲を失わせる要因となるとの指摘もなされている[20]。いずれにせよ，給付抑制に転換した政策のもとで，立法裁量の範囲を広く認める解釈をとれば，公的年金制度の目的である年金受給者の生存権保障を果たすことができなくなる事態を許容することになり妥当な解釈とはいえない（第3節参照）。

第2節　年金制度改革の展開と財政検証

1　年金制度改革の展開

(1) 給付抑制路線の鮮明化と2000年の法改正

つぎに，年金制度改革の展開を概観する。

前述のように，1985年改革では，給付水準の大幅な引き下げが行われたが，

これに加えて，保険料負担の引き上げと国庫負担の削減も断行された。1985年改革で実行された基礎年金制度の導入（国民年金の基礎年金化）は，被用者年金（当時の厚生年金・共済年金）の保険料から基礎年金保険料相当の財源を国民年金の会計に繰り入れることで，国民年金財政の悪化を防ぐ目的があった。産業構造の変化で，農林水産業従事者たる国民年金被保険者が激減し，財政危機に瀕していた国民年金財政を，基礎年金拠出金を通じて被用者保険財政に依存する形で立て直すことにあったといってもよい。その意味で，1985年改革は，財政安定化に向けた抜本的改革というより，制度間の財政措置を通じた当面の回避策にすぎなかったといえる。[21]

　1985年改革以降，年金制度改革は，給付水準の充実路線から，少子高齢社会を迎えて制度の長期安定化を図るため（いわゆる「年金制度の持続可能性」を図るため）と称して給付抑制路線へ転換していく。

　もっとも，1980年代の後半から，いわゆるバブル景気に突入すると，物価スライドの効果によって，年金の給付額自体は上昇を続けた。1989年には，物価上昇率の低下に対応して，完全物価スライド制度の導入，国民年金基金の創設など，給付の充実策もみられた。

　しかし，バブル経済が崩壊した1990年代以降，年金制度改革は，再び給付抑制策に舵がきられる。1994年の法改正では，国民年金の将来的な給付開始年齢の引き上げ（2001年度から段階的に60歳から65歳へ）と老齢厚生年金の定額部分に関する支給開始年齢の65歳への引き上げがなされた。また，厚生年金の報酬比例部分（2階部分）の給付額を現役世代の可処分所得にリンクさせる可処分所得スライド制が導入され，給付水準の抑制が図られた。そして，1997年の消費税率5％の引き上げにより，日本経済は出口のみえない長期不況に突入すると，年金制度の給付抑制策が鮮明かつ先鋭化する。1999年には，厚生年金の報酬比例部分についても，給付開始年齢の将来的な65歳以上への引き上げが決定され，支給開始年齢の引き上げと給付水準の抑制が繰り返されていく。[22]

　2000年の法改正では，まず，給付水準の適正化の名のもとに，老齢厚生年金の報酬比例部分の支給乗率を1000分の7.5から1000分の7.25にすることによって厚生年金（報酬比例部分）の給付水準が5％も引き下げられた。1985年改革の時点からみると，実に30％の引き下げである。ついで，老齢厚生年金の定額部

分に続いて報酬比例部分の支給開始年齢も65歳へと段階的に引き上げられた。また，既裁定年金の65歳以降の賃金スライド制度が廃止された[23]。さらに，賞与（ボーナス）を含む総報酬制が導入され，これにより，賞与が支給されない者や賞与の支給率の少ない者は，年金給付額が減少するとともに，多くの被保険者にとっては保険料負担が増大することとなった。そのほか，国民年金保険料の半額免除制度や学生納付特例制度，育児休業期間における厚生年金保険料に関する事業主負担部分を免除するなどの改正が行われた。

(2) 2004年改正法とマクロ経済スライドの導入

年金制度の持続可能性維持を明確にかかげ，抜本改革となったのは，2004年の法改正である（以下「2004年改正法」という）。

2004年改正法の主な内容は，①厚生年金と国民年金の保険料を段階的に引き上げ，2017年度以降は一定水準（厚生年金の保険料率18.3％，国民年金の保険料は1万6900円。2004年度価格）で固定する方式（保険料水準固定方式）の導入，②基礎年金国庫負担割合の2分の1への引き上げ，③積立金の活用，④財源の範囲内で給付水準を調整する仕組み（マクロ経済スライド）の導入というものである。このうち，中心となるのが，①と④であり，保険料水準を固定し，保険料と国庫負担財源の範囲内で給付を行うため，給付水準をマクロ経済スライドの手法を使って調整することとされた。また，2004年改正法までは，5年ごとに財政再計算を行い，人口推計や将来の経済の見通しなどの変化を踏まえて，給付内容や将来の保険料水準について制度改革が行われてきたが，2004年改正法により，年金給付費1年程度の積立金を保有し，2100年度まで100年程度をかけて積立金を取り崩すこととされた（有限均衡方式）。そして，それまでの間（財政均衡期間），少なくとも5年ごとに，年金財政の現況と見通しを作成・公表することとされた。これを財政検証という（国年4条の3，厚年2条の4）。この現況と見通しにより，財政均衡を保つことができないと見込まれる場合には，政令で定める調整期間（調整期間の開始は2005年度からとすることが政令で規定）において，保険料ではなく給付額を調整することによって財政均衡を図ることとされた（国年16条の2，厚年34条）。

この給付額を調整する仕組みが，マクロ経済スライドである。マクロ経済スライドの具体的な調整率は，平均余命の延び率0.3％（2004年の財政再計算の見込

みで，この率で固定）と公的年金被保険者総数の減少率0.6％（同財政再計算の見込みで，その後の実績によって変化）を加えたものである。少子化が進展して年金制度を支える就労世代が減少する分と，余命が延びて年金の受給期間が長くなる分だけ，年金水準を引き下げる仕組みであるから，「人口要因変動スライド」と呼ぶべきだとする見解もある[24]。ただし，物価・賃金の上昇が小さい場合には，調整は名目額を下限とし，賃金・物価が下落する場合には，マクロ経済スライドは行われない。これを「名目下限措置」という。

　マクロ経済スライドによる調整は，前述の財政検証によって，長期的な負担と給付の均衡が保てると見込まれる状況になるまで続けられる。2004年改正法時点での厚生労働省の「基準ケース」では，調整終了は2023年度になると想定されていた。しかし，その後，少子高齢化が進み，経済が不振で賃金の伸びが低下したため，後述する2014年財政検証では，マクロ経済スライドによる調整は2043年度までずれ込むとされている。なお，2004年改正法では，5年ごとに財政検証を行い，次回の検証までに所得代替率が50％を下回ることが見込まれる結果が出た場合には，負担と給付のあり方について再検討し所要の措置を講ずることになっている（附則2条）。

(3)　社会保障・税一体改革としての年金制度改革

　2004年改正法は，政府の言葉では「100年安心」の制度改革であったが，その後，経済成長が長期にわたり低迷し，物価も上昇せず，いわゆるデフレ経済のもとでマクロ経済スライドによる調整ができない状態が続いた。そのため，消費税増税分を財源とした年金制度改革が，社会保障・税一体改革の一環として進められた。

　すなわち，2012年8月には，当時の民主党政権のもとで，社会保障・税一体改革関連法として，年金機能強化法（正式名は「公的年金制度の財政基盤及び最低保障機能の強化等のための国民年金法等の一部を改正する法律」。以下同じ），厚生年金と公務員の共済年金を統合する被用者年金一元化法（「被用者年金制度の一元化等を図るための厚生年金保険法等の一部を改正する法律」）が成立，同年11月には，改正国民年金法（「国民年金法等の一部を改正する法律等の一部を改正する法律。以下「2012年改正法」という）と年金生活者支援給付金法（「年金生活者支援給付金の支給に関する法律」）が成立した。これら一連の立法の成立で「基礎年金の国庫負担

割合の2分の1の恒久化や年金特例水準の解消が行われ，2004年改革により導入された長期的な給付と負担を均衡させるための年金財政フレームが完成をみた」と評価されている。[25]

　年金機能強化法では，①産前産後休業期間中の厚生年金保険料の免除，②遺族基礎年金の父子家庭への拡大，③短時間労働者への社会保険（厚生年金・健康保険）の適用拡大などが行われた。このうち，③の適用拡大は，従業員数が500人を超す企業で働く労働時間が週20時間以上，月収8万8000円以上（月額賃金の範囲および厚生年金の標準報酬月額の下限を8万8000円に改定）の短時間労働者を対象としている。2016年10月から適用が拡大された（対象者は当初25万人程度と見込まれていたが，実際は38万人程度に）。

　また，年金生活者支援給付金法は，消費税増税による増収分を活用し，低年金の高齢者・障害者（住民税が家族全員非課税で，前年の年金収入とその他所得の合計額が老齢基礎年金満額以下である人）に対して，保険料納付済み期間に応じて満期40年加入の人で月額5000円（障害等級1級の場合には6250円）と，免除期間に応じて老齢基礎年金満額の6分の1を支給するもので，500万人程度が対象となると推計されている。ただし，あくまで保険料納付済期間や免除期間とリンクさせた給付であり（未納の場合は対象とはならない），最低10年加入の人は月1250円しかもらえず給付額が少額である。同法の施行は，消費税率10％の引き上げ時とされ，2度に渡る延期で2019年10月からようやく実施された。

　一方で，2012年改正法は，いわゆる特例水準の解消を図る立法である。具体的には，物価の下落がみられた2000年度から2003年度にかけて，特例法により，マイナスの物価スライドを行わず，年金額を据え置き，その後も物価の下落が続いたことなどにより，法律が本来想定している水準（本来水準）よりも，2.5％高い水準（これが「特例水準」といわれる）の年金額が支給されていること，特例水準の存在により，本来の給付水準に比べて毎年約1兆円の給付増となっており，過去の累計で約7兆円（基礎年金・厚生年金給付費の合計）の年金の過剰な給付があったと指摘されていること，この特例水準について，計画的な解消を図るため，2013年度から2015年度の3年間かけて解消すること（2013年10月1％，2014年4月1％，2015年4月0.5％をそれぞれ引き下げ）とされ，実施に移された。同時に，年金と同じスライド措置が取られてきた，ひとり親家庭（児童

扶養手当)や障害者等の手当の特例水準(1.7%)についても,同じ3年間で解消するとされ(2013年10月0.7%, 2014年4月0.7%, 2015年4月0.3%),これも実施された。

(4) 持続可能性向上法の成立と給付抑制の徹底

その後,2013年6月には,厚生年金基金制度の見直しと,第3号被保険者の記録不整合問題(主婦年金問題)への対応を盛り込んだ年金健全性信頼性確保法(「公的年金制度の健全性及び信頼性の確保のための厚生年金保険法等の一部を改正する法律」)が成立している。

そして,2016年12月には,持続可能性向上法(「公的年金制度の持続可能性の向上を図るための国民年金法等の一部を改正する法律」)が成立した。持続可能性向上法の主な内容は,①従業員が500人以下の企業も,労使の合意に基づき,企業単位で短時間労働者への被用者保険の適用拡大を可能にすること(2018年10月施行),②国民年金の第1号被保険者の産前産後期間の保険料を免除し,免除期間は満額の基礎年金を保障することとし,この財源として,国民年金の保険料を月額100円程度値上げすること(2019年4月施行),③年金額の改定ルールの見直し,④年金積立金管理運用独立行政法人(GPIF。Government Pension Investment Fundの略)の組織等の見直しとなっている。

このうち,③については,2018年4月より,マクロ経済スライドに「キャリーオーバー」と呼ばれる制度が導入された。これは名目下限措置により,マクロ経済スライドが行われない分を翌年度以降に持ち越し,名目下限措置を維持しつつも,その持ち越し分を含めてマクロ経済スライドによる調整を行うというものである(国年27条の4・27条の5)。2004年改正法以降,物価の上昇がわずかで,マクロ経済スライドが発動されたのは,2015年度の一度にとどまったことが背景にある。同時に,名目手取り賃金変動率が物価変動率を下回る場合は,現在は,年金支給額は据え置きとなっているが,2021年4月以降は,同賃金変動率によりスライドまたはマクロ経済スライド(名目下限措置は維持)が行われることとなる(つまり,賃金下落に合わせて年金額が引き下げられる)。賃金と物価がどのような局面であっても,年金給付の抑制と削減が徹底される仕組みといってよい。

なお,2016年11月には,年金機能強化法(公的年金制度の財政基盤及び最低保障

第1章 年金保険の法政策 37

機能の強化等のための国民年金等の一部を改正する法律）の改正法が成立し，老齢年金等の受給資格期間が25年から10年に短縮された（2017年8月から実施）。これにより，約40万人が老齢基礎年金の受給権を得ている（特別支給の厚生労働年金対象者等を含めると，対象者は約64万人）。しかし，10年ぎりぎりの加入期間では，基礎年金のみであれば，受給額は月額1万6000円程度にとどまり，無年金者は減少するものの，低年金の高齢者が増大する。

2　2014年財政検証の概要

　2012年改正法による特例水準の解消（年金減額）が実施されている中，2014年6月，厚生労働省は「平成26年年金財政検証結果」（以下「2014年財政検証」という）を公表した。すでにみたように，2004年改正法により，5年に一度をめどに，財政状況をチェックする「財政検証」が行われることとなった。財政検証は，直接，制度改定に結びつくわけではないが，年金制度の課題の検討に資するよう検証作業を行うべきとされており（2004年改正法附則2条），一定の制度改定を仮定したオプション試算が加えられている。

　2014年財政検証では，従来の検証に比べて，資本・労働だけでなく，全要素生産性（経済成長のうち，資本と労働の増加で説明できない部分で，技術革新や経営効率化などの効果）の上昇率の想定に幅をもたせ，その一定の幅の中で将来推計を示した点に特徴があり，具体的には，ケースAからケースHまで8つの数字が示されている。

　ケースA～Eは，2023年度までの足下の経済前提とされ，内閣府の「中長期の経済財政に関する試算」が想定する経済成長が実現する場合の「経済再生ケース」（全要素生産性上昇率は，ケースA1.8%～ケースE1.0%。以下同じ）および労働市場への参加が進む場合であり，ケースF～Hは，それらが実現しない場合の「参考ケース」である（ケースF1.0%～ケースH0.5%）。2024年度以降は，長期の経済状況であり，全要素生産性の上昇率を軸に，同じく8ケースが示されている（経済成長率は，1.4%からマイナス0.4%まで）。

　前述のように，2004年改正法附則では，次の財政検証までに，公的年金の所得代替率が50%を下回ると見込まれた場合，所要の措置を講ずるものとされていることもあって（2条3項・4項），現行の年金制度の見通しにおいて，所得

代替率（現役男子の手取り収入に対するモデル世帯の夫婦の年金額の合計の割合）50％を確保することが，1つの目安となっている。その所得代替率をみると，「経済再生ケース」では，マクロ経済スライドによる給付水準の調整が終了する年度に，いずれも，所得代替率50％台を維持することが可能だが，「参考ケース」では，所得代替率が50％を割り込み，最悪のケースHに至っては，そのまま調整を続けていくと，所得代替率は35～37％にまで落ち込む。

　これに対して，一定の制度改定を仮定したオプション試算では，3つのケースで試算が示されている。第1が，給付が前年度の名目額を下回ることを回避する名目下限措置を撤廃し，マクロ経済スライドをフル発動した場合（すなわち，賃金や物価が下落した場合にもマクロ経済スライドを発動した場合）の影響試算で，この場合，給付水準の調整終了年度が早まるとともに，所得代替率も0.4％～5.0％程度上昇すると試算されている。これはマクロ経済スライドのフル発動により，将来世代のための財源が温存されるためと説明されている。第2に，パートタイム労働者への適用をさらに拡大した場合の影響試算で，かりに月収5.8万円以上，週当たり労働時間20時間以上のすべての労働者1200万人に適用拡大した場合には，保険料を支払う被保険者の増大により，所得代替率は5.6％上昇が見込まれている。第3に，保険料拠出期間を45年（現行は40年）に拡大した場合の影響試算で，保険料拠出期間が長くなる分，こちらも所得代替率は6.0～6.5％の大幅な改善となる。

3　2014年財政検証の問題点，そして基礎年金の最低生活保障機能の喪失の問題
(1)　2014年財政検証の問題点

　2014年財政検証については，財政検証の手法にいくつかの問題が指摘できる。

　まず，経済前提が楽観的すぎるという問題がある。[27] 「経済再生ケース」では，全要素生産性の上昇率が最も高いケースAで1.8％，最も低いケースEでも1.0％となっているが，全要素生産性の上昇率は，ここ数年1％を割り込んでおり，「経済再生ケース」のケースEか，「参考ケース」のケースG（0.7％）が現実的な上昇率であろう。[28] 実際，2024年度以降の長期の経済成長率は1.4％からマイナス0.4％まで想定されており，所得代替率が50％を割り込むケースを3つに抑え，少なくみせかけるため，あえて非現実的な経済成長率を前提とした

「経済再生ケース」を掲げたともとれる。また，運用利回りも，ケースEで4.2%となっているが，現在の金融の実勢からみてあまりに高いと思われる。

　第2に，所得代替率の問題がある。日本では，所得代替率の比較対象として，その時点の「現役男子の手取り収入」をとっているが，国際労働機構（ILO）の勧告では，先進諸国では「夫婦の従前所得55％以上」を準拠すべき基準としている。多くの人にとって，「従前所得」の方が，その時の「現役世代の手取り収入」より高く，日本の所得代替率は，実際以上に高めに現れる傾向にある。また，非正規雇用が4割近くに達している中で，「夫が40年間厚生年金の被保険者，妻は40年間第3号被保険者である世帯」というモデル世帯自体が，平均的なモデルではなくなってきている。こうした問題のある所得代替率の設定のうえに，「経済再生ケース」のどのケースでも，その所得代替率は51.0～50.6％と，50％を維持するといっても，ぎりぎりの水準になる。しかも，いずれのケースでも，所得代替率50％が維持されるのは，新規の裁定時（年金を受給し始める時）だけであり，受給開始後の受給額は物価上昇率に応じて調整され，賃金上昇率は考慮されないため，受給開始後は所得代替率が低下し，50％を切ることになる。

(2)　2014年財政検証が示す問題——基礎年金の最低生活保障機能の喪失

　さらに，2014年財政検証の結果を，年金水準の低下率を所得比例年金（厚生年金）と基礎年金に分けてみると，基礎年金の低下率（いわゆる目減り）が著しいという問題がある。ケースEで，2014年度と2043年度とを比較すると，所得比例年金の所得代替率は25.9％から24.5％へと5.4％の低下にとどまるのに対して，基礎年金の所得代替率は36.3％から28.4％へと，ほぼ3割も下がると見込まれている。ケースD（経済成長率など全要素生産性上昇率を1.2％と想定）でみても，基礎年金の所得代替率は36.8％から26％へダウン，所得比例年金（厚生年金）と合わせても62.7％から51％へ約2割減となる。低下率に差はあるものの，基礎年金の低下率が著しいことは，他のケースでも同じである。

　これは保険料の上限固定方式においては，厚生年金（所得比例年金）と比べて国民年金（基礎年金）の財政状況がより厳しくなるため，財政収支の均衡を図るマクロ経済スライドの適用が長引くことに起因する。しかも，基礎年金の場合，現実には，保険料未納や免除などで満額を受け取れない人が多数にのぼっ

ており，それらの低年金の人の給付水準が，受給開始時点から3割も低下してしまうとなれば，基礎年金は，もはや最低生活保障の機能をまったく果たしえないというほかない。また，厚生年金受給者の中でも，現役期の所得が低い人ほど，将来の報酬比例部分の給付額が少なくなるため，給付受取額に占める基礎年金部分の割合が高まり，年金給付の低下がより大きくなる。つまり，高齢期の所得保障を最も必要とする受給者の年金給付ほど引き下げ幅が大きいことを意味する。公的年金給付の所得再分配機能が確実に低下していくと言い換えてもよい[29]。

　以上のような問題は，楽観的な経済前提に依拠しないかぎり，所得代替率50％を維持できないという意味で，現行の公的年金制度の維持が困難なこと，基礎年金については，マクロ経済スライドの適用によって，大幅な低下が見込まれ，老後の所得保障制度としての年金が最低生活保障の機能を果たしえなくなることを示している。少なくとも，基礎年金についてはマクロ経済スライドを適用しないという政策的な配慮がなされる必要があったと考える。

第3節　年金受給権からみた年金減額処分の違憲性

1　年金減額処分と制度後退禁止原則

(1) 制度後退禁止原則の判断枠組み

　本節では，これまでの考察を踏まえ，生存権としての年金受給権の観点から，2012年改正法および同法に基づく年金減額処分の違憲性（憲法25条違反）を明らかにする。ここでは，序章でみた「制度後退禁止原則」に注目したい。2012年改正法に基づく年金減額処分は，既裁定年金の引き下げに該当し，年金給付についてとられた制度的後退措置といえるからである。

　先の憲法学説の議論では明確な判断基準が示されていないが，日本が批准している国際人権A規約（経済的，社会的及び文化的権利に関する国際規約。以下「社会権規約」という）9条は「この規約の締結国は，社会保険その他の社会保障についてすべての者の権利を認める」と定め，社会権規約2条1項は，締結国に対して「立法措置その他全ての適当な方法」により，規約が認める権利の「完全な実現を漸進的に達成するため」，「自国における利用可能な手段を最大限に

第1章　年金保険の法政策　41

用いること」を求めている。そして、この規定の解釈適用に関して、社会権規約委員会が「一般的な意見19」(2007年)の中で一定の判断基準を示している。[30]

　すなわち、「社会保障についての権利に関連して取られた後退的な措置は、規約上禁じられているという強い推定が働く。いかなる意図的な後退的措置が取られる場合にも、締結国は、それがすべての選択肢を最大限慎重に検討した後に導入されたものであること、及び、締結国の利用可能な最大限の資源の完全な利用に照らして、規約に規定された権利全体との関連によってそれが正当化されること、を証明する責任を負う」として、そうした立法を行った側に立証責任を課している。そのうえで、正当性を証明するための検討事項として、①行為を正当化する合理的な理由があったか否か、②選択肢が包括的に検討されたか、③提案された措置および選択肢を検討する際に、影響を受ける集団の真の意味での参加があったか否か、④措置が直接的または間接的に差別的であったか否か、⑤措置が社会保障の権利の実現に持続的な影響を及ぼすか、既存の社会保障について権利に不合理な影響を及ぼすか、または個人もしくは集団が社会保障の最低限不可欠なレベルのアクセスを奪われているか否か、⑥国家レベルで措置の再検討がなされたかを挙げている（UN Doc.E/C.12/GC/19.42)。

　なお、老齢加算廃止違憲訴訟に関する大阪高裁判決（2015年12月25日賃社1663＝1664号10頁）は「憲法98条2項は、締結した条約及び確立された国際法規は、これを誠実に遵守することを定めているから、社会権規約の内容は、法や憲法の解釈に反映されるべきもの」とし、社会権規約の裁判規範性を認定した。同判決は、老齢加算の廃止については、厚生労働大臣の裁量権の範囲の逸脱・濫用は認められないとして、その違憲性・違法性は否定しているものの、社会権規約の規定する制度後退禁止原則が、法および憲法の解釈に適用されるとの判断を示した意義は大きい。[31]

(2)　年金減額処分を正当化する合理的な理由

　以上の社会権規約委員会の「一般的な意見19」の示す判断枠組み（主として①②③の判断枠組み）を用いて、2012年改正法が、制度後退禁止原則に抵触しないか検討する。

　第1に、①行為を正当化する合理的な理由があったか否かについて考察する。2012年改正法による特例水準の解消の目的は「今の年金受給者の年金額を

本来の水準に引き下げることで，年金財政の改善を図る」ことにあるとされている (国民年金法等の一部を改正する法律等の一部を改正する法律概要)。また，各地で提訴されている年金裁判において，被告国側は，特例水準という本来水準より高い水準の年金が支給される状態が続くことで，「本来，将来世代の年金給付に当てられるはずであった財源が，今の高齢世代の年金給付に当てられているという事態が続いているということを意味し，将来世代の年金給付水準の低下を招くことになり」，特例水準が解消されないことで「年金制度の長期的な持続可能性を担保するために必要なマクロ経済スライドの調整も発動しないことになる」と主張している (東京訴訟における被告国側答弁書)。

しかし，現在の被保険者の保険料で年金給付を賄う賦課方式を基本としている現行制度のもとで，特例水準の維持が，現在の現役世代 (将来の年金受給者) の給付水準の低下に結びつくとはいえない。将来の年金の給付水準は，その時点での被保険者数や年金受給者数に依拠しており (だからこそ，マクロ経済スライドが導入されたのではなかったか)，さらに2014年財政検証をみてもわかるとおり，経済状況などに大きな影響を受けるのであり，国の説明は説得力に欠ける。何よりも，国の主張には，国民年金制度の目的である年金受給者の生活保障，生存権保障という視点が完全に欠落している。

そもそも，物価下落にもかかわらず，特例法が制定されたのは，当時の社会経済情勢や高齢者の生活状態を配慮して，物価スライドを停止する措置をとったからである。特例水準の解消を定めた2012年改正法から年金給付が減額された期間において，物価スライドを停止した当時に比べて経済情勢が好転したとか，高齢者の生活状態が改善したという事実は存在しない (そのような生活実態調査も行われていない)。むしろ，この間，年金から天引きされる介護保険料や後期高齢者医療保険料の引き上げなどにより，年金受給者の年金手取り額は減少の一途をたどり，2014年4月の消費税率の8％への引き上げなどで，その生活はますます苦しくなっている。[32] 特例水準の解消を行うべき立法事実があったとは到底いえず，高齢者の生活状態を配慮するならば，年金減額ではなく，むしろ支給額の引き上げが行われるべきであったと考える。

また，2004年改正法では，過去3年分の物価スライドの特例措置による特例水準 (当時は1.7％) については，2005年以降，物価が上昇する状況のもとで解

消するものとされていた。つまり、2004年改正法は、物価の上昇により自然的に解消されていくものであり、年金の減額によって強制的に特例水準を解消することは想定していなかったというべきである。同時に、マクロ経済スライドの発動条件を整えるという目的のための減額も想定されていなかった。以上から、特例水準解消という立法を正当化する合理的な理由があったとはいえないことは明らかである。

(3) 選択肢の包括的な検討

第2に、②の選択肢が包括的に検討されたかについて考察する。

確かに、年金減額処分に際して、3年間にわたる段階的な減額という激変緩和措置がとられてはいる。生活保護の老齢加算廃止についても、段階的な縮小・廃止が行われており、前述の大阪高裁判決（2015年12月25日）は、これをもって老齢加算の廃止について激変緩和措置など必要な事項は検討されているとし、厚生労働大臣の裁量権の範囲の逸脱・濫用を否定している。しかし、段階的な縮小・減額といった激変緩和措置だけでは、社会権規約が要求している②の要件を満たしているとはいいがたい。

年金減額違憲訴訟において、被告側の国（厚生労働省）は、特例水準解消の必要性について、年金財政の確保という理由を挙げているが、年金財政の確保というのであれば、保険料の引き上げによる保険料収入の確保、国の負担（税金の投入）の増額などいくつかの政策上の選択肢がありうる。また、年金積立金の取り崩しにより歳入増をはかる選択肢も考えられる。訴訟では、被告国側は「賦課方式を基本としつつ、将来の支出に備えて積立金が形成されているところ、特例水準の年金が支給されることで、本来水準年金が支給された場合と比べ少額の積立金しか形成されず、将来世代の負担が増大する」との主張をしている（東京訴訟被告準備書面(1)53頁）。しかし、膨大な積立金（2017年度末で、厚生年金、国民年金の積立金あわせて約198兆円）を有している現状で、特例水準の維持による積立金の減少など微々たるものであろう。そもそも、年金制度を維持するために（年間支払約52兆円）、巨額の積立金を保持していく必要があるのかも疑問である。諸外国の年金積立金をみると、給付費の1年分が通常である。この積立金を年間10兆円ずつ10年かけて取り崩し支給額に上乗せし、基礎年金部分に使えば、たちまちにして低年金受給者の暮らしの改善に役立つとの指摘も

ある。[33]

　年金積立金の運用については，2014年10月から，年金積立金の基本ポートフォリオ（資産運用割合）の国内外債券の構成割合を下げ，国内外株式の割合を大幅に引き上げたため（ともに12％→25％），2015年度は，株価の下落で，積立金の運用で約5.8兆円の損失が出たことも明らかになっている。年金積立金の投機的運用よりも，年金積立金の取り崩しによる基礎年金水準の引き上げの方が，はるかに有効な年金積立金の活用方法であるし，年金受給者の生活保障という公的年金制度の目的にかなう選択肢であることは明らかである。

　また，年金保険料について，標準報酬月額の上限が62万円に設定されているが，健康保険料並みに上限を月額139万円に引き上げ，保険料収入の増収を図るという方策もある。さらに，保険料率の引き上げという選択肢も考えられる。2004年改正法による保険料固定方式の導入の際に，厚生労働省は，当初，厚生年金の最終的な保険料率を20％とする案を公表していたが，事業主負担の増大を回避したい経済界や経済財政諮問会議は，20％は高すぎ，15～16％が限度であると主張し，結局，引き上げの上限が18.3％とされた経緯がある。[34] 少なくとも，厚生労働省案での保険料率20％が実現していれば，特例水準の解消の必要などなかったはずである。

　こうした選択肢はほとんど考慮されず，最初から特例水準の解消ありきで，2012年改正法により年金減額処分がなされた。選択肢の包括的な検討がなされたとはとうていいえない。

(4) 当事者の参加と年金受給権への影響

　第3に，③影響を受ける集団の真の意味での参加が保障されているかについて考察する。

　そもそも，個人の生活事情に顕著な格差が存在する以上，憲法25条1項で保障される「健康で文化的な最低限度の生活」は，個々人の生活事情によって，その具体的な水準が最終的に決定されるべきものである。生活保護法も，生活保護基準の設定に際して「必要即応の原則」を定め（9条），生活保護基準は，統計的類型的な手法で一律に決めるべきではないとしている。

　このことは，年金給付の水準にも該当する。とくに，年金生活者の場合，国民年金受給者と厚生年金受給者との格差が大きい（男女間の格差も大きい）。ま

第1章　年金保険の法政策　45

た，個人の生活は，経済関係だけでなく，対人関係や精神生活など，さまざまの複雑な要因によって支えられている。こうした複合的な条件によって成立し，しかも，年金受給額の格差の大きい年金生活者に対して，年金給付を少なくない額ほど減額するとすれば，当然，当事者たる年金受給者（それを代表する集団）の政策決定過程への参加や意見表明の機会が保障されていなければならない。少なくとも，受給者の生活実態を把握するための調査が行われていなければならない。

しかし，2012年改正法は，衆議院の解散直前という状況のもと，当時のきわめて限られた日程で，衆議院で1日，参議院で1日と，わずか2日の審議で成立した。公聴会も開かれず，参考人質疑もなされず，年金生活者（団体）の政策決定過程への参加はもとより，意見聴取の機会もまったく与えられていなかった。受給者の生活実態を把握するための調査も，2012年改正法の制定前はもとより，制定後も行われた形跡はない。当事者の参加どころか実態把握のための調査すらもなされておらず，③の判断基準を満たしているとはいいがたい。

⑤についても，これまで述べてきたとおり，年金減額処分は，年金受給者の既裁定年金の受給権（社会保障の権利）に対して，持続的かつ不合理な影響を及ぼす。さらに，⑥国家レベルで措置（減額処分）の再検討がなされた形跡もない。

(5) 小括

実態把握のために必要な調査もなされず，立法により一律な減額処分が行われ，その結果，年金受給者の「健康で文化的な最低限度の生活」を保障しえないとすれば，憲法25条1項に含まれる国の法的義務に反することは明らかであろう。[35] 同時に，それは国の社会保障増進向上義務（憲法25条2項）にも違反する。とくに低年金の年金受給者に与える打撃が集中的に大きいという点では，憲法14条違反も疑われる差別的な措置ともいえる（④の判断枠組み）。

2012年改正法に際して，年金生活者の生活実態という考慮すべき事項を考慮せずに，考慮すべき事項の基礎となる年金生活者に対する実態調査すらもなしに，一律の年金給付の減額を行うことは，立法者に裁量の逸脱・濫用があったというほかない。減額処分に際してとられるべき経過措置や代替措置も十分ではなく，わずかに，段階的な減額という経過措置がとられたにとどまる。少なくとも，生活保護基準以下の基礎年金の受給者については，減額は行わないな

どの配慮が必要であったはずである。そもそも，経済情勢や高齢者の生活状態を配慮して，物価スライドを停止した特例法が，生活保護基準以下の基礎年金の受給者についてまで，一律に特例水準の解消による年金額の減額を行うことまで想定していたとは考えられない。

　以上のことから，2012年改正法および同法に基づく年金減額処分は，憲法25条から導出される制度後退禁止原則に反し，違憲というほかない。

2　年金減額処分による生存権侵害
(1)　年金減額処分の適用違憲の可能性と「生活保護代替」論

　既裁定年金の減額は，低年金の受給者の生存権侵害に該当し憲法25条に違反するともいえる。

　憲法25条1項が保障する「健康で文化的な最低限度の生活」水準は，現時点では，国が公に認めた生活保護基準（生保8条）と考えることができ，それを前提とし，25条の生存権規定の裁判規範性を認めるならば，生活保護基準以下の生活状態にある（もしくは，年金を減額されれば生活保護基準以下の生活状態になることが確実な）年金受給者に対する年金減額処分は，当該年金受給者の「健康で文化的な最低限度の生活を営む権利」を侵害するという意味で，公権力による生存権（とくに生存権の自由権的側面）の侵害に当たる可能性があるからである。そして，特例水準の解消を定めた2012年改正法は，少なくとも，生活保護基準以下の状態にある（年金減額により生活保護基準以下の生活状態になることが確実な）年金受給者に適用される限りで違憲（適用違憲）になると解される。

　もっとも，社会保障法学説で憲法25条1項2項分離論を採る立場では，年金給付の引き下げは，同条1項ではなく，2項違反の問題であり，その場合，1項よりもさらに広い立法裁量があると解されるため，給付水準の引き下げを伴う制度改正も，基本的には，生存権侵害を構成することはないとされる[36]。また，年金減額によって，憲法25条1項の保障水準を下回る事態が生じても，同条項による保障のいかんは，年金制度のみによって評価されるべきではなく，同条項の趣旨を直接具体化し，所得保障の最終的なよりどころとなる制度として生活保護制度が存在するから，既裁定年金の引き下げにより生活保護基準以下の年金額になることがあっても，基本的には同条項違反の問題は生じないと

いう見解もある[37]。

　最高裁も，旭川市国民健康保険条例事件判決（最大判2006年3月1日民集60巻2号587頁）において，恒常的な生活困窮者については生活保護法による保障が用意されているので，国民健康保険法77条の国民健康保険料の減免対象には，恒常的生活困窮者を含まない趣旨と判示し，憲法25条違反の問題は生じないとしている。「健康で文化的な最低限度の生活」水準の認定は広範な立法および行政裁量に委ねられるとする判例法理からすれば，国が生活保護制度を設けている以上，生活保護基準以下の年金生活者はそれによって救済されるから，年金減額を行っても，憲法25条違反の問題は生じないということなのであろう。

　年金引き下げ違憲訴訟における国側の主張も，これらの学説や判例と同様の趣旨と考えられる。つまり，最終的には，生活保護法により最低生活が保障されるから，生活保護基準以下の生活状態にある（もしくは，年金を減額されれば生活保護基準以下の生活状態になることが確実な）年金受給者の年金給付の引き下げ（年金減額処分）を行っても，憲法25条違反の問題は生じないというわけである（以下「生活保護代替論」と呼ぶ）。

(2) 「生活保護代替論」の問題点——憲法25条のみならず憲法13条違反

　しかし，年金減額により生活していけないのなら，生活保護を受ければよいという「生活保護代替論」は，公権力による個人生活の過度の干渉につながり，憲法25条の趣旨のみならず，個人の尊厳を定めた憲法13条の趣旨にも反する解釈である。生活保護基準以下の生活であっても，生活保護を受給しないで生活を営もうとする年金生活者の自己決定権は最大限尊重されるべきだからである。そうした自己決定権は人格的権利のひとつとして尊重されるべきことは，個人の尊厳を定めた憲法13条の規定から導かれる[38]。生活保護の受給には，資力調査が必要となり，受給に際しスティグマ（恥の意識）をともなううえ，とくに日本では，個人の尊厳に値する運用が行われていない現状があることを考慮すれば（第6章第2節参照），実質的に生活保護の受給を強制する形で，年金減額処分により年金生活者の生存権を侵害することは，憲法25条違反のみならず，公権力による当該年金受給者の人格権の侵害という意味で，憲法13条違反にも該当する。憲法25条や13条の趣旨からすれば，個人の自由な生活の前提となる経済的基盤を公権力が侵害することは許されず，生活保護基準以下の生活をして

いる人に対しては(そうであればなおさら),少なくとも,その生活の経済的基盤を脅かすような立法や処分をしてはならない義務が立法府・行政府に存在すると解される。

政策的にみても,年金減額により,年金生活者の生活を苦境に陥らせ,生活保護受給者を増大させることは適切とはいえないだろう。現実に,2017年4月には,生活保護の受給世帯数は160万世帯(いずれも概数。厚生労働省調べ)と,過去最多を更新し続けており,中でも,高齢者世帯は生活保護受給世帯の半分以上を占め,高齢者受給世帯のうち単身世帯は9割にのぼっている。高齢化の進展と年金制度の不備により,低年金・無年金の高齢者が生活保護を受給する例が増えているのである(第6章第1節参照)。

そもそも,生活保護法は,さまざまな理由による「生活の困窮」に対し「国が必要な保護を行い,その最低限度の生活を保障するとともに,その自立を助長すること」を目的としている(1条1項)。ここでいう「自立」とは,稼働能力を活用した経済的自立を意味するが(もっとも,それ以外の意味もあることについては,第6章第2節参照),低年金などの理由で生活保護を受給している高齢者は,稼働能力を喪失もしくは喪失しつつあるわけで,経済的自立はほとんど不可能である。自立助長を目的とする生活保護制度と高齢者の生活保障を目的とする年金制度では制度の趣旨・目的が異なっており,生活保護法を,高齢者の生活保障に用いることは妥当とはいえない。また,生活保護法4条は,補足性原則を採用しており,最低生活保障のため「その他あらゆるもの」の活用を規定する(他法優先・他法施策活用)。すなわち,他法施策によってまず最低生活が保障されるべきであって,それでもなお最低生活が維持できない場合に,はじめて生活保護(公的扶助)が適用されるという構造をとっている。高齢者の所得保障でいえば,第一義的には,生活保護制度以外の法施策,すなわち公的年金制度によって最低生活が保障されるべきなのである。

3 財産権としての年金受給権からみた年金減額処分の違憲性

さらに,2012年改正法に基づく年金減額処分は,財産権としての性格を有する年金受給権の侵害にも該当し,憲法29条違反の余地もある。

憲法29条の保護を受ける財産権については,物権,債権,公法上の権利など

を含む財産的価値を有するすべての権利と解されており，年金受給権など社会保障受給権も，憲法29条1項で保障される財産権に該当するという見解が通説といえる。[42]

　そこで，年金引き下げを行う立法が憲法29条1項に違反しないかという問題が生じる。もっとも，憲法29条1項は，私有財産権を保障するものの，同条2項は，財産権の内容は「公共の福祉」の制約を受けるとしており，公共の福祉の適合するような財産権の制約は，違憲とはされない。財産権を事後の立法で制約することの合憲性をめぐっては，戦後の農地改革で国が買い上げた農地の旧地主に対する売り戻し価格をめぐる最高裁判決（1978年7月12日民集32巻5号946頁）が「法律でいったん定められた財産権の内容を事後の法律で変更しても，それが公共の福祉に適合するようにされたものである限り，これをもって違憲の立法ということができないことは明らかである」とし，①いったん定められた法律に基づく財産権の性質，②その内容を変更する程度，および③これを変更することによって保護される公益の性質などを総合的に勘案し，その変更が当該財産権に対する合理的な制約として容認されるべきであるかによって合憲性を判断すべきとして，3つの判断基準を示している。

　この最高裁判決の判断基準を，2012年改正法による年金減額（既裁定年金の引き下げ）に適用すると，既裁定年金は，事前の保険料拠出を前提としていることから，制度に対する信頼保護原則も考慮する必要があること（①の判断基準），年金受給者の老後の生活に直接かつ重大な影響を与えるものであること，受給者によっては生活保護基準を割り込む引き下げになること，財産権の縮減を通じて個人の人格的自律権を侵害する側面を持つこと（②の判断基準），前述の2014年財政検証にみられるように，年金財政は経済状況に大きく左右され，特例水準の解消による年金財政の影響はきわめて限定的であること（③の判断基準）から，憲法29条1項に違反する余地がある。また，財産権侵害に対する正当な補償を求める憲法29条3項の趣旨から，何ら例外を設けることなく（たとえば，生活保護基準以下の年金額の受給者は減額対象から除くなど），一律に年金給付の引き下げのみを行うことは，許されないというべきであろう（これは，前述のように，憲法25条違反をも構成する）。

　以上から，2012年改正法による年金減額処分は，憲法25条・13条に違反する

ばかりではなく、財産権侵害という点で憲法29条にも違反すると解される。ただし、保険料拠出を要件とする給付としての性格から財産権侵害を構成するという論法は、生活保護や社会手当など税を財源とする給付の権利性を弱める考え方につながる危険がある。保険料拠出を前提としない社会保障給付の受給権についても、当然のことながら財産権保障が及ぶことは強調しておきたい。

第4節　年金保険の法政策的課題

1　年金保険の現状と課題

(1) 低い年金給付水準

　2004年改正法以降の給付抑制を中心とする年金制度改革は、日本の年金給付水準は高すぎるとの前提に立ち、少子高齢化が進む中、現行の年金制度維持のために、マクロ経済スライドにより給付水準を引き下げようとしているわけだが、日本の年金給付水準が、国際的な比較において、本当に高いのかという検証は十分なされていない。OECD（経済協力開発機構）諸国の公的年金給付費の対GDP（国内総生産）比のデータでみると、日本はOECD34ヶ国中第9位程度で、決して高すぎるわけではなく、先進国に限定してみると、むしろ中位程度にあるとの指摘もある[43]。

　現在、老齢基礎年金だけの受給者数は3056万人で、平均支給額は月額5万5000円であり、平均的な年金収入だけの高齢者単身世帯の場合、実質的な生活保護基準を下回る（2017年3月末。厚生労働省の年金年報による）。年金受給者については支給額の格差、男女格差が大きいといえる。また、皆年金といいつつ、全国で約12万人もの無年金障害者、約60万人の無年金高齢者が存在すると推計されている（ただし、正確には把握されていない）。現在の膨大な保険料滞納者・免除者は、将来的に無年金・低年金者となる可能性が高い。前述の年金受給資格期間の10年への短縮により、無年金者は確かに減少するだろうが、給付水準の引き上げがなければ低年金者の増大は不可避である。

　しかも、基礎年金だけの受給者（とくに女性が多い）の場合、月4～5万円という受給者も少なくなく、この程度の年金水準では、十分な資産がなく、単身であれば生活保護を受けなければ生きていけない。実際に、生活保護受給者の

半分以上は，高齢者世帯であり，高齢者世帯の約9割は単身世帯である(第6節第1節参照)。年金水準が一般市民の生活費の半分程度に設定されていること，物価下落率の認定が生鮮食料品などを除外し，医療・介護保険料の値上げ分を考慮していないこと，とくに，前述のように，現行制度では，マクロ経済スライドが基礎年金，厚生年金(所得比例年金)に一律にあてはめられるため，基礎年金が最低生活保障の機能を果たしえなくなるなど，現在の社会保険方式を前提とし，給付抑制を進めていく年金制度改革には大きな問題がある。

(2) 進む国民年金・厚生年金の空洞化

加えて，現在，国民年金保険料の未納・滞納が増大しており，いわゆる「国民年金の空洞化」の問題が深刻化している。厚生労働省によれば，2016年度の国民年金保険料の納付率は65％にとどまっている。国民年金保険料は，原則として過去2年さかのぼって徴収することができ，徴収が2年目にずれ込んだ分をあわせた最終納付率は72.18％(2014年度分)で，ここ2～3年でみると納付率は向上しているものの，依然として3割近い未納が存在する。このほか，低所得による保険料免除を受けている人が約600万人にのぼる(2014年度末)。

保険料未納・滞納の増大の最大の原因は，第1号被保険者の変容にある。国民年金の第1号被保険者は，厚生年金の適用を受けないすべての人だが，国民年金制度創設時に想定されていた自営業者が大幅に減少し，近年の雇用の非正規化の結果，非正規労働者と無職者が第1号被保険者全体の3分の2を占めるようになっている(厚生労働省「年金被保険者実態調査結果」による)。これらの人は所得が低く(もしくはなく)，不安定なうえに，国民年金保険料は，前述のように，定額のため逆進性が強く，当然，保険料未納・滞納が集中する。

保険料未納が多くなれば，保険料収入は落ち込むが，将来，その期間に対応する年金給付が支給されないため，年金財政そのものには大きな影響はない。2014年財政検証でも，同様の理由から，「納付率が低下しても年金財政上の影響はほとんどない」と結論づけており，空洞化がただちに年金財政の破綻に結びつくわけではない[44]。しかし，未納の増大は，将来の低年金・無年金を増大させ(免除の場合も，給付は国庫負担分だけになるので，低年金となる)，老後の所得保障制度としての年金制度を機能不全に陥らせることとなり，生活保護を受給する高齢者の増大につながる(すでに，現在でも増大している。第6節第1節参照)。

高齢期には，誰もが所得の減少・喪失に見舞われるからこそ，公的年金制度が用意されているわけで，年金制度が高齢期の所得保障の役割を果たせず，資産調査を伴う生活保護制度に多くの高齢者が頼らざるをえない現状は是正されるべきである。

　また，空洞化は，厚生年金でも深刻になっている。厚生年金は，法人の全事業所と，従業員5人以上の個人事業所に適用が義務づけられているが，実際には，会社を設立しても厚生年金の適用を受けなかったり，いったん適用を受けた事業所が休業を偽って届出たり，制度の適用を免れる例が後を絶たない。健康保険料にくらべ厚生年金保険料の負担が重く，事業主負担が困難な中小企業などに適用逃れが目立ち，国税庁による企業の税関連情報と公私年金加入事業所の調査から，厚生年金に未加入の事業所は全国で約79万，労働者数でみると約200万人にのぼると推計されている（2016年末。厚生労働省調べ）。これらの人は，老後に厚生年金を受給できないだけでなく，国民年金保険料の未納等で低年金となる可能性が高い。国は，悪質な事業所については刑事告発する方針を示すなど，適用対策の強化を進めているが，かりに適用対策が一定の効果を挙げたとしても，今度は事業所が保険料を滞納したり，あるいは保険料負担に耐え切れず廃業に追い込まれる可能性もある。公費負担による厚生年金保険料の引き下げや中小企業の事業主負担分の補助など抜本的な改革が必要である。

(3)　未解決の年金記録問題と年金制度への不信の噴出

　社会保険方式をとる年金制度の管理運営の問題もある。長期保険である年金保険が適切に運営されるためには，被保険者の同一性確保に関する情報，就労情報や保険料納付記録が正確に把握され，管理され続ける必要がある。正確な情報管理・処理が可能な組織を備えていること，そのもとで過去の保険料支払いを踏まえた正確な年金給付（支給）が現在行われていること，将来も行われることに対する国民の信頼が，年金制度存続のためには不可欠といえる。

　しかし，そうした国民の信頼は，2007年，第1次安倍政権の時に発覚した，5000万件以上もの持ち主不明の年金記録，いわゆる「消えた年金」や「宙に浮いた年金」問題によって崩れさった。この事件を契機に，当時の社会保険庁の解体・民営化と日本年金機構への移行が進められたが，その移行過程で，組織のコスト削減が迫られ，年金実務に習熟した職員の大量解雇（分限処分）と職員

の非正規化が進められ、業務の外部委託が拡大された。

　その結果、年金個人情報の厳格管理がおろそかにされ、2015年6月、日本年金機構のコンピューターが外部からインターネットメールで送られたウイルスに感染し、人数ベースで約100万人（受給者52万人、被保険者48万人）の年金個人情報が流出する事件が起きた。2017年9月にも、元公務員の妻などの基礎年金に一定額を上乗せする「振替加算」が約10万6000人に対して行われていないことが明らかになった（未払総額は約600億円にのぼる）。現在の日本年金機構の管理運営体制では、この種の年金支給漏れ事件やずさんな対応は、今後も繰り返される可能性が高い。ちなみに、年金記録問題の解決に向けての取り組みも、当時、安倍首相は「最後の1人まで記録を回復する」と言っていたが、結局、2015年5月、未解決の年金記録が2000万件以上残ったまま、政府の年金記録確認中央第三者委員会は所管を総務省に移し、事実上の解明作業の打ち切りを宣言している。

　社会保険方式を維持するのであれば、年金実務に習熟した正規職員を大量に雇用し日本年金機構の再編を進めるべきで、それができないのなら、税方式に切り替えるべきだろう。

　さらに、2019年6月には、金融庁の金融審議会・市場ワーキンググループが、年金給付の減少で、老後30年間に夫婦で2000万円の蓄えが必要などとする「高齢社会における資産形成・管理」報告書を公表し、国民の間に衝撃が広がった。政府が、公の文書で、公的年金制度は頼りにならず、望むような生活ができなくなるから資産を運用しろと、国民にあからさまに生活の自己責任を求める内容であったため、「(2004年改正法でいわれた)『100年安心』の年金制度は虚偽だったのか」など批判が続出した。麻生金融担当大臣が報告書の受け取りを拒否したことも、国民の不信を高める結果となった。マクロ経済スライドを導入し年金を減額し続け、無年金・低年金受給者の問題を放置してきた安倍政権の年金政策への国民の不信と批判が一挙に噴出したといえる。

2　最低保障年金の構想と課題

(1) 社会保険方式か、税方式か

　以上のような制度不信の拡大、そして、国民年金等の空洞化問題の深刻化を

受け，基礎年金の税方式への移行案が有力に主張されるようになってきた。もっとも，社会保障法学説では，①負担と給付の対価性があり，負担の見返りとして受給権が保障されることから，権利性が強い。②ミーンズ・テスト（資産調査）や所得制限を持ち込む可能性がない。③給付と負担が関連付けられているため，負担について国民の合意が得やすく，財源確保が比較的容易である。④拠出を通じた運営参画が可能であり，国民の参加意識を確保することができる。⑤年金会計が国の一般会計から独立しているため，国家財政の影響を受けにくい，といった点が基礎年金を社会保険方式で運営することのメリットとして主張され，社会保険方式による現行の年金制度の維持を積極的に支持する見解が有力である。[45]

しかし，①については，社会保険給付の受給権が，公的扶助などの受給権に比べて法的に権利性が強いとはいいがたい。ともに差押等が禁止されており，権利保障に相違はなく，相違があるとしたら，受給者の心理的レベルの問題であろう（この点については，終章第2節参照）。また，社会保険方式の最大の問題点である「排除原理」，すなわち，拠出（保険料負担）がない人については，給付が制限される問題を看過している（無年金・低年金者の存在）。また，②についても，政策的な問題であり，たとえば，社会保険方式の介護保険の補足給付について，資産等が受給に際して勘案されるようになり，実質的な資産調査が導入されている（第3章第3節参照）。③の財源確保の容易さについても，年金制度に対する不信が増大している現状では，社会保険論者のいうような国民の合意はむしろ得にくくなっているのではなかろうか（序章参照）。④の拠出を通じた参加も，形骸化している。⑤についても，税方式でも，特別会計をとる目的税方式であれば，国家財政の影響を受けにくく，いずれも社会保険方式による基礎年金制度の維持を積極的に支持する根拠とはいいがたい。

何よりも，これらの議論は，高齢者の所得保障制度が機能不全に陥っている現状を軽視するものといわざるをえない。実際に，2013年5月に，国連の社会権規約委員会（経済的，社会的及び文化的権利に関する委員会）が提出した「日本政府に対する第3回総括所見」は，日本の高齢者，とくに無年金高齢者および低年金者の間で貧困が生じていること，スティグマのために高齢者が生活保護の申請を抑制されていることなどに懸念を表明し，最低保障年金の確立と，生活

保護の申請手続を簡素化し，かつ申請者が尊厳をもって扱われることを確保するための措置をとることなどを日本政府に勧告している[46]。

(2) 最低保障年金の構想

高齢期の所得保障には，①貧困防止のための基礎所得の保障[47]，②現役期の所得（生活水準）の一定程度の保障という側面がある。日本の年金制度は，①については，国民年金として，逆進的な保険料負担を強いつつ，負担と給付をリンクさせる社会保険方式を採用しているが，基礎所得すら保障できず，生活保護受給の高齢者が増大し，あわせて国民年金の空洞化など，高齢期の所得保障の機能不全の状態に陥っていることは前述のとおりである。現在の雇用の非正規化や貧困の拡大により生み出された膨大な保険料未納者・免除者は，将来的に無年金・低年金者となる可能性が高く（前述の年金受給資格期間の10年への短縮により無年金者は減少するだろうが，低年金者は増大する），老後の所得保障制度の点からも，社会保険方式の限界は明らかで，それを堅持すべき理由は見当たらない。

以上のことから，税財源による最低保障年金を確立すべきと考える。最低保障年金は，スウェーデンやフィンランドにもみられるし，民主党政権が提起した月額7万円の最低保障年金案もその一例である。ただし，民主党政権の最低保障年金案は財源を消費税とするものであったが，その財源は，累進性の強い所得税や法人税などを充てるべきである（**終章第3節**参照）。最低保障年金の確立により，高齢者が半数以上を占める生活保護受給者や給付額は確実に減少する。年金給付が最低生活を保障するのであれば，生活保護受給の高齢者が激減するのは確実だからである。税方式への移行期間においても，当面，老後の所得保障制度としての年金制度の趣旨から，保険料免除期間の年金額も満額支給とするなどの現行制度の改革が早急に求められる。

また，現在の年金積立金のギャンブル的な市場運用をやめ（ちなみに，アメリカでは，年金積立金は，非市場の国債保有に充てられ，市場運用を行っていない），運用の透明性を確保したうえで，前述のように（**第3節**1(3)），年金積立金の取り崩しにより，基礎年金受給者の給付額を底上げしていくことも検討されてよい。

これに対して，②の保障については，所得（報酬）比例負担と所得（報酬）比例給付により社会保険方式で給付を行う仕組みが適切と考える。ただし，その

場合も，被用者だけでなく，自営業者も含めたすべての人をカバーする方式が望ましい。自営業者の所得をいかに捕捉するかという課題はあるものの，多くの国では，自営業者を含めた所得比例年金は存在しており，非現実的なものではない[48]。

(3) 年金引き下げ違憲訴訟の意義と今後の課題

最後に，現在，全国各地で提訴されている年金引き下げ違憲訴訟の意義と今後の課題を展望する。年金引き下げ違憲訴訟は，給付抑制を中心とする現在の年金制度改革の転換をめざす政策形成訴訟としての意義を有している。

具体的には，第1に，基礎年金が最低生活保障の役割を果たすべきことを裁判所に認めさせることで，前述の最低保障年金の制度化の契機となりうる。

第2に，2012年改正法による年金減額処分の違憲性のみならず，既裁定年金の引き下げをもたらすマクロ経済スライドの廃止も求めており，年金の実質的価値維持の回復につながる[49]。前述のように，マクロ経済スライドの適用は，とりわけ基礎年金の受給者の給付水準の大幅低下をもたらすという意味で，当該受給者の生存権侵害にも該当する。

公的年金制度の目的は，とりわけ現実の社会経済状況のもとで不利な地位に置かれた人の生活保障にあること，そして，それらの人の意見は，業界団体などと比べて，政治的プロセスにのりにくいことからすれば，安倍政権のもとで，社会保障削減が進められ，年金生活者の生活困窮が深刻化しているいまこそ，裁判所は，個別具体的な生活状況に即した適用判断を行い，そうした不利な立場にある（それゆえに，政策決定過程から排除されている）人々を救済するべきである。そのことは，憲法25条の趣旨に適うはずである。

救済面でも，2012年改正法による減額処分が，特定の年金受給者の「健康で文化的な最低限度の生活」を侵害することになるのであれば，当該年金受給者に2012年改正法を適用することが憲法違反との判断を行えば（適用違憲），裁判所は，減額処分の取り消しと減額分の当該年金受給者への返還を命ずれば足りる[50]。人権保障の最後の砦として，司法の果たす役割は大きいというべきである。

1) 1985年改革のねらいについては，堀・年金保険法〔第4版〕108頁参照。
2) 碓井 351頁参照。

第1章 年金保険の法政策 57

3）　従来は25年であったが，2017年8月より10年に短縮された。
4）　菊池・社会保障法〔第2版〕188頁参照。
5）　憲法25条1項・2項一体説といわれる。中村睦男「生存権」芦部信喜編『憲法Ⅲ・人権2』（有斐閣，1977年）19頁参照。
6）　同様の指摘に，有泉亨・中野徹雄編『厚生年金保険法／全訂社会保障関係法1』（日本評論社，1982年）233頁（喜多村悦史執筆）参照。
7）　堀・年金保険法〔第4版〕241頁参照。
8）　小山進次郎『国民年金法の解説』（時事通信社，1959年）164頁。
9）　小山・前掲注8）164-165頁参照。
10）　吉原健二・畑満『日本公的年金制度史——戦後70年・皆年金半世紀』（中央法規，2016年）39頁。
11）　田中明彦「国民皆年金下の障害基礎年金の『保険料納付要件』の解釈のあり方——障害基礎年金不支給決定取消訴訟事件に係る意見書」賃社1641号（2015年）30頁参照。
12）　同様の指摘に，田中・前掲注11）60頁参照。
13）　吉原ほか・前掲注10）103頁参照。
14）　公文昭夫・庄司博一『年金のはなし』（新日本出版社，1990年）44-54頁参照。
15）　田中明彦「年金の引き下げは憲法25条1項，2項違反である——違憲訴訟の意義と理論的課題」井上英夫・藤原精吾・鈴木勉・井上я治・井口克郎『社会保障レボリューション——いのちの砦・社会保障裁判』（高菅出版，2017年）211頁参照。
16）　田中・前掲注15）212頁参照。
17）　堀・年金保険法〔第4版〕233頁参照。
18）　木下・前掲序章注13）144頁。
19）　吉原ほか・前掲注10）20頁参照。
20）　石崎浩『年金改革の基礎知識〔第2版〕』（信山社，2014年）30頁参照。
21）　同様の指摘に，高端正幸「年金財政」高端ほか76頁参照。
22）　この間の経緯については，高端・前掲注21）77-78頁参照。
23）　田中明彦「年金の持続可能性と皆年金——年金制度改革をめぐる対抗と課題」医療・福祉問題研究会 156号は，賃金スライドの廃止は，年金受給者を経済発展からとり残し，生活レベルを確実に引き下げるものであり，社会保障向上・増進義務（憲法25条2項）の観点から問題であると批判している。
24）　堀・年金保険法〔第4版〕265頁参照。
25）　社会保障制度改革国民会議報告書「確かな社会保障を将来世代に伝えるための道筋」（2013年8月）39頁。
26）　菊池馨実「公的年金制度の課題と将来」週刊社会保障2985号（2018年）145頁は，マクロ経済スライドの発動の遅れは調整期間の長期化をもたらし，将来の受給者に係る給付水準の一層の低下につながることから，名目下限額の設定の当否が問われ，キャリーオーバー制度の導入につながったと指摘する。
27）　同様の指摘に，里見賢治「年金財政検証結果と公的年金制度の将来」賃社1618号（2014年）35頁参照。
28）　小塩隆士「公的年金制度の課題と将来」週刊社会保障2788号（2015年）117頁参照。
29）　同様の指摘に，高端・前掲注21）80頁参照。

30) 国際人権規約は、独立の専門家からなる「条約機関」を設け、この条約機関が各国の条約の国内実施状況を監視する仕組みをとっており、社会権規約でも「条約機関」として社会権規約委員会が設けられている。社会権規約委員会は、規約の各規定の解釈や実施に関する委員会の所見を「一般的な意見」として随時採択している。これらの「一般的な意見」は、とくに法的拘束力を有するわけではないが、それぞれの締結国は「一般的な意見」を十分に尊重することが要請され、日本の裁判所も、同意見を尊重した解釈を行う必要がある（憲法98条2項）。
31) 同判決の意義については、松山秀樹「社会権規約で規定する『制度後退禁止』を認定した兵庫県生存権裁判大阪高裁判決」賃社1663＝1664号（2016年）6頁以下参照。
32) 年金生活者の生活実態については、全日本年金者組合『年金裁判違憲訴訟陳述集・とどろけ心の叫び』（2016年）所収の年金生活者の陳述参照。
33) 山家悠紀夫「社会保障とその財源を考える・下——社会保障支出を賄う財源は十分に生み出せる」保情475号（2016年）13頁参照。
34) 吉原ほか・前掲注10) 167-168頁参照。
35) 同様の指摘に、棟居407頁参照。
36) 堀・総論〔第2版〕141頁以下参照。
37) 菊池・将来構想96頁、および中野妙子「基礎年金の課題」日本社会保障法学会編『新・講座社会保障法1／これからの医療と年金』（法律文化社、2012年）199頁参照。
38) たとえば、佐藤幸治『憲法〔第3版〕』（青林書院、1995年）565頁参照。
39) 同様の指摘に、石崎・前掲注20) 132-133頁参照。
40) 加藤健次「年金引き下げ違憲訴訟の現状と課題」賃社1667号（2016年）9頁参照。
41) 同様の指摘に、田中・前掲注15) 212頁参照。
42) たとえば、佐藤・前掲注38) 565頁参照。また、同旨の裁判例として、札幌地判1989年12月27日訴月37巻1号17頁参照。
43) 里見・前掲注27) 46頁参照。
44) 同様の指摘に、石崎・前掲注20) 16頁参照。
45) 菊池・将来構想96頁、中野・前掲注37) 209頁参照。
46) 年金生活者の団体である全日本年金者組合も、税方式による最低保障年金制度を提言している（第2次提言を2005年7月に採択）。詳しくは、増子啓三「切り下げられる年金——年金引き下げ反対違憲訴訟の現状とからめて」経済250号（2016年）83頁参照。
47) 高齢期の基礎所得の保障を図るのが、無拠出または定額負担（均一拠出）による均一給付型の年金制度（一般に「ベヴァリッジ型」といわれる）であり、現役期の所得の一定程度の保障を図るのが、所得比例型の年金制度（一般に「ビスマルク型」といわれる）であると整理できる。前者の均一拠出・均一給付の考え方の根底には、20世紀初頭の自由主義の影響があるとの指摘に、Rees, A.M., *T.H.Marshall's Social Policy in twentieth century*, 5th edition, Hutchinton, 1985, p.84参照。
48) 同様の指摘に、高端・前掲注22) 83頁参照。
49) 同様の指摘に、田中・前掲注15) 218頁参照。
50) 葛西・前掲序章注12) 34頁も、25条に関する裁量が問題となる事案においては、法令違憲のみならず、適用違憲の判断を下す余地を司法は真剣に検討すべきとする。

第2章　医療保険の法政策

　医療保障は，病気やけがなどの傷病とそれによる収入の中断などの生活困難に対応する生活保障の仕組みである。日本では，主として社会保険方式（医療保険）により医療保障が行われ，すべての国民がいずれかの医療保険の適用を受ける「皆保険」が確立している。

　また，75歳以上の高齢者が加入する後期高齢者医療制度がある。本章では，医療保険・高齢者医療の給付構造と法的問題について検討し，医療保険の法政策的課題を展望する。

第1節　医療保険の法体系と給付構造

1　医療保険の沿革と法体系

(1)　医療保険の沿革

　日本では，世界的にも比較的早い時期の1922年に，業務上・外の傷病を給付対象とする健康保険法が制定された（制定の翌年に関東大震災が発生し，実施は1927年から）。さらに，1938年には，昭和恐慌下の農民窮乏化対策の一環として，自営業者を対象とした国民健康保険法が制定された[1]。その後，戦時体制の強化にともない1942年には，国民健康保険法が改正され，国民健康保険組合が全国の市町村の9割以上で設立されたものの，戦争の激化の中で，事実上，医療保険は機能不全に陥った。

　第二次世界大戦後，1947年に，労働者災害補償保険法（労災保険法）が制定され，業務上傷病については健康保険の対象外となるとともに，1958年には，国民健康保険法が全面改正され，国民健康保険が市町村を保険者とする強制加入制度となった。1961年4月から，同改正法が施行され，全市町村において国民

健康保険事業がはじまり，すべての国民がいずれかの医療保険の適用を受ける「皆保険」がスタートした。

1973年には，老人福祉法の改正により，70歳以上の老人医療の無料化が実現した（一定の所得制限があったが，実質的に大半の高齢者が対象となった）。しかし，老人医療の無償化は，高齢者医療への公費支出の増大をもたらし，1982年には，老人保健法が制定され（翌年から施行），定額の一部負担が導入されて，無料化は10年で終結した。老人保健制度は，財政面では，高齢者医療費を公費（税金）と他の医療保険からの拠出金（老人医療費拠出金）で賄う仕組みであり（当初は公費30％，拠出金70％），高齢者を多く加入者として抱える当時の市町村国民健康保険への財政支援の仕組みといえた。同時に，老人保健法は，疾病の治療とその予防を体系的に取り入れた保健事業を実施するとともに，在宅復帰のための中間施設の位置づけで老人保健施設も創設した（1986年改正）。一方で，高齢者の受診時の一部負担は引き上げられ続け，2001年からは，定率1割負担とされた。また，2002年の改正によって，公費と医療保険者からの拠出金の割合がそれぞれ50％とされ（当初は公費30％，拠出金70％），老人保健法の対象者の年齢が段階的に75歳以上に引き上げられた。さらに，2003年には，健康保険の被保険者本人の一部負担金も3割に引き上げられている（国民健康保険加入者は制定時から3割）。

その後，介護保険法の施行により（2000年），老人保健施設の給付など高齢者医療費の一部が介護保険の給付に移行し，2008年には，老人保健法を全面改正した「高齢者の医療の確保に関する法律」（以下「高齢者医療確保法」という）が施行され，後期高齢者医療制度が導入され，現在に至っている。さらに，2014年には，急性期病床を削減し，安上がりの医療・介護提供体制を構築することを目的とした「地域における医療及び介護の総合的な確保を推進するための関係法律の整備等に関する法律」（以下「医療・介護総合確保法」という）が成立，2015年には「持続可能な医療保険制度を構築するための国民健康保険法等の一部を改正する法律」（以下「医療保険制度改革法」という）が成立し，2018年度から，国民健康保険が都道府県単位化され，一連の給付抑制の改革が実現をみている。

(2) **医療保険の法体系**

医療保険には，職業・職種等を基準とする被用者保険と居住地域等を基準に

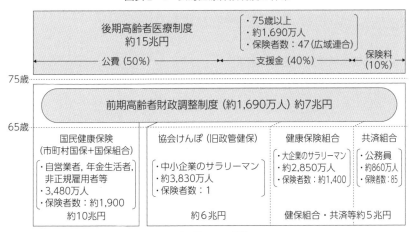

図表 2-1　公的医療保険制度の体系

注：加入者数，保険者数，金額は，2017年度予算ベースの数値。
出所：『平成29年版・厚生労働白書』一部加筆。

判断する地域保険とがある。職域保険には，①健康保険協会管掌健康保険（主に中小企業の被用者が加入。以下「協会けんぽ」という），②組合管掌健康保険（主に大企業の被用者が加入。以下「組合健保」という），③国家公務員共済組合（国家公務員および公共企業体の被用者が加入），④地方公務員等共済組合（地方公務員および公共事業体の被用者が加入），⑤日本私立学校振興・共済事業団（私立の学校法人の被用者が加入），⑥国民健康保険組合（特定の自営業者が加入）がある[2]。このうち，⑥を除いたものを，被用者保険という。また，地域保険として，⑦国民健康保険（上記の医療保険に加入していない地域住民が加入）と⑧後期高齢者医療制度がある（図表 2-1）。根拠法は，①②が健康保険法，③④が共済組合各法（国家公務員共済組合法，地方公務員共済組合法など），⑤が日本私立学校振興・共済事業団法，⑥⑦が国民健康保険法，⑧が高齢者医療確保法である。

このうち，①の協会けんぽについては，保険事業の運営主体は全国健康保険協会である[3]。同協会は，独立の法人格を持ち，都道府県ごとに「従たる事務所（支部）」をおいている。保険財政は全国一律ではなく，都道府県ごとに独立し，相互の財政調整を予定しているものの，支部被保険者を単位として保険料率を定める（健保160条）。

また，⑦の国民健康保険については，医療保険制度改革法の施行で，都道府

第 2 章　医療保険の法政策　63

県が市町村とともに保険者という位置づけになったが（国保3条），保険料の徴収，適用・給付などの業務は引き続き，市町村が行っている。

2　医療保険の被保険者と適用
(1)　国民健康保険の被保険者資格

日本の医療保険には，被用者保険と地域保険があり，国民はこれらの医療保険のどれかひとつに必ず加入しなければならない。ただし，同時に複数の保険に加入することはできない。日本国内に住所を有するものは，居住する地域において被保険者資格が発生する（国保5条）。国民健康保険以外の医療保険に加入した時点で，この被保険者資格は失われ，また，生活保護を受けている世帯に属する者は国民健康保険の被保険者とされず（同6条9項），生活保護の医療扶助（保険証ではなく，医療券の使用）の対象となる。

国民健康保険では，世帯主だけでなく，世帯主の被扶養者に当たる世帯の構成員でも個人単位で被保険者資格を取得する。被保険者の資格は，法律上の要件を充足した事実をもって，その時点から，当事者の主観的な意思とは無関係に被保険者資格が発生する。いわゆる強制加入の仕組みだが，最高裁は，国民健康保険への強制加入は憲法19条・29条に違反しないと判示している（最判1958年2月12日民集12巻2号190頁）。

国民健康保険の被保険者資格については，単に市町村が被保険者証を交付するとしか規定されていないが（国保9条），国民健康保険91条が被保険者証の交付（拒否）を審査請求の対象としていることから，被保険者証の交付（拒否）は，市町村が被保険者資格を確認する行政処分とする裁判例がある（大阪地判1991年12月10日判時1419号53頁）。

日本に在留する外国人の国民健康保険の被保険者資格については，1981年の難民条約の批准にともなう法改正によって，日本国籍の取得を要件とする国籍条項は削除された。しかし，行政解釈は，1年以上の在留期間を有する外国人，または1年未満の在留期間であっても更新などにより1年以上滞在している外国人のみを国民健康保険法5条にいう「住所を有する者」とかなり限定的に解してきた。これに対して，最高裁は，不法在留外国人であっても「当該市町村の区域内で安定した生活を継続的に営み，将来にわたってこれを維持し続ける

蓋然性が高いと認められ」れば「住所を有する者」にあたると判断した（最判2004年1月15日民集58巻1号226頁）。その後，この最高裁判決を受けて，国民健康保険法施行規則が改正され，在留資格を有しない者や外国人登録を行っていない者などは，同法の適用除外とされ立法的解決が図られている。

(2) 健康保険の被保険者資格

　被用者保険の被保険者資格は，適用事業所に「使用」されることによって発生する（健保3条1項など）。健康保険法3条1項が「雇用」ではなく，あえて「使用」という文言を用いていることから，被保険者資格の発生は必ずしも有効な雇用関係の存在を条件としていないと解されている。法人企業の代表取締役は，労働基準法もしくは労災保険法上の労働者には該当せず，契約形式も雇用ではないが，健康保険法上の被保険者資格を認めた裁判例がある（広島高岡山支判1963年9月23日判時362号70頁）。業務外の傷病が，企業の代表取締役であっても労働者と同等に発生することを考慮したものといえる。

　被用者保険の被保険者資格は使用関係の終了により消滅する。争議行為によって長期にわたり労務提供が行われない場合，雇用契約が存続しても，使用関係はなくなると解するのが判例である（仙台高判1992年12月22日判タ809号195頁）。なお，被用者保険は，例外的に，被保険者の意思に基づく資格継続を認めている。これが任意継続被保険者制度で，資格喪失の日まで継続して2ヶ月以上，被保険者であれば，その申出に基づいて任意に被保険者資格を最長2年まで継続することができる（健保3条4項）。

　被用者保険では，被保険者資格を有するのは被用者である本人のみで，被扶養者である世帯構成員は個人として被保険者資格を有するわけではない。ただし，被扶養者は，被用者保険各法の規定する家族療養費等の支給対象となり（健保110〜114条），療養の給付と同等の医療給付が受けられるため，被扶養者は国民健康保険に加入する義務はない。

　日本に在留する外国人の増大にともない，国外居住にも関わらず健康保険の被扶養者として給付を受ける外国人の存在が問題視されるようになった。そして，医療保険財政への影響を抑える観点から，2018年5月に，健康保険法が改正され，健康保険法上の被扶養者について，海外に留学する学生等，国外に居住していても日本に生活基盤があると認められる一部の者を除いて，日本国内

の居住要件が導入された。この改正により，被保険者との間で生計維持関係にある家族であっても，国外に居住していれば，原則として被扶養者と認められないこととなったが，健康保険法の家族給付の趣旨が，被保険者の負担軽減にもあることからすると課題は残る。

3 医療保険の給付と診療報酬制度

(1) 療養の給付と一部負担金

医療保険の医療の給付は，療養の給付といわれる（健保63条1項，国保36条1項）。ここでは「療養の給付」として，①診察，②薬剤または治療材料の支給，③処置，手術その他の治療，④居宅における療養上の管理およびその療養に伴う世話その他の看護，⑤病院または診療所への入院およびその療養に伴う世話その他の看護が法定列挙されており，いずれも，治療行為として医療そのものを現物で供給する現物給付である。

日本では，保険者が直営の医療機関を有している場合は少なく，多くを民間の医療機関が療養の給付を行い，それに要した費用や報酬を保険者から医療機関に支払う仕組みが主流である。療養の給付にかかる費用の一部は患者の自己負担（一部負担金）とされているので，保険者が医療機関に支払うのは一部負担金を除いた額となる（健保74条・76条，国保42条・45条）。一部負担金は，年齢に応じて療養に要した費用の1割から3割となっている。義務教育就学前の6歳児までが2割，義務教育就学児から70歳までは3割，70歳以上75歳未満の者は2割，75歳以上は1割とされている。ただし，70歳以上の高齢者のうち，課税所得が145万円以上あるものは現役並み所得者として3割になる（図表2-2）。

一部負担金は，被用者保険の被保険者本人について，1984年に1割負担が導入されて以降，2003年には，3割にまで引上げられ被扶養者等と同一にされた。患者の負担増により，保険医療機関への一部負担金の未払いが増えてきたため，2006年の法改正により，災害その他厚生労働省令で定める特別の事情がある被保険者で一部負担金の支払いが困難と認められる者については，保険者が減額または免除し，一部負担金を直接，保険医療機関に支払う仕組みが導入された（健保75条の2）。

また，医療保険各法には，医療保険の被保険者が一部負担金を支払わない場

合，保険医療機関等が「善良な管理者と同一の注意を持ってその支払いを受けることに努めた」ときには，保険者は，当該保険医療機関等の請求に基づき，健康保険法等による徴収金の例によりこれを処分することができる旨の規定がある（健保74条2項，国保42条2項）。一部負担

図表2-2　医療保険の一部負担金

	一般・低所得者	現役並み所得者
75歳以上	1割負担	3割負担
75歳まで	2割負担	
70歳まで	3割負担	
6歳まで（義務教育就学前）	2割負担	

出所：筆者作成。

金の未払い（以下「未収金」という）が生じた場合，保険医療機関等が徴収努力を尽くした場合には，最終的には，保険者の責任で未収金分を徴収できる仕組みである。一部負担金の法的性質は，診療契約における被保険者（患者）と保険医療機関との間の債権債務関係と解する見解が有力であり，保険者は，被保険者の未収金分を保険医療機関に支払う義務はないが，少なくとも，保険医療機関から保険者の徴収権限の不行使などに対する損害賠償請求は認められる余地がある。医療保険の給付が療養の給付という現物給付を基本とし，保険者が保険給付に責任を有すると解されるからである。ただし，保険医療機関の側から手間のかかる保険者への請求を行うことはまれで，かりに請求しても，保険者が動くかどうかはわからないため（同規定は「できる規定」），請求がなされることは皆無に近く，実務上はこれらの規定は形骸化している。

(2) 保険医療機関と療養担当規則

　医療機関は，医療法によって開業を許可されただけでは療養の給付を取り扱うことができず，厚生労働大臣による保険医療機関の指定を受けなければならない（健保63条3項，国保36条3項）。また，医療機関で診療を担当する医師も登録をした者（保険医）でなければならない（健保64条，国保46条）。いわゆる二重指定制であり，その趣旨は，医師個人についても，保険診療の責任を明確化することにあるとされている（福岡地判1961年2月2日訴月7巻3号666頁）。

　指定の法的性格については，保険医療機関と保険者との間で締結する「公法上の双務的付従的契約」と解する裁判例（大阪地判1981年3月23日判時998号11頁）があり，行政解釈も同様であるが，学説では，指定取消しを行政処分と捉える理解が一般的であることから，指定も行政処分とする立場が有力である。指定は，保険医療機関と保険者の間に公法上の双務的付従的契約を成立させ，かつ

第2章　医療保険の法政策　67

療養の給付を行うことによって診療報酬債権を取得することのできる地位を医療機関に付与する行政処分と解するのが妥当であろう（鹿児島地判1999年6月14日判時1717号78頁も参照）。

　保険医療機関は，指定により，被保険者のために保険者がなすべき療養の給付義務を保険者に代わって履行することとなる。裁判例は，これにより保険者と保険医療機関との間に，療養の給付に関する公法上の準委任契約が成立し，この契約により「保険医療機関は被保険者に対して前記療養の給付の担当方針に従って療養の給付を行う債務を負い，保険者は保険医療機関が行った療養の給付について診療報酬を支払う債務を負う」と判断している（前記大阪地判1981年3月23日判時998号11頁）。ここでいう「療養の給付の担当方針」は，健康保険法70条に基づいて厚生労働大臣が制定する「保険医療機関及び保険医療療養担当規則」（1957年4月30日・厚生省令15号。以下「療養担当規則」という）をさす。

(3)　診療報酬の支払方式

　以上のような療養の給付に該当する保険診療の対価が「診療報酬」であり，その内容は，健康保険法76条2項に基づいて厚生労働大臣が制定する「健康保険法の規定による療養に要する費用の算定法」と診療報酬点数表（以下「算定告示」という）で示される。保険診療の法律関係において，保険者と保険医療機関との間には公法上の準委任契約が成立していると考えられ，受任者である保険医療機関には，委任の本旨に従った事務の履行（すなわち療養担当規則に沿った療養の給付）をなしたとき，委任事務の対価として診療報酬請求権が発生する（民法648条）。

　療養の給付を実施した保険医療機関または保険薬局に対して，保険者は，療養の給付に関する費用を支払う（健保76条1項）。療養の給付に関する費用は，療養の給付に要する費用から患者が負担する一部負担金に相当する金額を控除した額である。療養の給付に要する費用は，提供された個別の診療行為について点数（1点＝10円）が設定されており，出来高払い方式をとっている。出来高払い方式は，提供された診療行為がそのまま医療機関の収入になることから，過剰診療を招きやすいという問題が指摘されている。[8] そこで，大学病院など高度先端医療を提供する特定機能病院を中心に，「医師による診断」と具体的に提供された「診療行為」に基づき診断群分類により報酬を決定する定額払い（包

括払い)方式が2003年4月から導入されている。この方式は,手術料や麻酔料などの出来高部分と入院基本料や検査など包括評価部分とから構成されるが,包括評価部分は診断群分類包括評価 (Diagnosis Procedure Combination, 以下「DPC」という)といわれる。現在では,包括払いの方式が増大しており,DPC対象病床は全病床の5割を超えている(厚生労働省保険局医療課調べ)。

療養の給付を行った保険医療機関は,これに要した費用および報酬の合計額から被保険者の支払った一部負担金を除いた額を,保険者に請求する。その際に利用されるのが,診療報酬明細書(レセプト)である。従来は,紙媒体を利用していたが,近年では,保険医療機関,審査支払機関,保険者の間に「レセプト電算処理システム」が構築されており,ほとんどが電子レセプトによる請求となっている。診療報酬の決定・改定は法定事項ではなく,厚生労働省告示により定められるが,支払側委員,診療側委員,公益委員から構成される中央社会保険医療協議会(中医協)への諮問が求められる(健保82条1項)。

(4) 審査支払機関と減点査定

保険者は,レセプトの審査とその結果に基づく保険医療機関への診療報酬の支払の事務を,健康保険等については社会保険診療報酬支払基金(健保76条5項),国民健康保険については国民健康保険団体連合会(国保45条5項)へ,それぞれ委託している。これらの組織は審査支払機関といわれる。現在は,すべての保険者が委託を選択している。

保険者が審査支払機関に審査支払を委託した場合,これは公法上の契約関係に該当し,診療報酬支払義務は,保険者から審査支払機関に移り,審査支払機関は,保険医療機関に対して直接に診療報酬支払義務を負うとするのが判例である(最判1973年12月20日民集27巻11号1594頁)。問題は,審査支払機関は,どの程度まで個々の診療行為を審査できるかである。というのも,療養担当規則の内容は,たとえば「投薬は,必要があると認められる場合に行う」(20条)など,抽象的・概括的だからである。医師の裁量の範囲は広いと考えられるが,裁判例は,審査支払機関は,計算ミスなど形式面のみならず,診療内容の妥当性を含めた実質面まで審査できるとする(東京高判1979年7月19日判タ397号75頁)。実際,審査支払機関には医療の専門家による審査委員会が設置されている。

審査支払機関は,レセプトに記載された診療行為や使用薬剤などが保険診療

図表 2-3　医療保険の給付と診療報酬の仕組み
　　　　　（健康保険の場合）

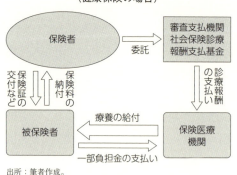

出所：筆者作成。

として適切かを審査し，支払いを行う（以上の診療報酬のしくみについて図表 2-3）。その際，それらが不適切と判明した場合には，請求の全部または一部について支払いを拒否することができる（健保76条4項，国保45条4項）。この支払拒否は，保険医療機関の提示した診療点数を，保険者が減じる形式で行われるため，減点査定といわれる。

　審査支払機関の行う審査・減点査定の法的性格は，支払機関内部での債務確認行為にすぎないとし，その行政処分性を否定するのが判例である（最判1978年4月4日判時887号58頁）。したがって，保険医療機関が審査支払機関の減点査定に不服がある場合には，取消訴訟ではなく他の救済手段を選択することになる。前述のように，保険者と保険医療機関との間には公法上の準委任契約が成立していると理解されるので，委任事務の対価としての診療報酬請求権は，公法上の債権と捉えられ，行政事件訴訟法4条後段の実質的当事者訴訟が訴訟形式として選択されるべきだが，裁判実務では，この種の紛争は行政訴訟として意識されず，民事訴訟法上の給付の訴え（診療報酬請求訴訟）として処理されることが多い。診療報酬請求権は，法および療養担当規則に適合した療養の給付を行った場合に発生すると解されるから，保険医療機関としては，療養の給付の具体的内容と，それが療養担当規則に適合した，診療当時の医療水準を満たした保険診療として正当な医療行為であることを主張・立証する必要がある（大阪高判1983年5月27日判時1084号25頁）。

　減点査定の結果，保険医療機関に支払われる診療報酬は，減額されるが，保険医療機関が患者に一部負担金を要求する段階では，自己の診療報酬請求が正しいという前提に立っているので，患者は減額された分だけ余計に一部負担金を支払ったことになる。したがって，患者には保険医療機関に余分に支払った一部負担金の返還請求権が発生する。この問題については，患者からは審査支

払機関に対し減点査定にかかる一部負担金の返還を求めることができず，患者が保険医療機関に対して返還請求すべきというのが判例である（最判1986年10月17日判時1219号58頁）。しかし，この結論だと，保険医療機関の側から減点査定部分について自由診療契約が成立したと主張できること，保険医療機関と患者の間の力関係から，患者は事実上返還請求をすることを断念せざるをえないという問題がある。

4　混合診療をめぐる法的問題
(1)　混合診療禁止原則と保険外併用療養費

　医療保険では，国民皆保険制度を前提に，国民の生命・健康を守るために必要な医療は，すべて保険から給付することが原則となっている。混合診療は，その原則を崩し，患者の経済格差による医療内容の格差をもたらすことから，明文の規定はないが，禁止されていると解されている（混合診療禁止原則）。そのため，療養の給付に該当する保険診療と保険がきかない自由診療とを組み合わせた混合診療を行った場合は，保険診療相当部分についても給付が行われず，患者の全額自己負担となる。

　混合診療禁止をめぐっては，小泉政権の時代（2001～2006年）に，規制緩和の立場から，全面解禁すべきという議論が執拗に繰り返されてきた。もっとも，1983年に，特定療養費制度が導入され，保険診療と自由診療の併用が一部認められ，混合診療禁止は一部解除されていた。そして，2006年の法改正により，厚生労働大臣が指定する一部の高度先進医療等を対象とした「評価療養」（健保63条2項3号）と特別の病室等の提供などを対象とした「選定療養」（同4号）については，療養の給付と併用した診療を，保険外併用療養費の支給対象とする仕組みが導入された（健保86条1項）。従来の特定療養費制度では，特定承認保険医療機関にしか認められなかった評価療養を，すべての保険医療機関に開放した点で，保険外併用療養費制度は大幅な規制緩和といえる。[10]

　混合診療については，がん患者である原告が，療養の給付に該当するインターフェロン療法に加えて，療養の給付に該当しない活性化自己リンパ球移入療法（LAK療法）を併用する混合診療を受けたところ，インターフェロン療法についても保険適用を受けず全額自己負担となったことを不服として，療養の

給付に該当する診療部分については保険給付を受けることができる権利を有する確認の訴え（行訴4条後段）を提起した事案で，東京地裁判決は，原告に確認の利益があることを認めたが（2007年11月7日判時1996号3頁），控訴審判決（東京高判2009年9月29日判タ1310号66頁）は，特定療養費制度（現在の保険外併用療養制度）を積極的に評価したうえで，混合診療禁止の原則は適法であるとし，原告の主張を退けた。上告審判決（最判2011年10月25日民集65巻7号2923頁）は「（保険外併用療養費）制度の趣旨及び目的や法体系全体の整合性等の観点からすれば，（健康保険）法は，先進医療に係る混合診療のうち先進医療が評価療養の要件に該当しないため保険外併用療養費の支給要件を満たさないものに関しては，被保険者の受けた療養全体のうちの保険診療相当部分についても保険給付を一切行わないものとする混合診療保険給付外の原則（混合診療禁止原則）を採ることを前提」とし（括弧内は筆者），混合診療禁止原則を認める解釈を示したことで，混合診療問題については，司法的に決着がついたといえる。

(2) 患者申出療養の創設とその問題点

2015年4月から，患者申出療養が保険外併用療養費に新たに加えられた。これは患者からの申出を起点に，保険外の医療をはじめて実施する場合には，臨床研究中核病院が開設者の意見書とともに，実施計画，安全性・有効性等の根拠，患者の申出を示す文書を添付し国に申請する仕組みである。国は，それを審議し，原則6週間で実施の可否を判断して実施となる。対象となった医療，実施施設を国はホームページで公開，定期的に国に実施報告させる。また，前例がある医療を実施する場合は，その医療機関が前例を取り扱った臨床研究中核病院に，患者の申出を示す文書を添付して申請し，臨床研究中核病院は，国が示す考え方をもとに，原則2週間で個別に審査して実施となる。保険外併用療養費の先進医療Bは実施までの審査が原則6ヶ月であるのに比べると異例の速さである。

患者申出療養の拠点となる臨床研究中核病院（医療法に法定化）は，東京大学医学部附属病院など全国で15病院あるが，他の大学病院や特定機能病院（全国で86），がん拠点病院など「身近な医療機関」での実施が予定され，一般の病院や診療所などの「かかりつけ医」も含まれる。対象となる保険外の医療は，①先進医療の対象とならない医療，②治験の対象外の患者への未承認薬使用が示

されているが，これらは明らかに「臨床研究の倫理指針」からの逸脱であり，実施計画違反，医薬品の臨床試験の実施の基準省令に抵触するとの指摘がある。[11] 臨床研究や治験は，被験者に実施するもので，治療でないことの同意のもとで行われるべきものだからである。

もともと，患者申出療養は，患者の申出が起点といっても，医療・医学知識に圧倒的な差がある医療機関の側からの教示が不可欠であり，このままでは，患者の申出を名目にして，未確立な医療や実験段階の医療が横行する危険がある。何よりも，審査期間が極端に短く，安全性・有効性に問題があり，医療事故などが増える可能性がある。

第2節　医療保険財政の法政策

1　医療保険の財政と運営方式

医療保険の財源は，被保険者および事業主（被用者保険の場合）が負担・納付する保険料と公費負担および患者の一部負担金からなる（患者負担分を除いた部分が医療給付費）。

医療保険の運営方式は，国民健康保険の場合は，財政責任者である都道府県に一般会計から独立した特別会計（国民健康保険特別会計）を設定して運営を行う。保険料は，各市町村が条例で定めるが，国民健康保険事業にかかる費用の支払いは，都道府県が行う。

これに対して，健康保険など被用者保険の場合は，独立した法人格をもつ保険組合に保険事業を委ねる組合方式をとっている。健康保険の保険者は，健康保険組合（以下「健保組合」という）と全国健康保険協会である。

常時政令で定める人数（700人）以上の被保険者を使用する事業主は，健保組合を設立することができ（健保11条1項），設立に当たって，事業主は，被保険者の2分の1以上の同意を得て規約を作成し，厚生労働大臣の許可を得なければならない（同12条1項）。同業種の複数の企業が共同で，総合健保組合を設立することや，都道府県単位で，複数の健保組合が合併して地域型健保組合を設立することもできる（同11条2項，健康保険法附則3条の2）。健保組合には，議決機関である組合会がおかれる（健保18条）。組合会は，事業主や被保険者を代

表する議員によって構成され，保険料率などを定めた規約を変更する場合には，組合会の議決を経なければならない（同19条）。全国健康保険協会は，健保組合に加入していない健康保険被保険者が加入する単一の組織で，運営委員会が設置される（同7条の18）。また，都道府県ごとに設置される協会支部には評議会が設置され，労使代表および公益の委員で構成されている（同7条の21第1項）。

2 健康保険の保険料

健康保険の保険料は，被保険者の標準報酬月額（50段階。健保40条）と標準賞与額（建保45条）を定め，それに保険者が定めた一般保険料率（基本保険料率と特定保険料率を合算した率）を掛けて算出され，所得に応じた保険料設定になっている（応能負担）。総報酬制が導入されており，賞与（ボーナス）にも標準報酬月額と同率の保険料率がかかる。もっとも，一定以上の高額所得者に対しては，同一の標準報酬が適用されるため（健康保険の場合は，月額135万5000円以上の収入を得る者については，すべて50級＝月額139万円の標準報酬が適用される），応能負担といっても上限が設定されている。

国民健康保険の保険料についても，保険料の上限（賦課限度額）を設定する条例が通常である。これらは，応能負担を貫徹すると，受益とかけ離れた負担を特定の被保険者に課すという状況を避けようとするものであり，とくに違憲と判断されるような不合理はないとするのが判例である（横浜地判1990年11月26日判時1395号57頁）。

事業主は，被保険者と折半で保険料を負担し，保険者に保険料を納付する義務を負う（健保161条1項・2項）。通常は，事業主が被保険者の給与から保険料を天引きし，事業者負担分と合わせて保険料を納付する。健康保険組合と健康保険協会は，1000分の30から1000分の120までの範囲で一般保険料率を決定する（同160条1項・13項）。健康保険組合では，組合会の議決に基づき保険料率を規約で定める。健康保険組合の平均保険料率は9.035％で，保険料率が10％を超す組合も291組合と全組合の20.7％にのぼっている（2015年度決算見込。健康保険組合連合会発表）。協会けんぽの場合は，都道府県支部ごとに保険料率が設定されるため，都道府県によって保険料率が異なる。平均の保険料率は，2012年

度に，保険料率が8.2％から10.0％と大幅引き上げとなり，それ以降，政府の財政支援措置（期限を設けずに，当分の間，国庫補助率を16.4％とし法定化）と準備金の取り崩しにより，現在まで10％台に据え置かれている。

なお，前述の年金機能強化法（第1章第2節参照）により，2016年10月より，短時間労働者の厚生年金加入とともに，健康保険加入が実現している。国民健康保険から約15万人，健康保険被扶養者から約10万人が健康保険本人に移り，健保組合に約20万人，協会けんぽに約5万人が加入している。これも，従来の健康保険被扶養者からみれば，新たな保険料負担が発生する負担増になっている（ただし，同時に，事業主の保険料負担も発生する）。

3　国民健康保険の保険料

(1)　国民健康保険料の構造

国民健康保険の保険料は，国民健康保険組合の場合を除いて，地方税法の規定に基づき国民健康保険税として賦課することができる（国保76条1項，地方税法703条の4第1項）。保険料よりは税方式の方が収納率の向上が期待できると考えられたためか，大都市以外では，保険税を用いているところが多い[14]。また，保険税の採用を国民健康保険事業の一般行政化と捉える見解もある[15]。ただし，国民健康保険料と国民健康保険税とでは，保険税の方が徴収権の優先順位が高くなる（国税・地方税→社会保険料の順），消滅時効が5年になる（社会保険料は2年）などの相違のほかは，賦課や免除，軽減の算定方法について本質的な差異はみられない（以下，両者の区別の必要がある場合を除き「国民健康保険料」で総称）。

国民健康保険料の賦課は，世帯を単位として行われ，世帯主に保険料の納付義務が課せられる（国保76条）。額は，政令で定める基準により条例または規約で定める（国保81条）。具体的には，基礎賦課額（介護納付金の納付に要する費用を除いた国民健康保険事業に要する費用）を算定し，これを応能割（支払能力に応じて課すもの）と応益割（支払能力に関係なく一定の条件に当てはまれば課すもの）とを組合せた方法で計算して，各世帯に賦課される保険料額が決定される。従来は，応能割と応益割の組み合わせ比率は7対3であったが，1995年の国民健康保険法の改正以降，同比率を5対5へと変更することが推進され，現在では多くの自治体で，5対5となっている。応益割の比重が大きくなったことで，保険料

負担が過重となり、後述のように、保険料滞納者の増加につながったと考えられる。

応能割には所得に応じて課す所得割と資産に対して課す資産割があり、応益割には加入人数に対して課す均等割と世帯に対して課す平等割がある。所得割の計算方法には、旧ただし書方式（所得比例方式）と住民税方式の2つがあったが、2013年度からは例外を除いて旧ただし書き方式に統一された。この方式は、総所得から基礎控除（33万円）のみを引いた金額に保険料率を乗じて計算する方式で、収入から各種控除を引いて保険料を算出する住民税方式に比べ、低所得者の負担が重くなることが指摘されている。また、平等割は、世帯の人数が多いほど、保険料が高くなる。

国民健康保険料には、応能割が5割の自治体で①市町村民税の基礎控除額（33万円）以下の世帯について当該年度分の被保険者均等割額または世帯別平均割額のそれぞれ10分の7、②①以外の世帯で、市町村民税の基礎控除額に納税義務者を除く当該世帯の被保険者数に政令で定める金額（24万5000円）を乗じて得た額を加算した金額以下の世帯について同10分の5、③①②以外の世帯で、市町村民税の基礎控除額に当該世帯の被保険者数に35万円を乗じて得た額を加算した金額以下の世帯について同10分の2に、それぞれ保険料が軽減される制度がある（国保81条に基づく保険料軽減制度で、法定軽減制度といわれる）。

さらに、市町村は、条例または規約の定めるところにより、特別の理由がある者に対し保険料を減免し、または徴収を猶予することができる旨の規定があるが（国保77条）、この規定を受けた各市町村の国民健康保険条例では、「特別の理由」は、災害などにより一時的に保険料負担能力が喪失したような場合に限定され、恒常的な生活困窮者は対象としていないのが通常である（国民健康保険条例参考例26条・27条）。

(2) 国民健康保険料と租税法律主義

国民健康保険料については、租税法律主義（憲法84条）の適用が問題となる。

秋田市の国民健康保険条例が、所得割と資産割（応能割部分）については保険税率の算定方法を定めるのみで税率を明示せず、応益割部分についても定額を明示しないことが、租税法律主義（地方税条例主義）に反するかが争われた秋田市国民健康保険条例事件において、第1審判決（秋田地判1979年4月27日判時926

号20頁），第2審判決（仙台高秋田支判1982年7月23日判時1052号3頁）ともに，原告の主張をいれて同条例を違憲と判断した。同事件では，控訴審段階での違憲判決が確定し，その後，同判決の趣旨にそって，保険税方式をとる市町村はすべて定額定率を条例に明示するようになり，また国民健康保険税から保険料に切り換えて徴収する市町村が増大した。もっとも，事案が国民健康保険税に関するものであったため，同判決の射程が国民健康保険料に及ぶかは不明であった。実務では，及ばないことを前提として，保険料方式をとる市町村の大半は，かつての秋田市国民健康保険条例と同様に，算定方法を定めるのみで税率を明示しない仕組みをとっていた。

　こうした中，保険料方式をとっていた旭川市国民健康保険条例事件の第1審判決（旭川地判1998年4月21日判時1641号29頁）は，保険料を租税と同一視し，国民健康保険料にも租税法律主義の適用を認めた。学説も同判決を支持するものが大半で，国民健康保険料にも租税法律主義の適用を認めるのが通説的見解となりつつあった。しかし，同事件の控訴審判決（札幌高判1999年12月21日判時1723号37頁）は，こうした通説的見解を覆し，国民健康保険料の対価性を強調し，それが租税とは異なるとしたうえで，租税法律主義の直接適用を否定し，保険料率自体を条例に明記する必要はないとした。

　学説は同判決に反対と支持とに分かれたが，最高裁判決（最大判2006年3月1日民集60巻2号587頁）は，保険料は租税には該当せず，租税法律主義は直接適用されないとしつつ，一方で，賦課徴収の強制の度合いにおいては租税に類似する性質を有するから，憲法84条の趣旨は及ぶとした。この最高裁判決が，国民健康保険料と租税法律主義をめぐる初の最高裁判所の判断となったが，これまでの判例学説の対立状況を解消し，社会保険財政の特殊性を肯定した点で，重要な意義を有するものと評価されている。[17]学説でも，最高裁判決を支持する説が有力である。もっとも，最高裁は，国民健康保険税については「憲法84条の規定が適用される」としているが，国民健康保険料と保険税との間には，前述のように，賦課や免除，軽減の算定方法について本質的な差異はみられない。国民健康保険税にも反対給付的性質があるにもかかわらず，法形式の相違のみで，憲法84条の直接適用と趣旨適用という相違，つまりは法律による規律密度の相違を許容することには疑問が残る。[18]

なお，旭川市国民健康保険条例事件では，恒常的な生活困窮者に対して国民健康保険料の免除を認めていないことが憲法25条・14条に違反しないかも争われた。最高裁は，恒常的生活者については生活保護法による医療扶助等の保護を予定していること，国民健康保険法81条の委任を受けて定められた本件条例による保険料の減額があることなどを理由に，保険料減免の対象を，条例で災害等の突発的事由に限定しても，国民健康保険法（77条）の委任の範囲を超えて違法とはいえないと判示した。しかし，この点についても，被保険者の生存権侵害に当るのではないかという問題がある（第3章第3節参照）。

(3) **保険料滞納の場合の資格証明書・短期証の交付**

国民健康保険は，いわば皆保険の下支えとなっており，加入者には，高齢者や無職者が多く，保険料負担能力が低い。それに加えて，高い保険料負担のために，保険料の滞納世帯は，全国で289万世帯，全加入世帯の15.3%にのぼる（2017年6月現在。厚生労働省調査。以下同じ）。

滞納問題への対応として，自治体は，保険料を滞納した被保険者に対し，被保険者証の返還を求め（国保9条3項），代わりに被保険者資格証明書（以下「資格証明書」という）を交付する措置が行われている。2001年度から，保険料の滞納につき「特別の事情があると認められる場合」を除き，1年間保険料を滞納している者について，保険証の返還と資格証明書の交付が義務化されている（国保9条3項・6項。国民健康保険法施行規則5条の6）。また，滞納期間が1年未満の場合には，自治体は有効期間が短い短期保険証を交付することもできる。短期保険証と資格証明書の交付世帯は，現在，あわせて約100万世帯（短期保険証約82万世帯，資格証明書約18万世帯）に達している。

(4) **資格証明書と短期保険証交付の問題点**

資格証明書保持者は，医療の給付を受けた場合，支払うべき自己負担金が10割となり，事後的に保険者に請求すれば給付分が返還される償還払いとなるが（国保54条の3にいう特定療養費），保険料滞納分と控除されて返還されない場合が大半である。保険料を払えず滞納している人が，窓口で医療費を全額負担できるはずもなく，受診は困難で，実質的に無保険者の状態に置かれているといってよい。資格証明書保持者の中には，十分な医療が受けられず治療の手遅れにより死亡する人も出ている。国民皆保険を揺るがす事態であり，とくに資

格証明書交付世帯の無保険状態の子どもたちの存在が問題となり，議員立法で，国民健康保険法が改正され，中学生以下（現在は高校生以下）の被保険者に対しては，資格証明書ではなく，6ヶ月の短期保険証が交付されることとなった（国保9条10項）。もっとも，短期保険証の場合も，有効期間が切れた場合には，市町村の窓口に新規の保険証を取りに行く必要があり，その際に，国民健康保険料の納付を求められるため，窓口に足を運ぶことなく，有効期間が切れた短期保険証を保持したままの人もいる。窓口には，こうした「留め置き」された短期保険証が多数ある自治体もある。

　国民健康保険法上は，保険料滞納に「特別の事情があると認められる場合」[19]は，資格証明書は交付されないが，「特別の事情」の存在については，自治体から保険証返還の求めがあった時点で，世帯主から届出をする必要があり（国民健康保険法施行規則5条の7），この届出がなされないと，機械的に資格証明書が交付されている事例が多い。

　しかし，資格証明書の交付義務付け以降も，収納率の向上はみられていない。滞納問題は国民健康保険の構造的問題といえ，多くの国民健康保険が，保険料滞納者の増大→保険財政の逼迫→保険料の引き上げ→保険料滞納者の増大という悪循環に陥っている。そのため，資格証明書の交付は，収納率改善の手段ではなく，保険料滞納者への見せしめ的な制裁措置に化しており，交付制度そのものが意義を失っており，廃止すべきと考える。かりに資格証明書を交付する場合でも，自治体は，世帯主からの「特別の事情」の届出がなくても，状況を調査し，悪質な滞納者と認定したうえで，はじめて交付などの手続きに移るのが，国民健康保険法の趣旨（国保9条2項・3項）に合致すると解される。調査の過程で，生活保護が必要な困窮状態にある保険料滞納者であることが明らかになれば，医療扶助につなげる責任が自治体の側に生じよう。近年では，批判の高まりの中で，資格証明書の交付は減ってきているが，一方で，財産調査の徹底化と財産の差し押さえが増大している。

第3節　高齢者医療の法政策

1　後期高齢者医療制度
(1)　後期高齢者医療制度の構造

　高齢者の医療制度としては，2008年に，高齢者医療確保法に基づき，75歳以上の高齢者を加入者とする後期高齢者医療制度が創設され，現在に至っている。

　後期高齢者医療制度の被保険者は，75歳以上の者および65歳以上75歳未満の者であって，政令で定める程度の障害のある者で，後期高齢者医療広域連合（以下「広域連合」という）の認定を受けた者である（高齢者医療50条）。75歳に達すると，それまで加入していた医療保険（主に国民健康保険）から離脱し，同制度に強制加入となる（図表2-1参照）。実施主体は，各都道府県の全市町村が加入する広域連合である（高齢者医療48条）。「保険者」という名称が用いられていないのは，保険料の徴収（特別徴収の場合は年金保険者が行う），資格関係届けの受付，給付の申請受付などの業務は市町村が行い，保険業務を広域連合と市町村が分担する仕組みのためだが，最終的な実施責任は広域連合にある。[20]

　後期高齢者医療制度の財政構造は，1割の高齢者の窓口負担を除く給付費を，75歳以上の高齢者からの後期高齢者医療保険料（約1割），各医療保険者からの後期高齢者支援金（約4割），公費（約5割）で賄う仕組みである（高齢者医療93条1項等）。

　後期高齢者医療制度の給付の種類は，健康保険の療養の給付とほぼ同じであるが，一部負担金は，原則として医療費の1割負担である（ただし，現役並所得者は3割負担）。保険料は，介護保険料と同様，年金額が月1万5000円以上の被保険者については，特別徴収（年金からの天引き）となる。普通徴収の被保険者については，世帯主や配偶者の一方に連帯納付義務が課されている（高齢者医療108条2項・3項）。保険料滞納世帯に対して，資格証明書の交付が義務付けられているものの，現在までのところ，同証明書の交付はなく，短期証の交付にとどまっている（それでも，全国で約2万人に交付されている）。

(2)　後期高齢者医療制度の問題点

　後期高齢者医療制度のような高齢者のみを被保険者とする独立の医療保険制

度は世界でも類をみない。75歳以上の高齢者は、病気になるリスクが高いうえに、年金生活者が大半で保険料負担能力が低く、リスク分散が十分機能しないからである(終章第2節参照)。実際、高齢者の保険料負担だけでは給付費の1割程度しか賄えず、後期高齢者医療制度は、財政的には、公費や支援金に大きく依存する構造になっている。

とくに、後期高齢者支援金は年々増大し、健康保険など被用者保険の財政を悪化させる大きな要因となっており、当面の改革として、医療保険制度改革法により、2017年度から、後期高齢者支援金に全面総報酬割が導入され、協会けんぽへの国庫補助の割合も、本則で定める範囲を13〜20％と法定化し(健保153条)、附則で「当分の間」16.4％とされた。総報酬割は、従来は加入者数に応じて拠出していた後期高齢者支援金を、賃金水準(平均収入)に応じて拠出するもので、これにより、所得が高い大企業の従業員が加入している健保組合などの負担は増大し、大企業より所得の低い中小企業の従業員が加入している協会けんぽとの所得格差を平準化するために投入されている協会けんぽへの国庫補助(約2400億円)が削減された。しかし、健康保険法の附則を含めた各規定のいずれをみても、国庫補助の割合と後期高齢者支援金の総報酬割との間に法令上の関係はなく、総報酬割の導入による国庫補助の削減について論理必然性はない[21]。協会けんぽの国庫補助の趣旨が、協会けんぽと健保組合等との所得格差への対応であるとするならば、総報酬割の導入で、それが不要になるとはいいがたいからである。負担が増大した健保組合などからは、総報酬割の導入は、国の財政責任を現役世代の保険料負担に「肩代わり」(被用者保険による国庫補助の「肩代わり」)させるものとの批判が出ているが、当然の批判といえる。

後期高齢者支援金は、後期高齢者医療制度の被保険者でもない健康保険の被保険者などが特定保険料という形で負担している。しかし、後期高齢者医療の給付を受けるのは、あくまで後期高齢者医療制度の被保険者(原則75歳以上の高齢者)であり、支援金の拠出者(医療保険者。正確には保険料を拠出する健康保険の被保険者や事業主)には全く受益はない。したがって、特定保険料は、名目は保険料であっても、実質は租税であり、租税法律主義(憲法84条)の厳格な適用がなされるべきと考える[22]。

2 前期高齢者の財政調整制度

一方，65歳から74歳までの前期高齢者の医療費については，財政調整制度が導入されている。これは，保険者間の前期高齢者の偏在による負担の不均衡を調整するために，国民健康保険・被用者保険の各保険者が，その加入者数に応じて負担する費用負担の調整制度である。要するに，前期高齢者が多く加入する国民健康保険に，加入者が少ない被用者保険から徴収した納付金を交付金として財政調整を行う仕組みである。

具体的には，どの保険者にも同じ率の前期高齢者が加入していると仮定して（各医療保険への前期高齢者の加入率は，全国平均で12%。これを調整対象の基準とする），前期高齢者の加入率の低い協会けんぽ（平均加入率5%。以下同じ）や健保組合（加入率2%）から納付金を徴収し，加入率の高い国民健康保険（加入率28%）に交付金として支給する。一方的な資金移転であり，制度上の対価性はない。企業などで定年を迎えた退職者が被用者保険から国民健康保険に移行するので，被用者保険の保険者が給付を免れるという事実上の受益が発生するという根拠づけもあるが，納付を規範的に根拠づけるには疑問が残る。

いずれにせよ，健保組合など前期高齢者の加入が少ない医療保険者は，後期高齢者支援金のみならず，前期高齢者納付金の負担も加わり（協会けんぽの場合，納付金について，給付費同様に16.8%の国庫負担が行われる），拠出金等による大幅な支出増で，赤字に転落する健保組合が続出している。健保組合の義務的経費に占める高齢者医療への拠出金負担割合は47.0%（2018年度予算ベース）となっており，一部の健保組合ではすでに50%を超えている。健保組合の被保険者の保険料が，加入者の医療給付よりも高齢者のための拠出金に多く使われているわけで，健康保険組合連合会（健保連）は，後期高齢者支援金・前期高齢者財政調整制度への公費負担導入など見直しを提言しているが実現していない。

3 医療費適正化計画と特定健診・特定保健指導

高齢者医療確保法では，医療費の適正化を総合的かつ計画的に推進するため，厚生労働大臣が医療費適正化基本方針を定め，6年を1期とする全国医療費適正化計画を策定することとされ，都道府県にも医療費適正化計画の策定が義務付けられている（同8・9条）。

同時に，40歳以上75歳未満の被保険者に対して，糖尿病など生活習慣病の予防に着目した特定健康診査（以下「特定健診」という）・特定保健指導を行うことを医療保険者に義務付けた（高齢者医療20条・24条）。特定健診は，メタボリックシンドローム（内臓脂肪症候群）の該当者・予備群をセレクトし，医師等による特定保健指導につなげるもので，特定保健指導は，積極的支援，動機付け支援，情報提供の3段階に分けられる。[23]

　特定健診・特定保健指導の受診率，メタボリックシンドロームの該当者・予備群の減少について目標が設定され，達成状況に応じて，後期高齢者支援金が加算・減算される仕組みが導入されている。ただし，2017年度支援金分までは，加算対象は特定健診・特定保健指導の実施率が0.1％未満の医療保険者に限定され，加算率も0.23％にとどめられていたため，加減算の規模は，2015年度の支援金で7400万円にとどまり，減算をうける保険者の減算率もわずか0.048％であった。そこで，加算率と加算対象範囲の見直しが行われ，2018年度から，特定健診は57.5％（総合健保組合と私学共済は50％）未満，特定保健指導は10％（同5％）未満の医療保険者に対象範囲を拡大し，加算率も2020年度で特定健診5％，特定保健指導5％の計10％に引き上げることとされた。

　そもそも，WHO（世界保健機関）が，健康の社会的決定要因の改善を各国政府に呼びかけた時期に，日本では，逆に病気の原因と対策を個人に求める動きが強まったとの指摘があるように，[24]特定健診・特定保健指導の制度化は，個人の努力・自己責任によって，生活習慣病を予防できるという前提に基づいた健康自己責任論の具体化であった。個人の労働環境（長時間労働，不規則勤務など）を軽視し，特定健診によるハイリスク者の早期発見を起点に，メタボリックシンドロームを引き起こす生活習慣に着目した特定保健指導だけで，つまり個人への健康教育とそれによる個人の健康管理・行動だけで，生活習慣病が予防できるという前提で政策化されたといえる。

　しかし，特定健診・特定保健指導の導入から10年を経過するが，膨大な予算と人員を投下したにもかかわらず，メタボリックシンドロームは減少しておらず，政策的には失敗したというほかない。健康自己責任論の前提自体が誤っていたということだろうが，そのほかに，社会的経済的に不利な立場にある人ほど（たとえば，非正規雇用の労働者）健康状態が悪いにもかかわらず健診を受診し

ていないこと，メタボリックシンドロームは，予備群を含めると14万人をこえ，健康教育による健康行動の変容やそれによる冠動脈疾患による死亡が抑制できるというエビデンス（証拠）がない，つまり長期的に有効な治療法が確立していないことなども指摘されている。[25] 生活習慣病の予防と対策は，長時間労働の是正や職場ストレス環境の改善といった労働環境の改善にこそまず取り組む必要がある。

第4節　診療報酬の法政策

1　診療報酬による政策誘導

　診療報酬は，前述のように，1点単価に10円を乗じて算定されるが，診療報酬点数表は，保険診療の「公定価格表」にとどまらず，個々の点数につき請求要件を規定した「算定要件集」[26] でもある。診療報酬の体系は，保険給付の範囲を決めるとともに，算定要件の設定などを通じて，保険診療の内容や質・量までも制御することとなる。また，医療機関（とくに民間病院）は，経営原資のほぼすべてを診療報酬に依存しており，診療報酬改定は，医療機関に大きな影響を与えるため，診療報酬を用いた政策誘導が可能となる。

　実際，2年ごとの改定のつど，個々の点数（加算を含む）の増減，算定要件の変更，点数の評価単位の包括化などさまざまな手法を駆使して，時々の政策課題に対応すべく政策誘導が行われてきた。とくに，医療提供体制において，特定の病床の算定要件を厳格にして，病床の削減をはかるなど，診療報酬による政策誘導が行われている。[27]

　典型例が，手厚い看護配置基準7対1の入院基本料算定病床（以下「7対1病床」という）である。7対1病床は，2006年の診療報酬改定で導入されたが，看護師の配置基準を満たせば，高い診療報酬点数を算定できるため，厚生労働省の予想以上に，多くの病院が7対1病床への移行をめざし，同病床は2014年時点で38万床にまで増大した。[28] 診療報酬点数が高い病床の増大は，それだけ医療保険財政を圧迫することを意味し，厚生労働省は，7対1病床を，2025年までに18万床に削減する方針といわれる。そこで，2016年の診療報酬改定では，同病床の削減を意図して，7対1病床の算定要件である「重症度，医療・看護必

要度」(以下「看護必要度」という)の基準を満たす患者の割合が25％以上に引き上げられ、患者の「在宅等復帰率」も80％以上に引き上げられた。こうした算定基準の厳格化により、7対1病床の稼働率は年々低下し、病床数も徐々に減少しているものの(2017年6月時点で、35万4980床と、2016年6月時点より8242床の減少。日本アルトマーク調査結果による)、厚生労働省の意図したほどの減少ではなく、現状では政策誘導の効果は十分現れていないといってよい。

2 2018年診療報酬改定の内容と問題点

(1) 2018年診療報酬改定の全体動向

一方、2018年の診療報酬改定(以下「2018年改定」という)は、6年に一度の介護保険の介護報酬との同時改定であった。いわゆる団塊の世代(約700万人)がすべて75歳以上に達する2025年までに、同時改定は2018年改定と2024年の改定の2回しかないため、2018年改定は、大きな改革(政策誘導)が可能な実質的に最後の機会とされてきた。また、同年は、医療計画や介護保険事業(支援)計画、医療費適正化計画といった計画を更新するタイミングとも重なり、国民健康保険の都道府県単位化も実施されるなど、いわゆる「惑星直列」と比喩される大改革の年とされてきた。

しかし、安倍政権のもと、高齢化に伴う社会保障費の自然増を年間5000億円に抑制する方針が打ち出され、2018年度予算でも、自然増分1300億円削減された。しかも、その削減は、医療・介護分野で行われたため、診療報酬は全体としてはマイナス改定(1.47％)となり、本体はわずかにプラス改定(0.55％)にとどまった。限られた財源の中で、苦心のあとはみられるものの、急性期病床の削減と在宅医療・介護への誘導によって、入院医療費を削減しようとする意図がみえる。以下、2018年改定の内容と問題点を考察する。

(2) 入院医療

入院医療では、入院料全般を再編・統合し、①急性期医療、②急性期医療～長期療養、③長期療養の3段階に整理、各段階で看護職員配置や平均在院日数などの施設基準に基づく「基本部分」と、診療実績や患者の状態に応じて段階的に評価する「実績部分」を組み合わせた評価体系とされた。

このうち、①の急性期の患者に対応する7対1・10対1一般病棟入院基本料

は「急性期一般入院基本料」に組み替えられ，入院料1〜7の7段階とされた。看護配置は入院料1が7対1，入院料2〜7は10対1にそれぞれ相当する。点数は，入院料1が従来の7対1一般病棟入院基本料と同じ（1人当たり1591点），入院料7が従来の10対1一般病棟入院基本料と同じ（同1332点）となり，入院料2〜6は，1と7の範囲内で「看護必要度」の患者の入院割合に応じて加算する仕組みが導入された。現行7対1入院基本料と同じ入院料1が算定できる入院割合は25％以上から30％以上に引き上げられた。

②の急性期医療〜長期療養のカテゴリーでは，看護配置13対1・15対1一般病棟入院基本料が「地域一般入院基本料」に一本化され，15対1看護配置をベースにした3段階の評価に，地域包括ケア病棟入院料は13対1看護配置をベースとした4段階の評価に，それぞれ再編された。後者の入院料1と3では，実績部分が「自宅等からの緊急入院の受け入れ実績」や「在宅医療の提供実績」などを指標に，急性憎悪した在宅患者などを受け入れる，いわゆるサブアキュート機能の実績が評価された。ただし，算定は200床未満の病院に限定されている。

一方，③の長期療養に該当する療養病床については，急性期病床からの退院患者の受け皿に位置付けられ，一貫して削減が図られている。現在の医療療養病床28万床と介護療養病床5万9000床をあわせた数値から，2025年には合計で24.2〜28.5万床に絞っていく構想が示されており，そのためには，新規に療養病床に参入してくる数を考慮すると，現行の医療療養病床の半数（とくに25対1以下のすべて）と介護療養病床（廃止確定）のすべてが新しく創設された介護医療院に転換することが前提となると指摘されている。[29] 2018年改定では，看護配置20対1以上の療養病棟入院基本料1と同25対1以上の入院基本料2が一本化され，基本部分では看護配置20対1以上を要件化，実績部分では，入院基本料1は「医療区分2・3の患者が8割以上」，入院基本料2では「同5割以上」が要件化された。看護配置25対1以上で20対1を満たせない場合や医療区分2・3の患者5割以上が満たせない場合には，経過措置1として入院基本料2が10％減額となる（2020年3月までの経過措置）。看護配置25対1以上も満たせない場合は経過措置2として20％減額となる（同月までの経過措置）。日本慢性期医療協会の実状調査では，医療療養2を算定する病院の約4分の1が要件を満たせず減算となっている。

いずれにせよ，看護配置（報酬）も手厚い急性期病床を削減し，看護職員の少ない病床への転換を促し，患者を入院から在宅医療へ，さらに介護へと誘導することで，医療費削減をはかろうとする傾向が強まったといえる。このままでは，さらなる患者の選別が加速し，きめ細かな医療をめざす医療機関ほど経営に深刻な打撃を受けることとなろう。7対1病床の人員体制を維持するなら，患者のさらなる絞込みが迫られ，10対1病床への転換をはかっても，患者の縮小，体制縮小が迫られる。[30]

(3) 外来・在宅医療，薬価

外来医療では，かかりつけ医機能を普及させるための見直しがなされた。地域包括診療料・加算は2段階の評価となり，外来診療を経て訪問診療に移行した患者数が診療料1・加算1の要件に追加される一方で，地域包括診療料では「常勤医師2人以上配置」の要件が「常勤換算2人以上の医師配置，うち1人以上が常勤医師」に緩和された。また，紹介状を持たずに受診した患者から定額負担（初診5000円以上，再診2500円以上）の徴収を義務付ける病院が，特定機能病院および認可病床400床以上の地域医療支援病院に拡大された（対象病院は410病院に拡大）。そのほか，対面診療を原則とし，有効性や安全性などに関する要件を前提としたオンライン診療（情報通信機器を活用した診療）料が創設された。

在宅医療では，通院がとくに困難であったり，関係機関との連携のために支援を有する患者などを対象とした「包括的支援加算」が新設された。在宅患者訪問診療料も実態に合わせて見直され，併設する介護施設などへの訪問診療を行う「在宅患者訪問診療料Ⅱ」が新設された。さらに，患者本人との話し合い，本人・家族の医師決定を基本に，他の関係者との連携のうえで看取りに対応することが，在宅ターミナルケア加算などの要件とされた。

診療報酬というツールを使って，患者を入院から在宅医療へ誘導する政策は，受け皿となる在宅医療の充実が不可欠となるが，在宅医療の担い手であるかかりつけ医の多くは個人開業医で，24時間対応が難しいことから，担い手は大きく不足している。当然ながら，在宅看取りの体制も十分ではない。現在，全国に約1万4000ある24時間対応の在宅療養支援診療所のうち，実際に在宅看取りの経験のあるクリニックは半分程度で，その件数も年間1～3件と極端に少ない。結局，2018年改定にみられる程度の加算の新設では，在宅医療の担い

手が広がるとは考えにくい。大規模な公費投入をしないまま，長期的な視点のないままの強引な在宅医療への誘導策は，重度の患者の行き場をなくし，その家族や良心的な医療機関の困難を拡大するだけである。

　薬価については制度の抜本改革が議論されている。改革議論の発端は，抗がん剤のオプジーボの適用拡大にともなう医薬品費の高騰問題で，オプジーボについては，2016年11月の緊急薬価改定において，薬価が翌年より50％引き下げられた。この教訓を踏まえて，毎年の薬価改定，また費用対効果評価の導入に向けた議論が進められている。

第5節　医療保険制度改革の展開

1　国民健康保険の都道府県単位化とその問題点

(1)　断行された国民健康保険の都道府県単位化

　医療保険制度改革の動向についてみると，前述の医療保険制度改革法により，2018年4月より，国民健康保険が都道府県単位化された。

　都道府県は，国民健康保険の財政運営の責任主体となり，市町村とともに国民健康保険の保険者となり，その中心的な役割を担う（国保4条2項）。具体的には，都道府県が，保険給付に要する費用の支払い，市町村事務の効率化・広域化等を促進し，市町村が保険料の徴収，資格管理・保険給付の決定，保健事業などを担う。その意味では，都道府県単位化といっても，都道府県と市町村が共同して国民健康保険を運営する方式といえる。従来，市町村が行ってきた業務のうち，財政運営の責任主体としての業務を都道府県が担い，それぞれの立場で保険者の役割を分担する「役割分担型保険者」方式といってもよい[31]。

　国民健康保険料の設定は，都道府県が，域内の医療費全体を管理したうえで，市町村ごとの標準保険料率と都道府県全体の標準保険料率を定め，各市町村は，標準保険料率を参考にしながら，納付金を納めるのに必要な保険料率を定め，保険料を徴収して，都道府県に国民健康保険事業費納付金として納付する。したがって，保険料は，従来と同様，市町村ごとに条例で定め，市町村ごとに異なることとなる。後述のように，都道府県単位での統一保険料を志向する自治体もあるが，現在までのところ実現していない。

そのうえで，市町村は，保険給付等に要する費用のうち市町村負担分を国民健康保険給付費等交付金として都道府県に請求し，交付を受ける。交付金の財源は，市町村の納付金のほか，国や都道府県の公費負担で賄われる。また，給付増や保険料収納不足により財源不足となった場合に備え，都道府県に総額2000億円の財政安定化基金が造成された。

　この方式だと，市町村による法定外繰入がなされなければ，ほぼ確実に，国民健康保険料は引き上げとなる。市町村は，都道府県から割当てられた納付金を100％納める必要があり，全国の保険料収納実績は平均で約90％のため，市町村は，納付金を賄えるよう保険料引き上げが必要となるし，もしくは財政安定化基金から納付金の不足分を借り受け，のちに保険料に上乗せして返済することになるからである。国民健康保険料が引き上げられれば，さらに保険料の滞納世帯が増えることとなり，給付制限や徴収が強化され，徴収業務の外部委託もすすむ可能性が高い。

　国民健康保険の都道府県単位化に際しては，財政基盤の確立を図るため，3400億円の公費が投入された。このうち1700億円は，2015年度から投入され，各保険者における保険料7割・5割の法定軽減対象者の人数に応じて交付されている仕組みを2割軽減の被保険者にも拡大するなど，低所得世帯を多く抱える保険者への支援策（国民健康保険基盤安定制度の中の保険者支援分）を強化するものである。残る1700億円は，2018年度から投入され，財政調整交付金の実質的増額，保険者の責めによらない要因による医療費増・負担への対応（精神疾患，子どもの被保険者数，非自発的失業者数など），保険者機能を発揮し，後発医薬品の普及促進など医療費適正化に向けた保険者努力支援などの内容で，前述のように，後期高齢者支援金の被用者保険の負担を総報酬割に移行することで生み出された財源（2400億円）から一部が充てられた。

(2) 国民健康保険料の現状

　2018年8月の厚生労働省の発表では，国民健康保険の都道府県単位化後の保険料水準は，全国の半数を超える市町村で1人当たりの保険料水準は維持ないし下がっており，上がった市町村でも医療水準の伸びである3％を超えたのは5％程度の市町村にとどまっている。一方，制度改正後の3年あるいは6年の国民健康保険事業運営の方向を定めた「国民健康保険運営方針」において統一

保険料とすることを打ち出したのは，大阪府など7道府県にとどまり，都道府県統一保険料については，制度改正後の様子見の自治体が多い。

制度改正後の国民健康保険料の大きな引き上げがなかったのは，1700億円の公費投入と激変緩和措置によるところが大きい。激変緩和措置には，保険料（納付金）水準に伸び幅の上限を設け，上限を超える部分を都道府県繰入金から補填する，もしくは特例基金・財政調整交付金の暫定措置から補填するなどの方法がある。前者は財源を市町村の共同出資で賄っているが，後者は激変緩和のために別途設けられた臨時的な公費（総額700億円）を財源としたもので，段階的に財源が減少していくため，今後は，保険料水準（納付金）を引き上げる市町村が出てくる可能性がある。また，決算補填などの目的で市町村が行っている法定外繰入について，厚生労働省は，保険者努力支援交付金の都道府県分（総額500億円）の中で，全市町村から解消計画を出させることを交付基準として明記していたものの，一方で，制度改変後の保険料負担の激変が生じないように，法定外繰入金の削減を抑制するよう求めた。そのため，結果として，大幅な削減がなかったものの，法定外繰入金額は，2015年度と2016年度でみると，全国で3039億円から2537億円と16.5％も減少している。削減の方向に変化はなく，将来的な国民健康保険料の引き上げの要因となりうる。

実際，各都道府県が発表した2019年度の「標準保険料率」に基づいて，市町村の国民健康保険料を算出したところ，「標準保険料率」は一般会計からの国民健康保険会計への繰入をしないことを前提としているため，「給与年収400万円・4人世帯（30歳代の夫婦＋子ども2人）」のモデル世帯では，約8割の自治体で平均4.9万円の大幅値上げとなるとの試算がある（日本共産党の試算による）。

(3) **国民健康保険の都道府県単位化の問題点**

そもそも，国民健康保険財政の赤字は，加入者に高齢者や低所得者，無職者が集中していることによる構造的問題であり，保険規模を大きくしたところで，赤字が解消されるわけではない。実際，政令市などの大規模な自治体ほど国民健康保険財政は苦しく，赤字基調が続いている。また，小規模保険者の問題は，保険財政共同安定化事業により対応が可能で，国民健康保険をあえて都道府県単位化する必要はなかったはずである。

国民健康保険の都道府県単位化の真のねらいは，法定外繰入のような財政補

填のための公費支出を廃止し，都道府県ごとに保険料負担と医療費が直結する仕組み，つまり介護保険や後期高齢者医療制度と同様の仕組みを構築することにある。こうした構造のもとでは，都道府県としては，保険料の引き上げを抑制するには，医療費抑制を図るしかない。そして，医療費抑制のツールとして，医療・介護総合確保法で，都道府県は医療費適正化計画とともに地域医療構想を策定することとされ，病床削減などについての都道府県知事の権限を強化し医療供給体制をコントロールする仕組みが導入された[35]。国民健康保険の都道府県単位化は，保険料の引き上げを抑制するため，いわば都道府県間で医療費削減を競わせる仕組みを構築することを意図しているといえる。

国民健康保険の財政基盤安定のために投入された前述の公費3400億円という額は，国民健康保険財政に対して，市町村が決算補填の目的で行った法定外繰入額（2013年度で3544億円）にほぼ等しい。つまり，現在の高い国民健康保険料を前提にしての話だが，国民健康保険の都道府県単位化によって保険料が大きく値上げする事態を当面は回避し，都道府県ごとに保険料負担と医療費が直結する仕組みの構築を実現するための一時的な措置といえる。実際，現在までのところ，国民健康保険料の大幅な引き上げはなく，都道府県や住民の側からの大きな不満や批判は出ていない。しかし，国民健康保険へのこうした公費投入は，あくまでも一時的な措置であり，将来的に減額されていく可能性が高い。かりに減額がなされなくても，増額がされない以上，中長期的に，医療費が増大していけば（高齢化の進展により増大は不可避だが），国民健康保険料の引き上げは不可避となり，早晩，都道府県としても医療費の抑制をはからざるをえなくなる。

2　患者負担の増大

医療保険制度改革では，「負担の公平化」の名目で，患者負担増も断行されている。

第1に，一般病床や65歳未満の療養病床の入院患者に対する入院時食事療養費が縮小され，2016年度から1食360円，2018年度からは1食460円となった。低所得者および難病患者，小児慢性特定疾病患者の負担額は据え置かれているが，入院時の食費は高額療養費の対象とならず，食費の引き上げは，入院患者

の負担増に直結している。

　第2に，前述のように，紹介状なしで特定機能病院および一般病床400床以上の地域医療支援病院を受診する場合に，保険外併用療養費制度の選定療養として定額負担を患者から徴収することが義務化された。定額負担の導入は，小泉政権のときに導入が検討された受診時定額負担（医療費窓口の自己負担分にさらに定額を上乗せする）の一種といえ，今後，大病院でなくても受診する際に定額負担が課される可能性がある。

　第3に，政令改正で，後期高齢者医療保険料の特例軽減措置も段階的に廃止され，2017年4月から，所得に応じて支払う所得割の軽減が5割から2割に，健康保険等の被扶養者であった高齢者の定額部分の軽減も9割から7割に引き下げられた（2019年4月に特例軽減措置は全廃）。元被扶養者についてみると，段階的廃止前の均等割9割軽減により保険料月額380円であったものが，軽減措置廃止で同3770円（従来の10倍）に跳ね上がっている。

　第4に，これも政令改正により，70歳以上の高齢者の高額療養費の月額負担上限が段階的に引き上げられる。当面は，2017年8月より，年収370万円未満の外来の負担上限が月額2000円上がり1万4000円に，入院を含む負担上限も1万3200円増の5万7600円に引き上げられた。同時に，療養病床に入院中の65歳以上の高齢者について，水光熱費である居住費も，同年10月より，日額320円が370円に引き上げられた。

　加えて，政府の経済財政諮問会議の「経済・財政再生計画改革工程表」では，湿布やかぜ薬など市販品類似の医薬品の保険給付の見直し，かかりつけ医以外を受診した場合の追加負担の導入，75歳以上の高齢者の窓口負担の原則2割負担化などの改革案が提示されている。患者，とくに高齢者を狙い撃ちにした負担増の改革の方向が鮮明になっているといってよい。

第6節　医療保険の法政策的課題

1　国民健康保険と被用者保険の課題

　最後に，医療保険の法政策的課題についてみていく。

　国民健康保険の都道府県化を契機に（もしくは，その一環として）加速している

病床削減を中心とする提供体制の改革に対しては，地域医療の実態を無視した病床の削減をさせないため，自治体レベルで，地域医療構想に医療機関や住民の意見を十分に反映させることが必要であろう。地域医療構想の実現を協議する場として「地域医療構想会議」が位置づけられているが，同会議を形骸化させない取り組み，また医療・介護関係者が中心となって，どの程度の病床が必要かを具体的に提言していく取り組みが重要となる。そもそも，稼働していない病床が多数存在しているのは，病床自体が過剰というより，必要な医師・看護師が確保されないことに原因があるとも考えられる。まずは医師・看護師の確保を図る施策が求められる。現在，勤務医不足，勤務医の長時間・時間外労働が問題となっており，「医師の働き方改革に関する検討会」で議論がなされているが，本来的には，病院勤務医を増やすこと，その医師の労働を診療報酬で評価することが必要な対策といえよう。

　医療保険の制度設計については，当面は，現在の国民健康保険，被用者保険の並列状態を維持しつつ，とくに国民健康保険への公費投入を大幅に増やしていくべきである。前述のように，現在の国民健康保険は，加入者に無職者が約45％を占めるなど，医療保険の中では，加入者の所得水準が最も低く，「所得なし」世帯も加入者の約28％にのぼる（2015年。厚生労働省調べ）。にもかかわらず，国民健康保険料の負担は他の医療保険の保険料に比べ突出しており，最も平均所得が低い国民健康保険加入者が最も高い保険料を納めている状態が続いている。こうした構造的問題を抱えているにもかかわらず，国民健康保険への国庫負担は減らされてきた。現在の国庫負担は保険給付費に対して定率40％とされているが，かつては加入者負担を含む医療費全体に対する定率負担で，1984年9月までは，医療費の40％であった。窓口負担（一般的には3割だが，70歳以上の高齢者については1割もしくは2割なので，平均すると約27％）から償還される高額療養費分（約9％）を除いた実質的な加入者負担割合は約18％となる。医療費から加入者負担分を除いたものが保険給付費で，保険給付費は医療費の82％となり，保険給付費に対する現行の国庫負担が40％なので，医療費で換算すると，国庫負担は32.8％にとどまる。地方単独の福祉医療制度（条例による重度障害者や小児，ひとり親などに対する一部負担金の現物助成）の実施で補助率が削減されるので，医療費に対する国庫負担は30％程度とみられる。従来の医療費

の40％にくらべると，負担は10％，額にして約1兆円が削減されたこととなる[39]。国民健康保険への国庫負担をもとの医療費40％の水準に戻せば，国民健康保険料の大幅な引き下げが可能となるはずである（1兆円の公費投入で，国民健康保険料は協会けんぽ並みの保険料に引き下げられる）。

また，被用者保険についても，前期高齢者の医療費調整制度に対して公費負担を導入し，協会けんぽの国庫補助率を健康保険法本則の上限20％（153条）にまで引き上げる必要がある。

2　高齢者医療の課題と将来的な医療保険の構想

高齢者医療については，まずは後期高齢者医療制度を廃止し，老人保健制度に戻すべきである。老人保健制度には，後期高齢者医療制度のように高齢者医療費と高齢者の保険料が直結する仕組みは組み込まれておらず，75歳以上の高齢者も国民健康保険などに加入することになるため，拠出金の根拠も明確となる。生活習慣病予防に特化した問題の多い特定健診・特定保健指導を廃止し，すべての住民を対象にした市町村が行う基本健診などの老人保健事業を復活できる点でもメリットがある[40]。ただし，拠出金の増大による被用者保険の財政悪化など，現在の後期高齢者支援金と同様の問題があるが，それについては公費負担割合を増やし，拠出金負担の軽減をはかっていく必要がある。

そのうえで，当面は70歳以上の高齢者と乳幼児について，一部負担金を廃止し無料化を国レベルで実現すべきである。将来的には，政府が保険者となり，すべての国民を適用対象とする医療保険制度を構築し，所得のない人や生活保護基準以下の低所得者については保険料を免除し，公費負担と事業主負担を増大させることで，10割給付の医療保障（すべての被保険者について医療費負担なし）を実現すべきと考える（**終章第2節参照**）。

1）　当時の市町村国民健康保険は，市町村単位の組合が保険者となる組合方式であった。こうした方式が採用された理由について詳しくは，新田秀樹『国民健康保険の保険者』（信山社，2009年）53頁以下参照。
2）　このほか，船員およびその扶養家族を対象に，医療，業務上・通勤災害，失業，年金を包摂する船員保険があるが，被保険者の減少にともない，2010年以降，その職務外疾病部門と独自給付の支給に関しては，協会けんぽが実施し，職務上の部門は労災保険に，

失業給付の部門は雇用保険に統合されている。
3) 全国健康保険協会は，国家事務を担当するため，健康保険法によって設立された特殊法人と解されている。碓井 222頁参照。
4) 詳しくは，加藤智章『社会保険核論』（旬報社，2016年）110頁参照。
5) 一部負担金の未収金の問題については，伊藤・介護保険法 56頁参照。
6) 厚生労働省保険局監修『健康保険法の解釈と運用〔第11版〕』（法研，2013年）716頁参照。
7) 田村和之「医療保険機関の指定の法的性格」西村健一郎・岩村正彦編『別冊ジュリスト・社会保障判例百選〔第4版〕』（有斐閣，2008年）51頁参照。
8) 西村〔第3版〕205頁参照。
9) 島崎謙治『日本の医療——制度と政策』（東京大学出版会，2011年）372頁は，包括払い方式では過少診療のインセンティブが働きやすく，過少診療のチェックは相対的に難しいため，質の評価が課題になると指摘する。
10) 同様の指摘に，加藤ほか〔第6版〕178頁（倉田聡執筆）参照。
11) 高橋太「未確立な医療をはびこらせ，健康保険制度の秩序を壊す『患者申出療養』の危険」いのちとくらし研究所報50号（2015年）11頁参照。
12) 国民健康保険組合にも組合会がおかれる（国保26条）。健保組合も国保組合も，組合方式を採用しているが，被保険者を構成員とする社団としての性格が強いとされる。加藤ほか〔第7版〕180頁（倉田聡執筆）参照。
13) 運営委員会は一部の事項につき議決機関として機能する（健保7条の19第1項）。この点で，被保険者・事業主の政治的自治が強められたと評価するものに，太田国彦「リスク社会下の社会保障行政・下」ジュリスト1357号（2008年）103頁注81）参照。
14) 碓井 245頁参照。2016年3月末時点で，保険税方式1505，保険料方式234で，保険税方式が全体の86.4％を占めている（総務省自治税務局調査）。
15) 新田・前掲注1）208頁参照。
16) 牧昌子『老年者控除廃止と医療保険制度改革——国保料（税）「旧ただし書き方式」の検証』（文理閣，2012年）160頁参照。
17) 倉田聡「判例批評」判時1944号（2006年）182頁参照。
18) 同様の指摘に，増田英敏『リーガルマインド租税法〔第5版〕』（成文堂，2019年）265頁参照。
19) 「特別の事情」とは，①世帯主が財産につき災害を受け，または盗難にかかったこと，②世帯主又はそのものと生計を一つにする親族が病気にかかり，または負傷したこと，③世帯主がその事業を廃止又は休止したこと，④世帯主が事業につき著しい損失を受けたこと，⑤これらに類する事由があったことである（国民健康保険法施行令1条の3）。
20) 広域連合が実施主体とされた具体的な経緯については，伊藤・後期高齢者医療制度 38頁参照。
21) 同様の指摘に，笠木映里「医療制度・医療保険制度改革——高齢者医療・国民健康保険を中心に」論究ジュリスト11号（2014年）15頁参照。
22) 同様の指摘に，新田秀樹「財政調整の根拠と法的性格」社会保障法研究2号（2013年）83頁参照。
23) メタボリックシンドロームの該当者・予備群の診断基準は，腹囲が男性85cm以上，女性90cm以上で，①空腹時血糖110mg/dL以上，②中性脂肪150mg/dL以上か，HLDコレ

ストロール40mg/dL未満,③血圧130/85mmHg以上,のうち2つを満たす場合に,メタボリックシンドロームと診断(3つのうち1つを満たす場合には,メタボリックシンドローム予備群と診断)される。しかし,腹囲の基準値が国際的な基準値と異なるなど,問題点が指摘されている。詳しくは,伊藤・後期高齢者医療制度195-197頁参照。

24) 服部真「労働者を取り巻く不健康の社会的要因」月刊保団連1252号(2017年)12頁。
25) 近藤克則「健康格差社会の病理と処方箋」月刊保団連1252号(2017年)7頁参照。また,WHOの健康の社会的決定要因委員長でもあったマイケル・マーモットも,健康の不平等は社会の不平等から生じていることを指摘し,ニーズに比例させて資源を配分する政策の必要性を提言している。Marmot, M., *The Health Gap: The Challenge of an Unequal World*, Bloomsbury, 2015.〔栗林寛幸監訳『健康格差——不平等な世界への挑戦』日本評論社,2017年〕とくに第9章参照。
26) 島崎謙治『医療政策を問いなおす——国民皆保険の将来』(筑摩書房,2015年)144頁。
27) 島崎謙治「医療提供制度を改革する政策手法」社会保障研究1巻3号(2016年)596頁以下は,診療報酬の機能として,①医療費のマクロ管理機能,②医療費のセクター間の配分機能,③医療提供体制の政策誘導機能を挙げている。
28) 島崎・前掲注26)152頁は,7対1病床の増加を,政策意図に反する医療機関の行動を誘発した典型例としている。
29) 鈴木卓「入院医療体制の大幅組み換えと病院にとっての今後の課題」月刊保団連1273号(2018年)15頁参照。
30) 詳しくは,伊藤周平「診療報酬・介護報酬の同時改定とこれからの医療・介護」月刊保険診療73巻5号(2018年)51頁参照。
31) 江口隆裕「保険者概念の変質」週刊社会保障2822号(2015年)33頁。
32) 寺内順子『検証!国保都道府県単位化問題——統一国保は市町村自治の否定』(日本機関紙出版センター,2016年)10頁は,9割の収納率でも納付金100%になるようにするには,計算上,保険料は11.1%割増と,今よりかなり高くなると指摘している。
33) 同様の指摘に,神田敏史「都道府県単位化で,国保制度はどう変わったか」住民と自治666号(2018年)12頁参照。
34) 国民健康保険財政の安定化を図るための事業で,国民健康保険団体連合会が実施し,交付事業と拠出事業がある。2012年に,国民健康保険法が改正され,2015年4月より,対象範囲が,国民健康保険の保険給付費すべてに拡大されている。
35) 病床機能報告制度と地域医療構想については,伊藤・しくみと法156-158頁参照。
36) 医療提供体制の改革について詳しくは,伊藤・入門111-119頁参照。
37) 同様の指摘に,鈴木・前掲注29)16頁参照。
38) 長友薫輝「自治体による医療保障および市民の生活実態への政策的対応」賃社1721=1722号(2019年)73頁参照。
39) 神田敏史・長友薫輝『新しい国保のしくみと財政——都道府県単位化で何が変わるか』(自治体研究社,2017年)85頁(神田敏史執筆)参照。
40) 詳しくは,伊藤・後期高齢者医療制度238-239頁参照。

第3章 介護保険の法政策

　介護保険は，従来の高齢者福祉措置制度を個人給付・直接契約方式に転換したのみならず，税方式による介護保障を社会保険方式に転換した点で，最もドラスティックな改革であった。そして，介護保険は，その後の社会福祉法制の改革のモデルとされている。

　本章では，介護保険導入に至るまでの高齢者福祉政策の展開を辿り，介護保険の給付・財政構造を明らかにする。そのうえで，近年の介護保険制度改革と介護報酬政策の動向を分析し，社会保険方式による介護保障の限界と今後の制度改革の方向性を展望する。

第1節　高齢者福祉政策の展開と介護保険法の制定・施行

1　戦後の社会福祉法制と措置制度の確立

　1946年に，連合国軍最高司令官総司令部（GHQ）が日本政府に示した「社会救済」覚書は，公的扶助における①無差別平等原則，②公的（国家）責任の原則，③必要充足の原則を示すものであった。そして，1949年には，社会福祉行政6原則が示された。これは社会福祉の公的責任の確立と実施のための行政体制の整備を日本政府に強く要求するものであった。同時に，民間の社会福祉事業に対する公的責任の転嫁，国の関与や援助を禁止することを指示しており，こうした公的責任，社会福祉における公私分離の原則は，1951年に制定・施行された社会福祉事業法によって法制化された。

　戦後の日本の社会福祉法制は，生活保護法から専門分化していくという過程を辿る。まず，1947年に児童福祉法が，1949年には身体障害者福祉法が制定される。これらは，1950年に全面改正された生活保護法とともに，福祉3法と称

された。こうした社会福祉法制の特徴は，各法に定められた措置（福祉の提供という現物給付）を国・自治体の責任（公的責任）で実施するというもので，措置制度といわれた。

もっとも，当時，施設をはじめ福祉供給体制は整備途上にあったため，社会福祉事業法によって，民間事業者を社会福祉法人として措置委託の形で公的補助を行う仕組みがとられた。同法によって，各都道府県に社会福祉事務所が設置され，福祉事務に従事する専門公務員が誕生する。実施体制は，機関委任事務（現在は法定受託事務）として，自治体が事務処理を行っていたが，サービス提供は施設入所が中心で，供給量が限られていたため，措置の対象とされたのは，緊急性の高い人や低所得者層であった。

1960年代に入ると，1960年に精神薄弱者福祉法（1998年に知的障害者福祉法に名称変更），1963年に老人福祉法，1964年に母子福祉法（1981年に母子及び寡婦福祉法，2016年に母子及び父子並びに寡婦福祉法に名称変更）が相次いで制定され，先の3法とあわせて，いわゆる福祉6法体制が確立した。1960年代は，高度経済成長のもと，保育所などの施設整備も進み，1973年は「福祉元年」と称され，普遍的な福祉サービス供給体制が確立するかにみえた。しかし，その年の秋の第1次石油危機により，高度経済成長が終わり，低成長期が到来すると，一転して「福祉見直し」が叫ばれ，福祉予算の削減の方向に舵が切られる。1981年には，臨時行政調査会ついで第2次臨時行政調査会が発足，行財政改革の答申を出し，医療・年金・社会福祉抑制の方向が打ち出された（「臨調・行革路線」と称された）。1986年以降は，社会福祉の国庫負担割合を従来の8割から最終的には5割に引き下げる改革が断行され（生活保護の国庫負担は75%），同時に，機関委任事務が廃止され，施設入所に関する事務が自治事務とされた。

2 措置制度の特徴

措置制度では，利用希望者の申込みを契機として，措置権者（地方公共団体またはその長）が受給資格を認定して措置決定を行い，措置（保育や介護などの現物給付）がなされる。受給資格の認定は，受給要件に該当するか否かを認定するもので，必要度や緊急性に応じて優先順位が決定される。措置決定は行政処分と構成され（したがって，決定に不服がある場合は，取消訴訟など行政訴訟の提起が可

能となる），措置決定がなされれば，措置権者は，受給資格者に措置を実施する義務を負う。民間事業者に委託する場合にも，社会福祉各法により，措置の受託義務および受託者に対する規制監督が規定されている。

　こうした措置制度は，第1に，措置権者である市町村が，措置の実施という現物給付義務を負い，民間事業者に委託する場合にも，事業者に対して委託費を支給する方式をとっていること（現物給付・市町村委託方式），第2に，市町村（行政）の責任により入所・利用が保障されること（市町村責任方式），第3に，費用負担は無償もしくは，利用者の所得に応じた応能負担であること，第4に，財源は，国・自治体の公費負担であること，に特徴がある。

　しかし，行政解釈では，措置決定は行政処分であり，措置の実施は職権主義によるもので，利用者の申請権は否定され，同時に，サービスを受ける利益は，措置の実施の結果として生じる反射的利益であるとして，措置請求権も否定されてきた[1]。判例も，同様の解釈を示していた（申請権を否定する大阪高判2001年6月21日判例自治228号72頁，措置請求権を否定する大阪地判1998年9月29日判タ1021号150頁。養護老人ホームの個室入所請求訴訟に対する最判1993年7月19日判例集未登載など）。

3　高齢者福祉政策の展開と介護保険法の成立

　日本では，65歳以上の総人口に占める割合（高齢化率）が1994年に14％を超える高齢社会に突入して以降，高齢化の進展への対応が政策課題とされるようになる。2013年には，高齢化率が25％を突破，75歳以上人口の割合も12.3％に達し，人口の4人に1人が65歳以上の高齢者という本格的な超高齢社会になった。

　高齢者福祉政策のなかでも緊急の課題とされてきたのが，介護保障である。高齢化の進展とともに，介護を必要とする高齢者が増加してきたが，圧倒的な福祉施設の不足の中，特別養護老人ホームなどの計画的な整備の必要性が認識され，1990年の老人福祉法および老人保健法（現在は高齢者の医療確保に関する法律）の改正により，全国すべての地方公共団体は，老人福祉計画・老人保健計画（両者は一体のものと作成され，老人保健福祉計画といわれた）の策定が義務付けられた（老福20条の8以下）。同時に，老人福祉法と身体障害者福祉法に基づく入所措置の権限を市町村に移譲し，市町村を在宅サービスの実施主体とするこ

となどを主な内容とする改正が行われた。また，民間活力の利用という政策動向に沿って，措置委託先の拡大と供給主体の多元化が図られた。すべての市町村が，サービスの種類ごとに目標数値を設定し施設の整備や人材確保に向けた計画を策定した意義は大きいとの指摘もあるが，2) 計画の検証が十分なされてきたかは疑わしい。

そして，1990年代に入ると，措置制度に対しても，①措置決定は一方的・権力的で，利用者は従属的な立場に置かれ，施設やサービスの選択ができない。②供給量の不足により，サービス提供を拒否する行政裁量が認められ，多数の待機者の存在を理由に，利用の申出を受け付けない運用もみられる。③施設最低基準や措置費の算定基準が低く設定されているため，処遇面での質の確保が十分できていない，などの問題点が指摘され，改革の必要性が主張されるようになった。もっとも，これらの問題点の多くは，措置制度の仕組みを前提としながら，公費を投入し，施設などの供給量の増大を図り，施設最低基準や措置費の引き上げを行うことなどで解決しうる問題といえた（②③の問題）。また，法解釈論を通じて運用を改善する途もあった。とくに，保育所入所については，3) 多くの自治体で，保護者が特定の保育所を選択したうえで，入所希望先を明記し，市町村に申込みを行う方式が常態化しており，申請権と措置請求権を認めることは十分可能であった。

しかし，社会福祉基礎構造改革と称し，1997年に成立，2000年に施行された介護保険法によって先鞭をつけられた改革は，措置制度の見直しというより解体であった。介護保険法の施行により，4) 高齢者の介護保障が，老人福祉法に基づく措置制度から社会保険方式の介護保険へと転換され，その後も，障害者福祉において支援費制度の導入，障害者自立支援法（現在の障害者総合支援法）の施行により，措置制度から契約方式への転換が行われた（**第4章第1節**参照）。その結果，高齢者・障害者福祉の給付は，サービスそのものの給付（現物給付）ではなく，サービス利用の費用の助成という金銭給付に変わり，高齢者や障害者などが事業者・施設と直接契約してサービスを利用する仕組みが導入された。

ritsubunka-sha Books Catalogue 2019

法律文化社 出版案内 2019年版

テキストシリーズ登場！

ーリカ民法
田井義信 監修

権・担保物権 渡邊博己 編
2500円

権総論・契約総論
田誠一郎 編 2700円

権各論 手嶋豊 編 2900円

【続刊】1 民法入門・総則
5 親族・相続

ンダード商法

法総則・商行為法
村雅史 編 2500円

法入門 高橋英治 編 2200円

【続刊】II 会社法　III 保険法
　　　IV 金融商品取引法

■ベストセラー

憲法ガールII
大島義則 2300円
小説形式で司法試験論文式問題の解き方を指南。

憲法ガール Remake Edition
大島義則 2500円
2013年刊のリメイク版！

好評シリーズのリニューアル

新プリメール民法
2500〜2800円

1 民法入門・総則
2 物権・担保物権法
3 債権総論
4 債権各論
5 家族法

新ハイブリッド民法
3000〜3100円

1 民法総則
3 債権総論
4 債権各論

【順次改訂】
2 物権・担保物権法
5 家族法

文化社　〒603-8053 京都市北区上賀茂岩ヶ垣内町71　TEL075(791)7131　FAX075(721)8400
URL:http://www.hou-bun.com/　◎本体価格(税抜)

法律

大学生のための法学 長沼建一郎
●キャンパスライフで学ぶ法律入門　2700円

スポーツ法へのファーストステップ
石堂典秀・建石真公子 編　2700円

イギリス法入門 戒能通弘・竹村和也
●歴史、社会、法思想から見る　2400円

「スコットランド問題」の考察
●憲法と政治から　倉持孝司 編著　5600円

法の理論と実務の交錯　11600円
●共栄法律事務所創立20周年記念論文集

スタディ憲法
曽我部真裕・横山真紀 編　2500円

大学生のための憲法
君塚正臣 編　2500円

講義・憲法学　3400円
永田秀樹・倉持孝司・長岡 徹・村田尚紀・倉田原志

憲法改正論の焦点 辻村みよ子
●平和・人権・家族を考える　1800円

離島と法 榎澤幸広　4600円
●伊豆諸島・小笠原諸島から憲法問題を考える

司法権・憲法訴訟論 上巻／下巻
君塚正臣　　　上：10000円／下：11000円

司法権の国際化と憲法解釈 手塚
●「参照」を支える理論とその限界　5

行政法理論と憲法
中川義朗　　　　　　　　　　6

大学における〈学問・教育・表現の自由〉
寄川条路 編

公務員をめざす人に贈る 行政法教
板垣勝彦　　　　　　　　　　2

公共政策を学ぶための行政法入
深澤龍一郎・大田直史・小谷真理 編　2

過料と不文の原則
須藤陽子　　　　　　　　　　3

民法総則　　　　　　　　　2
生田敏康・下田大介・畑中久彌・道山治延・蓑輪靖博・

民法の倫理的考察 ●中国の視点か
趙 万一／王 晨・坂本真樹 監訳　5

電子取引時代のなりすましと「同一性」外観
臼井 豊　　　　　　　　　　7

組織再編における債権者保護
●詐害的会社分割における「詐害性」の
牧 真理子　　　　　　　　　3

会社法の到達点と展望
●森淳二朗先生退職記念論文集　11

◆法学の視点から

18歳から考える家族と法　2300円
[〈18歳から〉シリーズ]

二宮周平

ライフステージの具体的事例を設け、社会のあり方を捉えなおす観点から家族と法の関係を学ぶ。

◆政治学関係の視点から

デモクラシーとセキュリティ　3900円
グローバル化時代の政治を問い直す

杉田 敦 編

境界線の再強化、テロリズム、日本の安保法制・代議制民主主義の機能不全など政治の諸相を深く分析。

―社会の事象を検証する―

第2節　介護保険の概要と給付構造

1　介護保険の概要

(1)　介護保険法の目的と基本理念

　介護保険法は，要介護者等が，自らの尊厳を保持し，その有する能力に応じ自立した日常生活を営むことができるよう，必要な保健医療サービスおよび福祉サービスにかかる給付を行うことを目的とする（介保1条）。給付の内容・水準は，要介護状態になっても可能な限り居宅において自立した生活を営むことができるよう配慮すべきものとされており，居宅での生活が優先される（同2条4項）。同時に，給付は，要介護状態の軽減または悪化の防止に力点を置くこと，被保険者の選択に基づくことが要求される（同条3項）。

　一方で，介護保険法は，自ら要介護状態となることを予防するため，加齢に伴って生ずる心身の変化を自覚したうえでの国民の健康保持増進義務，要介護状態になった場合の能力の維持向上義務を定める（介保4条1項）。この規定が根拠となって，後述する介護予防事業等が実施されている。社会保障立法は，憲法25条に定める生存権規定を具体化する立法と考えられるが，介護保険法は，国民が要介護状態になった場合の介護給付等を受ける権利ではなく，要介護状態にならないための健康増進義務を強調する点で，特異な法律といえよう。

　同時に，介護保険法は，国民は共同連帯の理念に基づき，介護保険事業に要する費用を公平に負担するものと定める（同条2項）。憲法25条の生存権の理念ではなく，この「共同連帯の理念」が介護保険法の基本原則とされ，低所得者への介護保険料賦課や保険料滞納者への給付制限を正当化する根拠理念として用いられている点に問題がある。

(2)　介護保険の利用手続

　介護保険の被保険者が，介護保険の給付を受けるには，①被保険者として介護保険料を納付し，②保険者である市町村の行う要支援・要介護認定（以下「要介護認定」と総称）を受け（介保19条），給付資格を認められ，③介護（予防）サービス計画（以下「ケアプラン」と総称）を作成して市町村に提出し，④指定居宅サービス事業者や介護保険施設とサービスの利用契約（以下「介護保険契約」という）

図表 3-1　居住サービスにおける支給限度額

区分に含まれるサービスの種類	限度額の管理期間	要介護度	支給限度額
訪問介護 訪問入浴介護 訪問看護 訪問リハビリ 通所介護 通所リハビリ 短期入所生活介護 短期入所療養介護 福祉用具貸与介護予防サービス (訪問介護通所介護は除く)	1ヶ月 (暦月単位)	要支援1	5,003単位
		要支援2	10,473単位
		要介護1	16,692単位
		要介護2	19,616単位
		要介護3	26,931単位
		要介護4	30,806単位
		要介護5	36,065単位

注：1単位は10〜11.26円（地域やサービスにより異なる）。
出所：厚生労働省資料より筆者作成。

を結び、それに基づきサービスを利用する必要がある。

①の被保険者は、市町村（東京23区も含む。以下同じ）の区域内に住所を有する65歳以上の者（第1号被保険者）と、市町村の区域内に住所を有する40歳から64歳までの医療保険加入者（第2号被保険者）からなる（介保9条）。65歳以上の生活保護受給者も、住所を有する市町村の第1号被保険者となるが、この場合は、保険料分が加算して支給されるので、実質的な負担はない。第2号被保険者の場合は、医療保険加入が被保険者の要件となっているので、国民健康保険に加入していない生活保護受給者は、介護保険の被保険者とならない。

②の要介護認定は、保険者である市町村が、認定を申請した被保険者が要支援・要介護状態にあるか否か、ある場合にはその程度（介護保険法上は要支援・要介護状態区分。以下「要介護度」という）を判定するもので、要支援は1・2の2段階、要介護は1〜5の5段階があり、要介護度に応じて支給限度額（給付の上限）が設定されている（図表3-1）。要支援・要介護状態にあると判定された被保険者は、それぞれ「要支援者」と「要介護者」とされる。第1号被保険者の場合には、要支援・要介護状態になった原因は問われないが、第2号被保険者の場合は、加齢に伴う疾病（特定疾病。介護保険法施行令で、骨折を伴う骨粗鬆症など現在16の疾病が規定）により要支援・要介護状態になったことが必要とされる。第2号被保険者には、介護保険証も交付されず（第1号被保険者には市町村から各人に交付される）、要介護認定を申請するときは医療保険証を付し、要支援・要介護に認定された後に介護保険証が交付される。

③のケアプランのうち居宅サービス計画については，居宅介護支援事業者（所属の介護支援専門員）が計画の作成を行った場合，居宅介護（支援）サービス計画費として保険給付の対象となり，10割給付で利用者負担はない（介保46条1項・2項，58条1項・2項）。要支

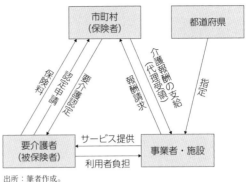

図表3-2 介護保険の仕組み（要介護者の場合）

出所：筆者作成。

援者に対する介護予防サービス計画については，地域包括支援センターの保健師等が作成する。施設サービス計画は，介護保険施設に所属する介護支援専門員が作成するが，作成費用は，施設サービス費の給付に包摂され，独立の保険給付とされていない。

　以上の手続きを経たうえで，要介護者が，指定居宅サービス事業者や介護保険施設（以下，両者を総称し「介護事業者」という）と介護保険契約を結び，③の計画に基づき介護給付の対象となるサービスを利用することで，介護給付（「要介護」判定の場合）を受給することができる（④の要件。介保18条）。同様の手続きで，要支援者は予防給付を受給することができる。この場合，当該サービスの費用（厚生労働大臣が定める基準により算定する支給額。以下「介護報酬」という）の9割が給付されるが（居宅介護サービス費の支給につき同41条1項参照），その費用は，要介護者・要支援者に代わり介護事業者に，介護報酬として直接支給される（代理受領。以上の仕組みにつき図表3-2）。

(3) **介護保険の給付対象となるサービスと地域支援事業**

　介護給付の対象となるサービスには，居宅サービスとして，訪問介護（ホームヘルプ）や通所介護（デイサービス）などが，地域密着型サービスとして，定期巡回・随時対応型訪問介護看護，認知症対応型共同生活介護（グループホーム）などが，施設サービスとして，特別養護老人ホーム（介護保険法上は介護老人福祉施設，以下，老人福祉法上の名称の「特別養護老人ホーム」で統一）や老人保健施設など介護保険施設でのサービスがある。予防給付には，施設サービス費が含ま

れていないので，要支援者は施設を利用できない。また，訪問介護と通所介護の利用については，2017年4月より，すべての保険者で，予防給付から外され，つぎにみる市町村事業である介護予防・日常生活支援総合事業に移行している。

介護保険の第1号被保険者を対象とする市町村の事業として，地域支援事業が導入されている（介保115条の45）。2011年の法改正により，要支援と非該当を行き来する高齢者を対象として，一定の予防給付と介護予防事業とを総合的・一体的に行う介護予防・日常生活支援総合事業（以下「総合事業」という）が地域支援事業の中に盛り込まれた。総合事業の内容は市町村に委ねられているが，訪問・通所介護のほか，栄養改善を目的とした配食，住民ボランティアが行う見守り，自立支援に資する生活支援が「第1号介護予防支援事業」として位置づけられている。

地域支援事業には，認知症施策の推進などの包括的支援事業（必須事業）のほかに（介保115条の45第2項），家族介護者の介護支援などの任意事業も規定されているが（同条3号），任意事業を実施している市町村は少ない。包括的支援事業の実施機関は地域包括支援センターである（同115条の46以下）。地域包括支援センターは，市町村またはその委託を受けた一定の要件を満たす法人により設置され，介護予防ケアマネジメントも担当する（介護予防支援。同115条の22）。ここには，その担当区域における第1号被保険者数に応じて，原則として保健師，社会福祉士，主任介護支援専門員が配置される。

2 介護保険給付の特徴と問題点

(1) 介護保険給付の特徴

介護保険の給付は「居宅介護サービス費」の支給（介保41条1項）のように，費用支給の形態をとっており，医療保険の「療養の給付」（健保63条1項，国保36条1項）のような現物給付ではなく，サービス費用の償還給付（現金給付）といえる。ただし，実際は，要介護者が介護事業者から介護保険サービスの提供を受けた場合に，代理受領の方式をとるため，要介護者にとっては，医療保険のような現物給付と同様となる。これが「現物給付」化といわれることもあるが，介護保険法上は，保険者である市町村が，サービス費用（9割）を要介護者に支給し，本人が自己負担分（1割）と併せて，介護事業者に費用を支払う形態

が基本とされており，保険者は現物給付を行う義務を負うわけではないから，保険給付それ自体は現金給付である[5]。

もっとも，この代理受領の方式については，介護保険法には本人の意思にかかわらず，代理受領の成立を明示した規定がないことなどを理由に法定代理受領による法律構成は困難であり，手続きの簡易性や給付の確実性を考慮して認められるきわめて例外的な代理受領と位置づけるしかないとの見解もある[6]。

介護保険制度の導入（2000年）による措置制度から契約制度への転換が，利用者の福祉サービス受給権（選択権）を認めるものとの積極的な評価がなされた。しかし，介護保険給付が現金給付であることを考えれば，法的には，要介護・要支援認定を経て，要介護度に応じた介護サービス費の償還給付を受ける権利が生じるにとどまる。

(2) 混合介護の承認

また，医療保険の場合は，被保険者が保険医療機関に被保険者証を提示し，医療機関の医師が，治療の必要性等を判断する方式をとり（要介護認定のような行政処分は介在していない），医師が行った治療等の医療行為は，療養の給付として現物給付され，保険給付部分と自由診療部分を組み合わせる「混合診療」は原則として禁止されている（第2章第1節参照）。しかし，介護保険の場合は，保険給付の支給限度額を超えた部分のサービス利用は全額自己負担となり，介護保険サービスと自費によるサービスとの併用，いわゆる混合介護が認められている。保険給付で不足するサービスについては，自費で購入することが想定されているわけである（もっとも，実際に支給限度額を超えるサービスを利用しているのは，利用者全体の1.5％にとどまる）。その意味で，介護保険は，高齢者の所得格差が介護格差につながる仕組みといってよく，介護保険が実現したのは「介護の社会化」ではなく，「介護の商品化」といったほうが適切だろう。

ただし，現在は，保険給付サービスと保険外サービスとの「同時・一体的提供」は認められていない。この点について，2016年に，公正取引委員会が「混合介護の弾力化」として「家族の食事や洗濯などの提供」「ヘルパーの指名（指名料の導入）」などを提言している（「介護分野に関する調査報告書」）。しかし，こうした「混合診療の弾力化」による本格的な混合介護の解禁は，所得格差による介護格差を拡大していくことになる。低年金・低所得の高齢者にとって自費

によるサービスの利用はとうてい不可能であり、保険外サービスの拡大によって、保険給付部分がさらに切り下げられていくことになれば、個々人の所得格差が介護格差に直結することとなろう。[7]もっとも、厚生労働省は、不明朗な形で利用料が徴収され、保険外の負担をしないとサービスを受けられなくなるおそれがあるとの理由で、「混合介護の弾力化」には慎重姿勢を崩していない。

(3) 受給権の保障と給付制限

　介護保険給付の受給権については、他の社会保障給付の受給権と同様に、譲渡や担保、差押えが禁止され（介保25条）、保険給付として支給を受けた金品に対して租税その他の公課が禁止されるなど（介保26条）、受給権の保護規定がおかれている。

　一方、被保険者が介護保険料を滞納している場合には、給付制限がなされ、受給権が制約される。具体的には、第1号被保険者に対して、①1年間滞納の場合は、保険給付の償還払化（支払方法の変更。介保66条）、②1年6ヶ月滞納の場合は、保険給付の一時差止、一時差止をしている保険給付額からの滞納保険料額の控除（介保67条）、③2年間滞納の場合は、保険給付の減額（9割から7割）、高額介護サービス費用等の不支給（保険料を徴収する権利が消滅した場合の保険給付の特例。同69条）の措置がとられる。

　ただし、被保険者が原爆一般疾病医療やそのほか厚生労働省令で定める公費負担医療を受けることができる場合には、①の償還払化は行われない（介保66条1項。②の一時差止については規定がないが、償還払化が行われないことから、同様に行われないと解される）。また、後述する生活保護の境界層該当者には、③の給付減額等は行われない（公費負担医療の受給者には行われる）。さらに、保険料滞納について「特別な事情」がある場合には償還払化などの給付制限は行われないが、この事情は、災害など突発的事情により一時的に収入が減少した場合に限定され、恒常的な生活困窮（低所得）の場合は含まれない（介護保険法施行令30条、31条）。なお、前述の受給権保護規定により、受給権の差押は禁止され、一般的には相殺も禁止されるが（民法510条）、介護保険法67条3項により民法の法効果は解除されると解されている。[8]

　第2号被保険者については、医療保険料を滞納している場合に（介護保険料は医療保険料と一体で徴収される）、第1号被保険者と同様の給付制限が行われる

（介保68条）。また国民健康保険の加入者に対しては，1年間納付がない場合の国民健康保険の被保険者証の返還が義務的措置とされるなど，制裁措置が強化されている。

　以上のように，介護保険法では，保険料滞納の場合の給付制限が強化されているが，介護や医療といった社会保障給付が制限されることは，生活保障という社会保障法本来の目的や趣旨に反する。しかも，介護や医療ニーズが高い低所得者ほど，保険料が負担できず，給付制限を受ける可能性が高いことからすれば，保険料滞納者に対する給付制限は，滞納が悪質であるような場合に限って必要最小限にとどめられるべきである。

　介護保険法の規定する保険料滞納者への給付制限とそれと連動する形で強化された国民健康保険料滞納者への給付制限は，保険料を徴収する権利が時効消滅した場合も給付制限の対象としていること，給付制限が解除される特別の理由に恒常的生活困窮が含まれていないことなど，必要最小限の範囲を超えており，保険料滞納者への制裁措置と化している。とくに，介護保険料の滞納は2年を超えた部分は時効になるため，保険料の後納ができず，滞納期間に応じて設定された一定期間は，サービス利用の3割（現役並み所得者で3割負担の人は4割）負担化と高額介護サービス費の支給停止が続き（給付制限が解除されるのは，災害などで突発的に収入が激減した場合などに限定される），事実上，サービス利用を断念せざるをえない事例が増えている。

3　生活保護法と老人福祉法による介護保障
(1)　生活保護法による介護保障

　介護保険法施行にともなう生活保護法の改正で，介護扶助が新たに設けられた（生保11条1項5号）。介護扶助は医療扶助と同じく介護券を発行する現物給付方式で行われ，居宅介護および施設介護は，指定介護機関に委託して行われる（生保34条の2）。これにより，国民健康保険の被保険者および介護保険の第2号被保険者とされていない40歳から64歳の生活保護受給者に対しても，介護保険と同一のサービスが利用者負担なしで介護扶助として現物給付される。65歳以上の要介護・要支援者となる生活保護受給者の場合も同様である。

　介護扶助がカバーするのは，介護保険の給付の範囲で，居宅サービスの場合

は，支給限度額の範囲内になるが，最低生活を維持するために必要な介護ニーズが支給限度額を超える生活保護受給者の場合には，厚生労働大臣が設定する介護扶助の特別基準により，支給限度額を超えたサービスの提供を介護扶助として行う余地がある。さらに，生活保護の障害者加算の一種である他人介護費で，支給限度額を超えたサービス提供も可能である。もっとも，実務上，他人介護費の特別基準には，あらかじめ厚生労働大臣が上限を設定している（第6章第3節参照）。この他人介護費特別基準が，重度障害者である原告に必要な介護を保障するものではないと争った事例について，他人介護費特別基準の設定について，厚生大臣（当時）の裁量を認めたうえで，施設保護が可能であることなどを理由に，特別基準の水準や上限額の設定を違法とまではいえないとした裁判例がある（名古屋高金沢支判2000年9月11日判タ1056号175頁）。

(2) **老人福祉法の措置による介護保障**

一方，老人福祉法は「福祉の措置」として，居宅における介護および老人ホームへの入所を市町村責任で行うことを規定している。市町村によるこれら措置によるサービス提供は，65歳以上で身体上または精神上の障害があるために日常生活や在宅生活が困難な高齢者が，やむを得ない事由により，介護保険サービスを利用することが著しく困難な場合とされている（老福10条の4・11条）。法令上の規定の仕組みからみて，介護保険法施行後は，老人福祉法の措置は，申請を前提としない職権主義に一本化されたといえる[9]。

ただし，厚生労働省は，この「やむを得ない事由」を①本人が家族等の虐待・無視をうけている場合，②認知症等の理由で意思能力が乏しく，かつ本人を代理する家族等がいない場合，と限定的に解し，これらの場合も，特別養護老人ホームへの入所等で家族等の虐待・無視の状況から離脱し，または成年後見人制度等に基づき，本人を代理する補助人等を活用することができる状態となり，利用の契約等が可能となった時点で措置が解消され，通常の契約による介護保険サービスの利用に移行するとしている。

しかし，厚生労働省の解釈は限定的すぎる。利用者負担ができずにサービスを利用することが困難な場合も「やむを得ない事由」で介護保険サービスを利用することが著しく困難な場合に当たり，措置による給付が可能ではないかと考える。とくに，特別養護老人ホームへの入所の場合には，市町村が「措置を

採らなければならない」と規定されており（老福11条1項），当該要件に該当する場合には，措置義務が市町村に生じると解される。

　また，介護保険の支給限度額（給付上限）を超える給付が必要な場合にも，介護サービスの提供という現物給付の形で「福祉の措置」による給付の余地がある。すでにホームヘルプ（訪問介護）サービスに関しては，より濃密なサービスが必要であると認められる全身性障害者について，社会生活の継続性を確保する観点から，介護保険では対応できない部分は引き続き障害者施策から必要なサービスを提供することができるとされており（「介護保険制度と障害者施策との適用関係等について」2007年3月24日通知），実際に支給限度額を超えたサービス提供が行われている（**第4章第2節**参照）。この場合は，市町村は介護事業者に措置費を支払い，措置対象者（または扶養義務者）から，その負担能力に応じて費用徴収するとされており，利用者負担は応能負担の原則が貫かれている（老福28条）。

　そして，最終的には，十分な介護保障がなされず「健康で文化的な最低限度の生活」が侵害される急迫性がある場合には，市町村の側に，老人福祉法に基づき，特別養護老人ホーム入所などの措置義務が生じると考えられる。また，成年後見制度等の利用が必要な場合には，後見人等の選任まで，サービスの中断なしに，同制度につなげていくためにも，福祉の措置が積極的に活用される必要がある。福祉の措置の拡充は，判断能力が不十分な要介護者や虐待を受けている要介護者の権利擁護の仕組みとしても大きな意義を持つ。

　しかし，現実には，老人福祉法による措置の事例はわずかで，措置の予算的裏付けをしていない市町村も多い。介護保険法施行以後，高齢者担当の自治体ソーシャルワーカーが激減，高齢者福祉行政における責任主体としての市町村の能力が低下したとの指摘があり[10]，措置入所に大半の市町村が消極的な現状がある（いわゆる「措置控え」と呼ばれる）。老人福祉法による介護保障は，現状ではきわめて不十分といわざるをえず，市町村責任の強化と措置の対象範囲の拡大が課題となる。

第3節　介護保険財政の法政策

1　介護保険の財政構造

　介護保険に関する収支につき市町村は特別会計を設ける（介保3条2項）。介護保険の費用は，利用者負担部分を除いた給付費（保険給付に必要な費用）と事務費におおむね区分される。給付費については，その50％を公費で賄い，残りを保険料で賄う。50％の公費負担の内訳は，国が25％（定率20％と調整交付金5％），都道府県12.5％，市町村12.5％となっている。ただし，介護保険施設および特定施設入居者生活介護にかかる給付費については，国庫負担は15％で，都道府県の負担が17.5％となっている（図表3-3）。

　調整交付金は，75歳以上高齢者人口の割合や被保険者の所得格差などに起因する市町村間の財政力格差を調整するものである。また，給付費の増加や第1号被保険者の保険料収納率の低下による介護保険財政の悪化に備えて，都道府県ごとに財政安定化基金が設置され，資金の貸付・交付を行っている。交付の場合は災害などの場合に限られ，ほとんどが貸付となっており，その場合は，市町村は次期介護保険料に上乗せして返還する。財政安定化基金の財源は，国，都道府県，市町村がそれぞれ3分の1ずつの拠出による。

　一方，地域支援事業のうち介護予防事業は，給付費の財源構成と同じ（保険料50％，公費50％）だが，包括的支援事業は第1号被保険者保険料と公費（国39.5％，都道府県19.75％，市町村19.75％）で賄う（介保122条の2以下）。ただし，要支援者の訪問・通所介護を移行させた総合事業の事業費には，後述のように，伸び率に上限が設定されている。

2　介護保険料の設定と減免

(1)　介護保険料の設定と徴収方法

　介護給付費の半分は介護保険料で賄い，第1号被保険者と第2号被保険者の保険料負担割合は，それぞれの総人口で按分して算定し，3年ごとに政令で定める（介保125条2項）。第7期（2018～2020年度）の負担割合は，第1号被保険者が23％，第2号被保険者が27％となっている。この方式は，高齢化が進行する

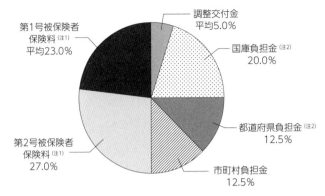

図表 3－3　介護保険財政の仕組み

注 1：第 1 号・第 2 号被保険者の負担割合は，2018 年 4 月以降のもの。
注 2：居宅サービス等の給付費。介護保険施設等の給付費は，国庫負担金（国）15％，都道府県 17.5％。
出所：社会保険研究所 18 頁。一部修正

度合いに応じて，第 1 号被保険者の負担割合が自動的に引き上げられる方式であり，年金しか収入のない人が大半を占める第 1 号被保険者の負担が明らかに重くなる方式である。

第 1 号被保険者の介護保険料は，市町村介護保険事業計画に定めるサービスの見込量に基づく給付費の予想額等に照らして，おおむね 3 年を通じ財政の均衡を保つことができるよう算定され，政令の定める基準に従って条例で定める（介保 129 条）。第 1 号保険料の全国平均は，第 1 期（2000～2002 年度）は月額 2911 円であったが，第 7 期（2018～2020 年度）は同 5869 円と，18 年間で 2 倍以上となっている。しかも，所得段階別の定額保険料のため，低所得者ほど負担が重く逆進性が強い。2014 年の法改正で，保険料の所得段階は 6 段階から 9 段階により細分化されたものの，低所得者の負担は依然として重い。

月額 1 万 5000 円以上の公的年金受給者の保険料は，年金保険者が支給時に天引きし市町村に納付する（特別徴収）。所得がなくても保険料は賦課され，この場合は市町村が個別に徴収する（普通徴収）。普通徴収では，世帯主および配偶者が連帯納付義務を負う（同 132 条）。

第 1 号被保険者の保険料の設定に当って，本来適用すべき所得段階の保険料を負担すると，生活保護が必要となり，より低い所得段階であれば，生活保護を必要としなくなる場合には，当該段階より低い所得段階の保険料が適用され

る。こうした措置を境界層措置といい，このような措置を受ける者を境界層該当者という。具体的な手続きは，被保険者が各福祉事務所に，生活保護の申請を行った際に，福祉事務所において，境界層の該当・非該当の判断を行い，そこで交付される「境界層該当証明書」により，保険者である市町村が，境界層該当の判定と境界層措置を行う。介護保険料の賦課により，最低限度の生活水準の維持が困難となり保護を要する状態になってしまうことをできる限り避けるためのものとされているが，[13] 被保険者がそのような状態にあっても，生活保護を申請しない場合には，境界層措置がなされず，最低生活費に食い込む介護保険料が賦課される状態が放置されることになる。

これに対して，第2号被保険者の介護保険料は，それぞれの医療保険の保険者が医療保険の保険料とあわせて徴収する。社会保険診療報酬支払基金が医療保険者から介護給付費・地域支援事業支援納付金を徴収し（介保150条以下），市町村に対してその給付費の一定割合を乗じた額を介護給付費納付金として交付するという仕組みで収納される（同125条。地域支援事業支援交付金については同126条）。この場合の医療保険者は，保険料の徴収代行者ではなく，納付義務者と解されている。[14] 算定方法は，厚生労働大臣が，毎年度ごとに各医療保険者が納付する介護給付費納付金の算定に必要な率・額などを定め告示する。それをもとに，医療保険者がそれぞれの算定方法で介護保険料率・額を定める。

第2号被保険者は，特定疾病が原因で介護が必要な状態になったことが要件とされ，この要件に該当し，介護保険の給付を受けている第2号被保険者は約15万人，被保険者全体（約4200万人）の0.3％にすぎず，大半の被保険者にとっては対価性のない税と同じである。

(2) 介護保険料の減免

市町村は，条例で定めるところにより，「特別の理由がある者」について保険料の減免または徴収の猶予を行うことができる（介保142条）。行政解釈では，減免等の要件となる「特別な理由」は，災害など突発的な事情により著しい損害が生じた場合に限定され，恒常的な生活困窮は含まない趣旨とされている。こうした中，高齢者の生活実態に配慮して，一定基準以下の収入しかない低所得者について独自の減免措置を実施する市町村が相当数出てきた。

これに対して，厚生労働省は，①保険料の免除，②収入のみに着目した保険

料の一律減免，③一般財源の投入による保険料減免分の補塡は，介護保険制度の趣旨に照らして不適当であるという見解を示している（これらを行わないことが「3原則」といわれる）。厚生労働省は，全国の担当課長会議の場や都道府県を通じ「3原則」を遵守するよう市町村を指導している。しかし，介護保険料の減免も含めた介護保険事務は市町村の自治事務であり，厚生労働省のこうした指導は，地方自治の趣旨から問題がある。介護保険法の定める減免事由は，明確な規定を欠いており，同法142条の委任の範囲はかなり広いと解される[16]。

(3) 保険料滞納者の増大

現在，介護保険料の引き上げが続き，第1号被保険者のうち，年金天引きとならない普通徴収者の保険料滞納が増加している。厚生労働省の調査では，介護保険の利用者約605万人のうち，介護保険料を滞納し，給付制限を受けた人はのべ1万3556人にのぼり，市町村から差押処分（約3割の自治体が実施）を受けた高齢者も1万人を超えている（2015年度）。

普通徴収の高齢者は，年金年額が月額1万5000円未満の高齢者や無年金の高齢者，年金を受給していない受給資格者，年度途中で65歳になった人や転入者などが対象であり，2014年度は，第1号被保険者の11.9％を占めている。保険料滞納割合（普通徴収調停総額に占める普通滞納額の割合）は12.9％にのぼり，介護保険導入時の2000年の滞納割合は6.8％であったから，介護保険料の滞納の増加は顕著である。そして，これらの保険料滞納者が，厳しい給付制限で，必要なサービスを利用できていない現状がある。

現在の貧困高齢者の大幅な増大は，介護保険制度の従来の想定，すなわち生活保護受給者以外は介護保険料，介護サービスの利用料の支払いが可能という想定をくつがえすものとなっている[17]。利用料の支払困難が生み出す介護サービスの利用抑制とあわせ，「保険原理」を徹底した介護保険の制度設計に無理があり，社会保険方式の破綻が露呈しているといえよう。

3　介護保険料をめぐる法的問題と現状

以上のような介護保険料をめぐっては，さまざまな法的問題があり，訴訟が提起され裁判でも争われてきた。

まず，年金以外に収入がなく，生活保護基準以下で市町村民税が非課税の被

保険者に対して介護保険料を免除する規定を設けていないことは、憲法14条および25条に違反しないかが争われた旭川市介護保険条例事件では、最高裁は「介護保険制度が国民の共同連帯の理念に基づき設けられたものであること（介護保険法1条）にかんがみると、本件条例が、介護保険の第1号被保険者のうち、生活保護法6条2項に規定する要保護者で……市町村民税が非課税とされる者について、一律に保険料を賦課しないものとする旨の規定又は保険料を全額免除しない旨の規定を設けていないとしても、それが著しく合理性を欠くということはできないし、また、経済的弱者について合理的な理由のない差別ということはできない」と判示している（最判2006年3月28日判時1930号80頁）。同判決は、憲法の生存権理念ではなく、介護保険法の「共同連帯の理念」（行政解釈のいう「助け合い」の理念）を根拠に、生存権侵害が疑われる立法（条例）の合理性を認めているにもかかわらず、合理性の認定の理由についてはほとんど何も説明しておらず、社会保険のあり方についても踏み込んだ検討をしていない[18]。しかし、保険料を支払えば、確実に「健康で文化的な最低限度の生活」水準を下回ることになる高齢者に対する保険料賦課については適用違憲となる余地があると考える。

　また、公租公課が禁止されている遺族・障害年金（国年25条など）からも特別徴収（年金天引き）が行われていることも違法の可能性が高い。さらに、最高裁は、旭川市介護保険条例事件において、国民健康保険料には租税法律主義（憲法84条）が直接に適用されることはなく趣旨適用されるとした同大法廷判決（2006年3月1日民集60巻2号587頁。**第2章第2節参照**）を援用し、政令の定める基準に従って条例で設定される第1号被保険者の介護保険料の設定について、租税法律主義の趣旨適用説にたち、憲法84条に反しないとした。しかし、第1号被保険者の介護保険料はともかく[19]、第2号被保険者の介護保険料率の設定は、その算定過程が行政庁内部の作業に委ねられており、租税法律主義（憲法84条）の趣旨にも反すると考えられる。

第4節　介護保険制度改革の展開

1　介護保険制度改革の特徴と問題点

　介護保険については，介護保険自体が社会福祉改革の先駆けと位置づけられ，それをモデルとして社会福祉法制の再編が行われてきた経緯があり，また，介護分野では，医療分野の日本医師会のような強力な圧力団体がなく，当事者団体も脆弱なことから，制度見直しのたびに，徹底した給付抑制と負担増が進められ，介護現場の疲弊が進んでいる。

　介護保険法は，予防重視を標榜し，新予防給付を導入するなどの大幅改正となった2005年の法改正（以下「2005年改正法」という）以降も[20]，3年ごとの介護報酬改定に合わせる形で頻繁に改正が繰り返されてきた。とくに，近年の改革では，介護保険法単独の改正ではなく，医療法の改正などとともに一括法案の形で国会に法案が提出され，重要な改正が断行されている点に特徴がある。

　具体的には，2014年6月に，急性期病床を削減し，安上がりの医療・介護提供体制を構築することを目的とし，医療法など19法律を一括して改正する「地域における医療及び介護の総合的な確保を推進するための関係法律の整備等に関する法律」が成立，介護保険法も改正され，2015年4月から施行されている（以下「2014年改正法」という）。2017年5月には，11の法律を一括で改正する「地域包括ケアシステムの強化のための介護保険法等の一部を改正する法律」が成立し，介護保険法が改正され，2018年4月から順次施行されている（以下「2017年改正法」という）。

　こうした一括法案による法改正は，国会に一挙に膨大な資料が提出されるため，国民にほとんど知られることがなく，かりに知られても，ほとんど理解されず（国会議員も全体像を理解している議員はほとんどいないのではないか），わずかな審議時間で法案が成立し，しかも細かな内容は政省令に委ねられる形で，重要な改正が行われている点で問題が大きい。「法律による行政の原理」および国会審議の形骸化を招く結果をもたらしているからである。以下，具体的な改正法の内容と問題点について考察していく。

2　2014年の介護保険法改正と2015年の介護報酬改定

(1)　要支援者の保険外しと市町村事業化

　2014年改正法では、第1に、要支援者（約160万人）の訪問介護と通所介護を保険給付から外し、市町村の総合事業に移行する改革が行われた。2017年4月までに、すべての市町村で総合事業への移行が完了した。しかし、総合事業には統一的な運営基準はなく、現行の介護報酬以下の単価で、利用者負担も1割負担を下回らない範囲で市町村が決め、ボランティアや無資格者などを活用して低廉なサービスを提供することが想定されている。サービスの質の低下は避けられず、無資格者でもできる仕事ということで、ただでさえ劣悪な介護職員の労働条件の引き下げにもつながる。

　また、ボランティアが容易に集まるわけもなく、多くの市町村では、従来の事業者を総合事業の指定事業者として利用し続けているのが現状である[21]。ボランティア等による住民主体サービスは事業を組織できていない市町村がほとんどであり、できたとしても市町村全域をカバーするには至らず、事業の継続性に欠けているとの指摘もある[22]。

　そして、将来にわたって現行の単価設定を維持できなければ、事業者の撤退が懸念される。実際、2018年4月以降も、これまでどおり指定事業者が「現行相当サービス」を提供するためには、指定事業者は同年3月末までに「みなし指定」を更新する必要があったが、厚生労働省の調査によると、1708市町村（未回答33）のうち、4割を超える676市町村で「みなし指定」を更新しない事業者があり、事業者の撤退で、83市町村において610人が利用継続のための調整が必要になったとされる（2018年4月時点）。

　保険給付の場合は、被保険者に対して受給権が発生するので、市町村（保険者）には給付義務が生じる。これに対して、市町村事業は、市町村には給付義務はなく、予算の範囲内で行うもので、予算が足らなくなったら、そこで事業は打ち切りになる。財政的には、きわめて不安定な仕組みといってよい。さらに、総合事業の事業費には、事業開始の前年度の介護予防訪問介護と介護予防通所介護、介護予防支援の総額をベースとしつつ、その伸びは、各市町村の75歳以上高齢者数の伸び以下とする上限が設定されている。予防給付では、全国平均で毎年5～6％の自然増が予測されていたが、総合事業では、75歳以上高

齢者の伸び（全国平均3～4％）以下に押さえ込まれることとなり，総合事業の継続性と質の低下が懸念される[23]。2015～2017年度に限って事業費の伸びが上限額を上回った場合には，事業開始前年度費用の10％を上乗せした額を上限とする経過措置があったがそれもきれ，このままでは，事業の縮小を余儀なくされる市町村が出てくると考えられる。事業費の上限は撤廃し，必要な財源を確保すべきであろう。

もともと，総合事業に該当する予防事業などは，自治体が責任を持つ保健事業として行われてきたが，2005年改正法では，これを介護保険に一部取り込み，それ以降も，財政的にも介護保険に取り込む傾向がつづき，事業の再編・縮小が行われ，保健事業に対する公的責任が縮小されてきた[24]。本来であれば，保健事業は介護保険とは別枠の公費で，国や自治体の責任で行うべきである。

(2) 施設利用の制限

第2に，特別養護老人ホームの入所資格が，要介護3以上の認定者に限定された。

厚生労働省の調査結果（2013年10月1日時点で，都道府県が把握している入所申込状況。2014年3月に発表）では，特別養護老人ホームの入所待機者は，52万1688人で，そのうち要介護1・2の認定者は17万7526人（34％）にのぼっていた。これらの人は，改正介護保険法の施行で，もはや待機者にすらカウントされなくなった（実際，後述する施設費用の負担増もあり，各地で，特別養護老人ホームの入所待機者が激減している）。

要介護1・2の認定者も，やむを得ない事情があれば，特例的に入所を可能とする「特例入所」が認められ，改正法では「その他居宅において日常生活を営むことが困難な要介護者」と規定された。厚生労働省は，市町村の適切な関与のもと施設ごとの入所検討委員会を経て「特例入所」を認めると説明し，その要件として，①知的障害・精神障害等もともなって，地域での安定した生活を続けることが困難，②家族等による虐待が深刻であり，心身の安全・安心の確保が不可欠，③認知高齢者であり，常時の適切な見守り・介護が必要，④単身世帯である，同居家族が高齢または病弱である等により，家族等による支援が期待できず，かつ地域での介護サービスや生活支援の供給が十分に認められないことにより，在宅生活が困難な状態である，という4要件を列挙してい

第3章 介護保険の法政策　117

る。しかし，これらは，②のように市町村の責任による措置入所（老福11条）の必要な事例も含まれており，限定的すぎる。毎日新聞社の特別養護老人ホーム全国アンケート調査では，2015年4月から2017年1月まで，特例入所を実施していない施設が72.4％にのぼり，入所者数も249人と，有効回答施設の定員総数のわずか0.93％にすぎない。厚生労働省の特別養護老人ホームの調査でも，2016年4〜9月の新規入所者のうち要介護1・2の人は合計で2.2％にとどまる。特例入所はほとんど機能していないといっても過言ではない。

　これまで，国は，特別養護老人ホーム建設への国庫補助を廃止して一般財源化し，介護保険の施設給付費への国の負担を減らし自治体の負担を増大させるなど，特別養護老人ホームの増設を抑制し，サービス付高齢者向け住宅などの有料老人ホームの整備を進めてきた。特別養護老人ホーム抑制の流れを受け，サービス付高齢者向け住宅は，登録制度発足の2011年11月時点で，全国に30棟・994戸数だったものが，2017年6月時点で，6668棟・21万8195戸数に急増している。しかし，同住宅は，家賃，共益費，食費などに加え外付けサービスの利用料が必要で，自己負担は月20万円程度に及び，住民税非課税の低所得の高齢者が入所できる負担水準ではない。低年金の高齢者が増える中，特別養護老人ホームの増設を抑制し，入所者を限定する政策では，それらの高齢者が行き場を失うだけである。

(3)　2割負担化と補足給付の見直し

　第3に，年金収入で年間280万円（所得では160万円）以上の第1号被保険者にかかる利用者負担の割合を2割に引き上げ，また補足給付（特定入所者介護サービス費）の支給要件について見直しが行われた。

　このうち，補足給付は，特別養護老人ホームなど介護保険施設入所者や短期入所利用者に対して，食費や居住費を軽減するもので，特別養護老人ホームの入所者の約8割の人（住民税非課税の人）が受給していた。この補足給付の支給要件に資産なども勘案されることとなり（2015年8月より），補足給付の申請時に，預金通帳の写しなどの提出が求められ，市町村は必要に応じて預貯金額を金融機関に照会できることとされたため，補足給付の申請を断念する人が続出した。また，非課税年金（遺族年金や障害年金）も収入とみなされ（2016年8月より），世帯分離して施設入所しても，一方の配偶者に所得があり課税されてい

る場合は，補足給付の対象外になるという徹底ぶりである。実際，この要件に該当し，補足給付が打ち切られたため，入所費用が負担できなくなり，特別養護老人ホームに入所していた妻を自宅に引き取り「老老介護」をはじめた高齢者もいる[25]。補足給付の対象外となれば，月4万円程度の負担が一挙に10万円超の負担となり，高齢者の負担能力を超える。

(4) 2015年の介護報酬改定

介護保険施設や事業者に支払われる介護報酬も，2015年の改定（以下「2015年改定」という）で，全体2.27％のマイナス改定となった。介護職員処遇改善加算の拡充分（プラス1.65％）などを除けば，基本報酬は4.48％のマイナス改定で，過去最大の引き下げ幅である。

中でも，小規模通所介護の基本報酬は最大で9.8％も引き下げられ，特別養護老人ホームも全体で約6％の引き下げとなった。また，要支援者の新総合事業への移行を見越し，要支援者の通所介護サービスは20％以上のかつてない引き下げとなったほか，他のサービスについても，要介護1，2が要介護3以上よりも引き下げ幅が大きく，軽度者の冷遇があからさまである（そのため，露骨に軽度者はお断りという事業者も現れている）。

2015年改定の影響は甚大で，職員が集まらないことによる事業者の開設断念や廃業等が増大した。2017年の老人福祉事業者の倒産は115件と過去最多を記録した。中でも，従業員数5人未満の小規模事業者の倒産が目立ち全体の6割を占める（東京商工リサーチ調べ）。

3　2017年の介護保険法改正

(1) 3割負担の導入

ついで，2017年改正法の内容についてみると，第1に，3割の利用者負担が導入された。

2014年改正法により，介護保険の第1号被保険者のうち一定所得以上の高齢者について，介護保険サービスの利用者負担が2割に引き上げられていたが，2017年改正法では，さらに，いわゆる「現役並み所得」の人について3割負担に引き上げることとされた（2018年8月より）。3割負担の対象となるのは，年金収入等とその他の合計所得金額（給与や事業収入から諸控除や必要経費を差し引

いた額）が単身世帯で340万円以上，夫婦世帯で463万円以上の場合である。年金収入のみの単身世帯の場合で，年収344万円に相当し，全利用者のうち12万人（3％）とされている。国（厚生労働省）は，高額介護サービス費があるので，月額の負担は抑えられるとしているが，その負担限度額も，「一般区分」の人の外来に関しては，2017年8月から，月額4万4000円に引き上げられている。

　2割負担に続く3割負担の導入は，介護保険の利用者負担を，将来的に，すべての利用者について，2割負担（現役並み所得者は3割負担）にするための布石といえる。[26] しかし，すでに，2割負担の導入で，サービスの利用抑制が拡大している。社会保険における自己負担増が，受診・サービス利用抑制につながることは実証されているとの指摘もあり，[27] 受診・サービス利用の抑制を目的とした負担増は，生存権侵害の疑いがある。

　相次ぐ負担増の改革は，国会審議でも問題視され，参議院厚生労働委員会では「2割負担となる所得の額を定める政令の改正を行う場合には，所得に対して過大な負担とならないように十分配慮するとともに，あらかじめ当該改正による影響に関する予測及び評価を行うこと」や「利用者負担割合の3割への引き上げが施行されるまでの間に（中略）利用者負担割合の2割への引き上げに関する影響について（中略），介護施設からの退所者数の状況，家計の負担，高齢者の地域における生活等に関する実態調査を十分に行った上で，その分析及び評価を行い，必要な措置を講ずること」などの附帯決議（2017年5月25日）が付されたが，結局，実態調査も十分行われないまま，3割負担が実施された。

(2) 介護医療院の創設

　第2に，介護療養病床が廃止され介護医療院が創設された。

　長期療養の患者のための介護療養病床（介護保険適用の療養病床。正式名は介護療養医療施設）は，2011年の介護保険法改正で，2018年3月末で廃止されることになっていた。2017年改正法では，この廃止をさらに6年間延長し，2024年末にするとともに，その間に，新施設である介護医療院に転換させるとしている。

　転換の候補は，介護療養病床（約6万3000床）と医療療養病床のうち看護師配置基準25対1の病床（約8万床）であり，介護医療院の区分として，①これまでの介護療養病床（療養機能強化型）相当のⅠ型（利用者48人に医師1人），②介護老人保健施設相当以上のⅡ型（利用者100人に医師1人以上）が設けられている。

現行の介護療養病床では，夜勤や認知症患者に対応するため，看護師や介護職員を国の基準より増員している医療機関が多いが，こうした実態を無視して，新施設が医療機関に併設された場合には，人員配置基準の緩和がなされている。また，介護医療院は「生活施設としての機能重視」を掲げるものの，利用者1人あたりの床面積は，「老人保健施設（8平方メートル）相当に過ぎない。全体として，こうした基準の緩和により安上がりの新施設への転換が志向されているといってよい。しかし，基準の緩和は，現場の介護職員や看護師の労働強化を意味し，それらの職員の離職や人員不足を加速する予想される。

(3) 共生型サービスの創設

第3に，介護保険と障害者福祉制度に新たに共生型サービスが設けられた。

2017年改正法により，児童福祉法上の指定事業者（居宅サービス等の種類に該当する障害児通所支援にかかるものに限定），または障害者総合支援法上の指定事業者（居宅サービス等の種類に該当する障害福祉サービスにかかるものに限定）から，介護保険法の訪問介護・通所介護等の居宅サービス事業に申請があり，自治体の基準を満たせば，介護事業者の指定を受けられることとなった。指定を受けたこれらの事業者が提供するサービスが「共生型サービス」と呼ばれる。

共生型サービスの導入のねらいは，後述する障害者総合支援法の介護保険優先適用原則を固定化するものといえ，介護保険法と障害者総合支援法の統合の布石とみるべきであろう（第4章第4節参照）。また，共生型サービスの土台になっているのが，安倍政権が，2016年7月に打ち出した「『我が事・丸ごと』地域共生社会」構想である。これは，障害者や高齢者の介護や子育て，生活困窮といった地域のさまざまな課題（地域生活課題）を住民一人ひとりが「我が事」としてとらえ，地域社会で「丸ごと」対応していく構想である。ここでいう「丸ごと」の本質は，社会保障を「公的支援」という表現に置き換えたうえで，共生型サービスの創設に見られるような，縦割り行政の是正という名目でのサービス事業や地域の相談支援体制，担い手の養成まで含めた「公的支援の効率化」と，さらに，本来，公的責任において対応すべきものを住民の支援（互助）に置き換えていく，いわば「公的支援の下請け化」にあるといってよい。

そのほか，2017年改正法では，40歳から64歳までの第2号被保険者が介護保険料として支払う介護給付費納付金（介護保険財政へ拠出する負担金）について，

健康保険と同様の総報酬割が導入された（段階的に導入し，2020年度から全面総報酬割となる）。それにともない協会けんぽへの国庫補助1450億円が削減されるが，健康保険と同様，国の財政責任を現役世代の保険料負担に肩代わりさせるものといえる（第2章第3節参照）。

4　2018年介護報酬改定

(1)　介護職員の処遇改善

ついで，医療保険の診療報酬との同時改定となった2018年の介護報酬改定（以下「2018年改定」という）についてみていく。[28]

最大の課題である介護職員の処遇改善については，安倍政権は，2017年12月に，「人づくり革命」と「生産性革命」を柱とする2兆円規模の「新しい経済政策パッケージ」を閣議決定し，2019年10月からの消費税増税による増収分を財源に1000億円を投じ，勤続10年以上の介護福祉士に月額平均8万円の処遇改善を行うとしている。しかし，対象者が限定されているうえ，逆進性が強い消費税を財源としているという問題がある。

厚生労働省の「賃金構造基本統計調査」によると，2016年の介護職員の所定内平均賃金（月給の者。施設長のうち事業所管理者を除く）は，22万8300円（前年比4800円増）で，全産業平均の33万3700円より約10万円低く，2004年度の21万2200円（2005年発表の同調査結果）から1万円程度しか上がっていない。同省は，2009年度から2015年度までの4回の介護報酬の改定により，合計4万3000円（月額）の賃上げ効果があったと説明し，2017年には，介護職員の給与を月平均1万円程度引き上げる処遇改善加算を新設した臨時の報酬改定が行われた。しかし，2015年度の介護報酬実態調査では，手当や一時金を除くと，基本給の増額は月額2950円にとどまり，過去4回の改定でも，基本給は合計で月額1万3000円増えたにとどまる。これは，特別の加算を設けても，加算を算定できる事業者は限られていること，介護報酬本体が削減されているため，介護職員の基本給の引き上げにまで回っていないことによる。

介護職員の処遇改善のためには，介護報酬の基本報酬の大幅引き上げが必要となるが，財務省は，財政制約の中，2018年改定については，マイナス改定を主張していた。これに対して，全国老人保健施設協会など介護関係11団体は，

図表3-4　介護報酬改定の推移と老人福祉事業者の倒産件数

	2000	2001	2002	2003	2004	2005	2006	2007	2008
改定率				▲2.3%→			▲2.4%→		
年間倒産数	3	3	8	4	11	15	23	35	46

	2009	2010	2011	2012	2013	2014	2015	2016	2017	2018
改定率	+3.0%→			+1.2%(▲0.8%)→			▲2.27%(▲4.48%)→			+0.54%
年間倒産数	38	27	19	33	54	54	76	108	111	106

注：改定率は，厚生労働省資料，老人福祉事業者の倒産件数は東京商工リサーチ調査より。
出所：林泰則「介護保障につなぐ制度改革」岡崎祐司・福祉国家構想研究会編『老後不安社会からの転換——介護保険から高齢者ケア保障へ』（大月書店，2017年）332頁・表1．一部加筆。

　2017年10月上旬から約1ヶ月で181万人分を超える署名を集め，財源確保を求めた。その結果，マイナス改定は阻止されたものの，改定率は0.54%の微々たる引き上げにとどまった（図表3-4）。これでは，2015年改定の引き下げ分の回復には到底及ばず，介護職員の処遇改善と人材確保は絶望的といってよい。現在に至るまで，介護職員の処遇改善は進まず，介護現場の深刻な人手不足は解消される見込みは立っていない。

　公益財団法人介護労働安定センターの「平成29年度介護労働実態調査結果」（2018年8月発表）によると，介護職員の離職率（2016年10月1日～2017年9月30日までの1年間）は16.2%と，前年度の16.7%とほぼ同じ割合であったが，採用率は17.8%で，前年度の19.4%を下回っている。離職率は，ここ数年は16～17%で推移しているが，採用率は減少傾向にあり，人材確保の厳しい現状が見て取れる。また，離職者のうち勤務年数「1年未満の者」が38.8%，「1年以上3年未満の者」が26.4%と，離職者のうち実に65%が，当該施設・事業所等に就職して3年未満の者である実態が明らかになっている。新規に職員を採用しても，定着する前に多くが辞めてしまうのが現状といえる。

　介護の仕事は，ある程度の経験と技能の蓄積が必要だが，必要な経験を積む前に多くの職員が仕事を辞めてしまっており，介護の専門性の劣化が進んでいる。すでに学生が集まらずに廃校に至った介護福祉士養成学校もあり，養成の基盤の毀損も回復困難な程度に達している。経験を積んだ介護職員の減少は，要介護者の介護を受ける権利にも影響を及ぼし[29]，介護の質の低下は避けられず，介護事故も増大している。

　2018年改定では，訪問介護の生活援助に特化した人員育成のため，介護職員

初任者研修よりも研修時間を短くした簡易な研修を新設（その場合には，報酬単価はさらに引き下げられることになろう），また介護施設などで，夜間業務について見守り機器を導入した場合に介護職員の配置基準を緩和するなど，基準の緩和や介護職の専門性を低下させた「安上がり」の人材（つまりは専門性が低く，給与が安い人材）を確保することで介護職の人材難を乗り切ろうとしている。しかし，こうした非現実的な政策では，介護現場の労働強化による離職や人員不足をさらに加速するだけである。

(2) **訪問・通所サービス**

　訪問介護では，生活援助の基本報酬が引き下げられる一方で，身体介護は引き上げられ，身体介護重視の傾向が強まった。生活援助の引き下げ幅は2単位（1単位は原則10円。以下同じ）減（45分以上で225単位→223単位の1.1％減）の微々たるものだが，ケアマネージャー（介護支援専門員）が，生活援助の月利用回数が基準（要介護1で27回以上，要介護2で34回以上，要介護3で43回以上，要介護4で38回以上，要介護5で31回以上）を超えるケアプランを作成する場合には，市町村への届出が義務付けられ，市町村の地域ケア会議で検証・是正を行うこととされた。しかし，市町村は，内容の是正（回数の削減など）を求めることができるため，ケアマネージャーの計画作成段階での自主的抑制による利用制限につながりかねない。訪問介護の生活援助は，要介護者の生活全体を支援し，状態維持や改善をはかり，とくに，独居の認知症高齢者の場合には見守りの役割を担っている。これらの人の利用回数が制限された場合には，深刻な影響が懸念され，要介護者の重度化や認知症状の悪化が進む可能性がある。

　通所介護では，2015年改定で，小規模事業所の基本報酬を引き下げたのに続いて，大規模事業所（月利用のべ571人以上）の基本報酬を引き下げ，2時間ごとの算定だったサービス提供時間が1時間ごととされた。大規模型Ⅱでみると，改定前7～9時間から7～8時間に移行した場合で，基本報酬が5.2～5.3％減，8～9時間への移行では2.7％減となる。

　また，食事，入浴などの日常生活動作を点数化する評価指数を用いて，改善度合いが一定水準を超えた場合に加算するADL維持等加算が新設された。要介護度の改善というアウトカムを評価基準とするものだが，身体機能の回復実績のみに着目したアウトカム評価の導入が妥当なのかという問題がある。要介

護度自体が，身体的自立度に偏重しており，とくに認知症の高齢者の回復を図る指標にはなりえないし，そもそも，要介護者が介護保険サービスを利用しなくてすむまでに状態が改善することはまれで，現状維持が精一杯であり，介護の目的を改善に一面化することは，改善が見込めない利用者が選別され，制度から排除されることになりかねない。一定期間に「効果」が明示的に示されないケア（介護）の評価を総体的に低くみなすことを意図した報酬改定であり，医療連携への報酬の加算度合の増加と相俟って，介護福祉を治療の効果や改善に重きをおく「医療」に従属化させる傾向が強まったとの指摘もある[30]。何よりも，要介護度の改善の義務化や「自立支援」の強制は，高齢者に対する虐待といっても過言ではないとの批判もあり[31]，高齢者の「尊厳の保持」を定めた介護保険法の理念（1条）にも反するだろう。

(3) 施設サービス

施設サービスでは，介護老人福祉施設（特別養護老人ホーム）の基本報酬は引き上げられ，たとえばユニット型個室で1.7〜1.8％増になるものの，2015年改定の下げ幅を取り戻すには到底足りず，「焼石に水」といってよい。

介護老人保健施設は，「基本型」「加算型」「在宅強化型」「超強化型」「その他」の5類型となり，「その他」を除く4類型に「在宅復帰・在宅療養支援等指標」という新たな算定要件が導入された。在宅復帰率など10項目を指標化し，その合計（最大90）が，基本型は20以上，加算型は40以上，在宅強化型は60以上，超強化型は70以上が必要となる。

介護医療院の基本報酬は，介護医療院Ⅰ型と従来の介護療養型医療施設の療養機能強化型Aを比べると，一律で25単位の引き上げとなっている。ただし，療養環境減算があり，同減算Ⅰでは，廊下幅が1.8m（中廊下2.7m）未満の場合に25単位の減算，同減算Ⅱでは，療養室の1人あたり面積が8.0㎡の場合に25単位の減算となる（廊下幅，1人あたり面積の双方を満たしていないと50単位の減算）。医療機関と併設の場合には，宿直医師の兼任や設備の共用が可能となるが，介護医療院の人員配置基準では，医師の配置が手薄になることから，療養病床で受け入れていた医療ケアの必要性が高い中重度の要介護者の行き場がなくなる，看護師や介護職員の負担が重くなるなどの問題点が指摘できる。

第3章　介護保険の法政策　125

5　介護保険制度改革のゆくえ

　安倍政権は「介護離職ゼロ」を掲げ，「一億総活躍社会」をめざす緊急対策で，介護サービスの整備計画を2020年までに50万人分以上に拡大するとしている。しかし，50万人分といっても，すでにある38万人分の計画に12万人分を上積みしただけで，そのうち2万人分は，高額の自己負担がかかるサービス付き高齢者向け住宅であり，入所待機者が多い特別養護老人ホームは，15万人分の増設にとどまる。

　また，いくら施設などの「箱もの」を増やしたとしても，介護の担い手が集まらないのでは要介護者の受入れはできない。特別養護老人ホームの中には，職員の不足で受入れ人数を制限し，待機者が多数いるにもかかわらず，空きベッドが生じている施設も出てきている。厚生労働省の委託調査でも，特別養護老人ホームで職員不足など体制の不十分さを理由にベッドに空きがある施設が1割以上あることが明らかになっている。現場の人手不足に対応するため，介護保険施設の基準省令が改正され，人員配置基準の緩和がなされたが，介護職員にとっては労働強化となり職員の離職や介護事故の増大，さらには，ストレスから高齢者（利用者）への虐待の増大をもたらす可能性が高い。実際，厚生労働省の調査（高齢者虐待防止法に基づく高齢者に対する虐待への対応状況等に関する調査）結果によると，介護施設等の職員（養介護施設従事者等）による虐待は，調査の公表がはじまった2006年度で54件であったものが，2017年度は510件と9倍に激増し，過去最多を更新している。

　いずれにせよ，このままでは，重い利用者負担のために，また軽度者（要支援者，要介護1・2）と判定されたために，必要なサービスが利用できない高齢者が，さらに特別養護老人ホームにも入所できず，行き場のない要介護者が増大することは避けられない。いま介護現場は，職員の献身的努力に支えられて，なんとか支えられているのが現状である。しかし，それにも限界がある。現場の献身的努力に支えられている制度に「持続可能性」があるとは思われず，2015年・2018年改定のように，人員配置基準の緩和など小手先の対応策に終始し，基本報酬は引き下げ，よくて据え置きといった施策を続けていけば，早晩，施設・事業者不足が深刻化し，介護保険は制度崩壊の危機に直面するだろう。

第5節　介護保険の法政策的課題

1　介護保険導入の目的とその本質

(1)　「介護の社会化」という理念

　以上，介護保険法の給付・財政構造と介護保険制度改革の動向について考察してきたが，そもそも，介護保険はなぜ導入されたのか。その本質は何かについて改めて考察する。

　介護保険法の制定当時には，介護保険の導入により，これまで家族介護に依存してきた日本の介護保障制度が大きく転換され，「介護の社会化」が達成されると語られてきた。介護保険の導入で，介護を担ってきた女性が介護労働から解放されると主張する評論家もいた。しかし，少なくとも，介護保険法をみる限り，「介護の社会化」という言葉は目的条項（1条）には出てこないし，制度的にも，介護保険の給付水準は，在宅で24時間介護を保障する水準には程遠く，明らかに家族介護を前提としている。介護保険の給付には，要介護度ごとに給付上限（支給限度額）が設定されており，それを超える利用については，保険がきかず全額自己負担となる。たとえば，最重度の要介護5の人で支給限度額は月額約36万円で，身体介護の訪問介護の単価が，45分で約4000円だから，1日2時間15分利用して1万2000円，30日毎日利用すると，月36万円の支給限度額に達する。最も重い要介護者が1日2時間強の訪問介護しか保険で利用できないのである。不足するサービスを全額自費で購入できる人でなければ（そうした人はごく一部の富裕層に限られる），介護負担を（無償で）担う家族介護者がいないと，在宅生活は不可能である。

　このように，介護保険がはじまってからも，家族介護者の負担は依然として重い。2004年以降，現在まで，年間約10万人が，親族の介護を理由に離職しており，安倍政権の「介護職ゼロ」の目標とは裏腹に，その数に減少は見られない。そもそも，介護保険は，介護保険料負担に加えて，サービス利用の際の1割負担，支給限度額を超えるサービスは全額負担となる制度であり，所得の低い人ほど，介護保険サービスの利用を控え家族介護へ依存するしかなくなる。それらの人には「介護の社会化」から「介護の家族化」への逆流現象が生じてい

る。所得格差がそのまま介護格差につながる制度といってよく，「介護の社会化」が実現されたのは，一部の富裕層にすぎない。前述の虐待対応状況等の調査でも，家族介護者の負担増を裏付けるかのように，家族や同居人らによる虐待は1万7078件と過去最多を更新している。では，介護保険導入の本当の目的，ねらいは何だったのか。

(2) 高齢者医療費の抑制と介護による医療の安上がり代替

介護保険導入の目的の第1は，医療費（とくに高齢者医療費）の抑制と介護保険による医療の安上がり代替にある。

介護保険法1条にもあるように，介護保険の給付対象者は，介護のみならず「その他の医療を要する者」であり，「保健医療サービス」に係る給付を行うとされている。制度発足当初から老人保健施設や介護療養型医療施設（現在の介護医療院）が介護保険施設とされ，訪問看護も介護保険サービスの対象とされた。つまり，介護保険は，従来は医療保険の給付で行っていた保健医療サービスの一部を介護保険サービスとして，介護保険の給付で行うことにより，増え続ける医療費，とくに高齢者医療費を抑制するために構築された制度といえる。

実際，介護保険制度が始まった2000年には，高齢者医療費が減少した。高齢者医療費の一部が介護費として介護保険の給付に移ったのだから当然ではある。しかし，その後，高齢化の進展などにより，再び高齢者医療費が増大に転じたので，2008年から介護保険の財政構造をモデルとした後期高齢者医療制度が導入されたのである[32]。

同時に，介護保険には，医療の安上がり代替という狙いもあった。同じ医療行為を，医師や看護師など医療・看護職が行うのと，介護福祉士など介護職が行うのとでは，診療報酬と介護報酬の差をみれば，後者の方が安上がりなのは一目瞭然である。また，医師が必要と判断した治療には原則すべて保険がきく医療保険の給付と異なり，介護保険の給付には，保険がきく上限（支給限度額）が存在するため，給付費を抑制することができる。この目的に沿って，2011年に，社会福祉士及び介護福祉士法が改正され，介護福祉士も，たんの吸引などの一部の医療行為を業務として行うことが可能となった。しかも，業務として行える医療行為は「たんの吸引，経管栄養等」となっており，省令で定めるため，法改正なしに，医療行為の範囲が際限なく拡大されていくおそれがある。

(3) 現金給付化と市町村責任の縮小

　第2の目的は，従来の福祉措置制度（市町村委託・補助金方式，自治体責任による入所・利用の仕組み，利用者負担は応能負担，財政方式は税方式）を解体し，①個人給付方式（要介護者へのサービス費用という現金給付），②直接契約方式（要介護者の自己責任による利用の仕組み），③利用者負担は応益負担，④社会保険方式（主要な財源は社会保険料）という仕組みに転換することで，市町村の直接的な介護サービス提供義務をなくし，公的責任を縮小し，公費負担を削減することである。

　こうした個人給付・直接契約方式への転換により，市町村が，直接的な高齢者福祉サービスを提供の責任を負わなくなった結果，市町村担当課の多くは，高齢者支援や介護サービス提供に関わることがなくなり，個々の相談や支援を民間のケアマネージャー（介護支援専門員）や地域包括支援センターに丸投げする傾向が強まり，市町村が高齢者の生活実態をつかめなくなっている。さらに，この間の市町村職員の削減や非正規化，業務の外注化などが加わり，高齢者福祉現場の専門性が大きく低下した。介護保険制度導入から20年近くがたち，措置時代のように高齢者福祉担当のケースワーカーや公務員ヘルパーが配属されている自治体は極めて少なくなり，専門性の喪失は常態化している。

　介護保険のもとでも，措置制度は存続しているものの，前述のように，大半の市町村が，措置入所・利用に消極的となり，措置制度が十分機能せず，低所得や困難を抱えている高齢者が放置されている現状がある（**本章第1節**参照）。こうした市町村の専門性の低下は，虐待等を受け，措置が必要な高齢者を見つけ出すこと自体を困難にしている。

(4) 企業参入の促進と制度必然といえる介護職員の労働条件の悪化

　第3に，在宅事業への企業参入を促し，供給量の拡大を図るという目的があった。

　個人給付・直接契約方式をとる介護保険のもとでは，前述のように，介護事業者・施設が代理受領する給付費は，本来は，サービスを利用した要介護者に支給されるものであるから，従来の補助金のような使途制限はない。つまり，事業者が株式会社であれば，給付費の収入を株主の配当に回すことが可能となる。その意味では，介護保険の導入は「介護の社会化」というより「介護の商

品化」をめざした制度改変といってよい。同時に，社会保険方式にすることで，介護保険財政を特別会計化し，厚生労働省が独自財源を確保できるというメリットもあった（厚生労働官僚の天下り先を増やすこともできる）。

　確かに，介護保険の導入で，在宅事業には多くの株式会社が参入し，供給量の増大がはかられた。しかし，株式会社のみならず，社会福祉法人などの非営利法人も，介護保険法のもとでは，介護報酬と利用者の利用料で運営していくことが基本となるので，介護報酬の引き下げが続く状況では，事業の効率化とコスト削減を迫られる。介護事業は労働集約的で，事業支出の大半を人件費が占めるため，コスト削減とは，人件費の削減を意味し，それは必然的に介護職員の労働条件の悪化をもたらす。具体的には，介護職員の賃金引き下げ，正規職員のパート職員への置き換えとそれに伴う正規職員の過重労働が進み，職員間の引き継ぎも十分できない状態にある。特別養護老人ホームで月に6～7回の夜勤をこなす介護職員も珍しくなく，健康を害する介護職員も増大している。介護保険のもとでのこうした介護職員の劣悪な労働条件と人材不足は，まさに制度的にもたらされたものなのである。

　一方で，在宅介護の場合，支給限度額を超えると保険がきかなくなるが，特別養護老人ホームなど介護保険施設に入れば，24時間365日の介護が保障されるので（支給限度額は，施設に支払われる給付費に相当する），要介護者（とその家族）の施設志向が強まっている。しかし，介護保険施設については，株式会社の参入が認められていないので，在宅事業のような供給量の増大はみられず，とくに需要の多い特別養護老人ホームの不足が顕著となっている。国が，特別養護老人ホーム建設補助への国庫補助を廃止して一般財源化し，介護保険の施設給付費への国の負担を減らし自治体の負担を増大させるなど，特別養護老人ホームの増設を抑制してきたことも影響しており，低所得の要介護者の行き場がなくなっている。

2　介護保険の危機的状況と当面の抜本改革
(1) 介護保険の危機的状況

　もともと，介護保険は，介護保険料と給付費が直接に結びつく仕組みであり，制度が理念として掲げている「介護の社会化」が進み，介護保険施設や高

齢者のサービス利用が増え，また介護職員の待遇を改善し，人員配置基準を手厚くして，安心できる介護を保障するため介護報酬を引き上げると，介護給付費が増大し，介護保険料の引き上げにつながる仕組みになっている。介護報酬単価の引き上げは，1割の利用者負担の増大にもはねかえる。

しかし，現在の介護保険の第1号被保険者の保険料は，前述のように，定額保険料を基本とし，低所得の高齢者ほど負担が重いうえに，月額1万5000円以上の年金受給者から年金天引きで保険料を徴収する仕組みで（特別徴収），保険料の引き上げには限界がある。結果として，給付抑制が政策的にとられやすく，現にこれまでも見直しのたびにとられてきたことは前述したとおりである。給付抑制の連続の介護保険制度改革は，介護保険の矛盾や危機的状況をさらに深刻にしている。このままに改革を進めていけば，許容可能な介護保険料の範囲まで給付水準を徹底して切り詰めることとなり（具体的には，「要介護1・2」の高齢者を保険給付から外す，利用者負担を原則2割に引き上げるなど），その結果，制度から排除され，必要な介護サービスが利用できない高齢者が大量に出現し，家族介護の負担が増大し，介護心中・殺人事件など悲惨な事件が増大することとなろう。以下，介護保険の当面の抜本改革と介護保険法の廃止を含めた将来的な課題を提示する。

(2) 介護保険の当面の抜本改革

まず，社会保険方式を維持するのであれば，介護保険料を所得に応じた定率負担にするなどの抜本改革が不可欠となる。そのうえで，住民税非課税の被保険者については介護保険料を免除とすべきである（そもそも，住民税も課税されないような低所得の人から保険料を徴収すべきではない）。実際，ドイツの介護保険では，保険料は所得の2％程度の定率負担になっている。

同時に，コンピューター判定と身体的自立度に偏向した現在の要介護認定を廃止し，医師や介護職を構成員とする判定会議による認定の仕組みに改める必要がある。ドイツでは，認知症高齢者の増大にともない，介護保険の要介護認定の抜本的見直しを行い，認知症高齢者の独自の基準を設定している[33]。認知症高齢者の増大が続いている日本でも，要介護認定の見直しが検討されてしかるべきであろう。

介護人材の確保については，人員配置基準を引き上げたうえで，介護報酬と

第3章　介護保険の法政策　131

は別枠で，介護職員だけでなく看護職員や事務職員も対象とした公費負担による処遇改善交付金を創設すべきと考える。安倍政権は，介護現場の人手不足に対応するため，2018年12月に，入国管理法を改正，新たな在留資格として「特定技能1号」と「特定技能2号」を創設し，前者の「特定技能1号」の在留資格の外国人労働者を介護領域で約6万人確保する方針を打ち出した。「特定技能1号」は「特定産業分野の属する相当程度の知識や経験を必要とする技能を要する業務に従事する外国人向けの在留資格」とされ，技能水準・日本語能力水準を試験等で確認して入国し，その後，介護施設等で通算5年の就労が可能となるが，家族の帯同は基本的に認められない。しかし，現在，介護福祉士資格の有資格者は150万人いるのに（大半は日本人），実際に介護現場で働いている有資格者は83万人と推計されており（2016年度，厚生労働省「介護福祉士の登録者数と介護職の従事者数の推移」），実に66万人以上が資格を持ちながら，介護の仕事をしていない潜在的介護福祉士である。待遇を改善して，そのうち1割でも介護現場に戻ってくれば，7万人近くの人材確保が可能となる。

　さらに，施設建設費補助への国庫補助を復活させ，不足している特別養護老人ホームの増設を進めるべきと考える。

　加えて，家族介護者に対する現金給付を介護保険の給付として制度化すべきである。日本の介護保険は，サービスを利用したときの給付しかないが，ドイツでは，現金給付が制度化されており，現金給付とサービス給付とは選択でき，あるいは併用することも可能である（ただし，現金給付を選択した場合には支給額はサービス給付よりも低くなる）。現金給付を選択した場合でも，保険者である介護金庫は，適切な介護がなされているかを調査するため，介護等級に応じて，定期的にソーシャルステーションの職員を，現金給付受給者宅に派遣することが義務付けられている。さらに，家族介護を社会的に評価し，家族介護者と要介護者との間に就労関係を認め，自治体が介護者の労災保険料を全額負担することで，介護者が介護に基づく傷病に遭遇した場合には，労災の給付対象とする仕組みが導入されている。日本では，家族などの介護者に対する支援は，地域支援事業の中に位置づけられているが，任意事業のため，自治体によってばらつきがあり，内容も介護者交流会の開催や相談などにとどまり，家族介護慰労金のように事業として存在していても，要件が厳格なため，ほとん

ど利用者がいないなど，さまざまな問題点が指摘されている。[34] 実効的な介護者支援は皆無といっても過言ではない。ドイツのような現金給付を導入すれば，家族介護者の労働の権利を保障することができるし，介護者の支援にもなる。それにともなう介護保険料の高騰については，定率保険料の導入のような抜本改革で対応すべきである。

3　社会保険方式の破綻と総合福祉法の構想——今後の課題

　将来的には，社会保険方式で介護保障を行うことの破綻が明らかになっている以上，介護保険法は廃止し，訪問看護や老人保健施設の給付などは医療保険の給付にもどしたうえで，高齢者や障害者への福祉サービスの提供は，自治体の責任（現物給付）で公費負担方式により行う総合福祉法を制定すべきと考える。[35]

　前述のように，介護保険の導入には，医療の給付から訪問看護や老人保健施設の給付を切り離すことで，医療費（とくに高齢者医療費）の抑制を図る目的があったが，それゆえ，医療制度改革により，必要な医療やリハビリが受けられなくなった高齢者の受け皿として介護保険の給付を再編していく政策の方向がみられる（いわゆる「地域包括ケアシステム」の構想）。しかし，こうした方向は望ましいとはいえず，介護保険の給付のうち，訪問看護などは医療の給付に戻すべきである。そうすれば，特別養護老人ホームや老人保健施設の入所者への診療の制約もなくなり，福祉サービスと同時に必要な医療を受けることができるようになる。また，介護保険による医療の安上がり代替も防げる。ただし，高齢者医療費をはじめ，医療保険の負担が増えることになるので，それについては，公費負担や事業主負担の増大により対応していくべきである（**第2章第6節参照**）。

　また，個人給付・直接契約方式を廃止し，市町村と高齢者・障害者との契約という形で，市町村が直接的な福祉サービス提供の責任を負う方式にする必要がある。それにより，市町村（行政）による高齢者・障害者の受給権が保障され，行政手続法の適用，行政訴訟（入所の義務付け）による権利救済が可能となる。また，市町村委託方式に戻すことで，社会福祉事業は，給付費を代理受領するのではなく，委託費を受けて運営することになり，運営の安定性を確保することができる。委託費の額を増額していけば，職員の労働条件の改善も可能

となる。この点は，子ども・子育て支援新制度の導入に際し，保育所保育については個人給付・直接契約方式の導入を阻止し，市町村の保育の実施義務（児福24条1項）を維持させることに成功した保育運動の経験に学ぶべきであろう（第5章第1節参照）。

1) 厚生省社会局老人福祉課監修『改訂・老人福祉法の解説』（中央法規，1987年）88-89頁参照。
2) 同様の指摘に，加藤ほか〔第6版〕258頁（前田雅子執筆）参照。
3) 加藤ほか〔第7版〕259頁（前田雅子執筆）参照。
4) 1990年代以降の社会福祉基礎構造改革については，伊藤・権利188頁以下参照。
5) 同様の指摘に，加藤ほか〔第7版〕280頁（前田雅子執筆）参照。
6) 和田隆夫『社会保障・福祉と民法の交錯』（法律文化社，2013年）13-14頁参照。
7) 同様の指摘に，林泰則「新たな段階を迎えた介護保険制度改革」岡崎祐司・福祉国家構想研究会編『老後不安社会からの転換──介護保険から高齢者ケア保障へ』（大月書店，2017年）95頁参照。
8) 社会保険研究所202頁参照。
9) 前田雅子「社会保障の法関係」高木光・宇賀克也編『新・法律学の争点シリーズ8／行政法の争点』（有斐閣，2014年）266頁参照。
10) 豊島明子「高齢者福祉法制の大転換と公的介護保障の課題」三橋良士明・村上博・榊原秀訓編『自治体行政システムの転換と法』（日本評論社，2014年）84頁参照。
11) 横山壽一「介護保険財政の仕組みと現状」岡崎祐司・福祉国家構想研究会編・前掲注7）145頁参照。
12) 第1号被保険者の介護保険料の問題点については，伊藤・介護保険法248頁参照。
13) 社会保険研究所113頁参照。
14) 社会保険研究所230頁参照。結果的に，市町村は保険料を徴収しなければならないとされているが（介保129条1項），第2号被保険者からは保険料を徴収しないことになる（同条4項）。
15) 社会保険研究所225頁参照。
16) 同様の指摘に，前田雅子「分権化と社会福祉サービス」日本社会保障法学会編『講座・社会保障法／第3巻・社会福祉サービス法』（法律文化社，2001年）303頁参照。
17) 後藤道夫「介護における保険原理主義の破綻──低所得，無貯蓄高齢者の急増」岡崎祐司・福祉国家構想研究会編・前掲注7）177頁参照。
18) 詳しくは，伊藤周平「介護保険料負担と生存権保障再考──介護保険料国家賠償最高裁判決を機に」賃社1466号（2008年）4頁以下参照。
19) 碓井95頁は，第1号被保険者の保険料についても，政令による条例の拘束性が高く，市町村議会による民主的意思決定が機能せず，実質的に政令により保険料を定める形となっている問題点を指摘している。
20) 2005年改正法については，伊藤・介護保険法22-35頁参照。
21) 詳しくは，伊藤ほか 第5章（日下部雅喜執筆）参照。

22) 増田雅暢「介護保険『総合事業構想』の破綻」週刊社会保障2961号（2018年）27頁参照。
23) 伊藤ほか95頁（日下部雅喜執筆）参照。
24) 同様の指摘に、横山壽一「高齢者ケアの財政論」岡崎祐司・福祉国家構想研究会編・前掲注7）177頁参照。
25) 2016年11月14日の熊本県高齢者大会での当事者発言による。
26) 同様の指摘に、林泰則「新たな段階を迎えた介護保険制度改革」岡崎祐司・福祉国家構想研究会編・前掲注7）177頁参照。
27) 詳しくは、芝田英昭「『我が事・丸ごと』がうたう『地域共生社会』に潜む社会保障解体のゆくえ」賃社1680号（2017年）47-48頁参照。
28) 2018年の介護報酬改定の動向については、伊藤周平「医療と介護の構造変化と課題」月刊保険診療1535号（2017年）19-21頁参照。
29) 同様の指摘に、瀧澤仁唱「介護労働者をめぐる法的課題」林直子・林民夫編著『介護労働の実態と課題』（平原社、2011年）65頁参照。
30) 井口克郎「安倍政権下における介護保険制度改革の問題点と対抗軸」医療・福祉問題研究会117頁参照。
31) 全国老人施設協議会の意見書（2016年12月）による。
32) この間の経緯については、伊藤・後期高齢者医療制度 第2章参照。
33) ドイツの介護保険の要介護認定改革の動向については、斎藤義彦『ドイツと日本「介護」の力と危機——介護保険制度改革とその挑戦』（ミネルヴァ書房、2012年）第7章参照。
34) 増田雅暢『介護保険の検証——軌跡と今後の課題』（法律文化社、2016年）176-177頁参照。
35) 総合福祉法の構想について詳しくは、障害者生活支援システム研究会編『権利保障の福祉制度創設をめざして——提言・障害者・高齢者総合福祉法』（かもがわ出版、2013年）第3章（伊藤周平執筆）参照。

第2部
「保険化」する社会保障分野の法政策

第4章　障害者福祉の法政策

　介護保険制度の導入で先鞭をつけられた措置制度から個人給付・直接契約方式への転換は，障害者福祉にも及び，障害者福祉法制でも支援費制度，その後の障害者総合支援法により同方式への転換が実現した。本章では，障害者福祉改革の展開を概観し，障害者総合支援法と障害者福祉各法の構造，さらに介護保険との統合を志向する法政策の動向と課題を探る。

第1節　障害者福祉の沿革と障害者福祉改革の展開

1　障害者福祉の沿革と基本理念

　日本の障害者福祉は，第二次世界大戦後の身体障害者福祉法を先駆けとする。同法は，当初は訓練等によって経済的自立が可能な身体障害者を対象とする更生法であったが，その後，重度の障害者も対象とする福祉法に転換し，1960年には，精神薄弱者福祉法（1998年に知的障害者福祉法に名称変更）と障害者の雇用の促進に関する法律（障害者雇用促進法）が制定された。障害者雇用促進法は，障害者の法的雇用率（2018年4月より，民間企業2.2％，官公庁2.5％）を定め，事業主に雇用義務を課すもので，対象範囲は，現在は身体・知的・精神障害者にまで拡大されている。

　1975年には，国連総会で「障害者の権利宣言」が決議され，障害者の「完全参加と平等」を掲げ，1981年を国際障害者年とすることとされた。同年の『厚生白書』では，障害者も社会において等しく権利を享受できる保障をめざす「ノーマライゼーション（normalization）」の思想が紹介され，日本でもしだいに普及するに至る。

　1993年には，障害者の自立と参加を基本理念とする障害者基本法が制定さ

れ，障害者の医療・介護，年金，教育，雇用の促進，住宅の確保，公共的施設等の利用におけるバリアフリー化など多岐にわたる施策の基本方針が定められた。2004年の改正では，障害者に対する差別禁止の理念が明示されたほか，国が障害者基本計画を，地方公共団体が障害者計画を策定することが義務付けられた（同11条）。また，2006年には，公共的施設や公共交通機関の利用について，高齢者や障害者に配慮するよう求める「高齢者，障害者等の移動等の円滑化の促進に関する法律」（バリアフリー新法）が施行されている。

　精神障害者については，1950年の精神衛生法以降，精神障害者を長らく公衆衛生・保健医療の対象とし，強制入院による隔離を中心とした施策が行われてきた。しかし，こうした強制入院中心の精神保健法制は，精神障害者の社会参加を阻害し，閉鎖的な病棟内での虐待を招くなど，多くの問題を抱えていた。1984年に，看護職員の暴行により2名の入院患者が死亡した「宇都宮病院事件」の発覚を契機として，ようやく精神保健法制の見直しが行われ，入院中心の医療保護体制からの転換が促進され，1987年に，精神衛生法は精神保健法に改められた。その後，精神障害者を同法の「障害者」と明確に位置づけた障害者基本法の成立を受けて，1995年に，精神保健及び精神障害者福祉に関する法律（精神保健福祉法）が制定され，精神障害者に対する福祉施策として社会福祉事業が法定化された。

　さらに，障害者の権利に関する条約（障害者権利条約）の採択（2006年）を受けて，国内法の整備が求められ，障害者基本法の改正（2011年），障害者虐待防止法（障害者虐待の防止，障害者の養護者に対する支援等に関する法律）の制定（2011年）に続き，障害者雇用促進法の改正（2013年）がなされ，障害者差別解消法（障害を理由とする差別の解消の推進に関する法律）の制定（2013年）が実現した。2014年には，障害者権利条約が発効するに至っている。このように，理念法の分野では，大きな前進がみられた障害者福祉法制であるが，給付面では，措置制度から契約制度（個人給付方式）への転換を図る障害者福祉改革が進められていく。

2　障害者福祉改革の展開

(1)　支援費制度から障害者自立支援法へ

　障害者福祉改革の動向をみると，2001年に，身体障害者福祉法などが改正さ

れ，2003年4月から支援費制度が実施された。支援費制度は，従来の措置制度から個人給付・直接契約方式への転換を図るものであったが，サービスの利用者負担については，措置制度と同様，障害者の所得に応じた応能負担となっていた。支援費制度は，導入後にサービスの利用が急増したものの，居宅生活支援費が国庫補助金の対象（裁量的経費）にとどまっていたため（施設訓練等支援費は国庫負担金の対象で義務的経費），財源不足で行き詰まりをみせた。そのため，介護保険の被保険者の範囲を拡大し，支援費制度と介護保険との統合案が模索されたが実現せず，結局，2005年，居宅生活支援費も義務的経費とするとともに，サービスの利用者負担を介護保険と同じ応益負担（サービス費用の1割が利用者の負担となる）とする障害者自立支援法が成立した（2006年施行）。

しかし，障害者自立支援法による応益負担の導入の結果，サービス利用を控える人が続出し，応益負担に対する批判は，同法の応益負担を違憲とする訴訟にまで発展した。その後，民主党政権のもと，2010年に，違憲訴訟の原告・弁護団と国（厚生労働省）との間で基本合意が締結された。この基本合意を受けて，障害当事者が参加した障がい者制度改革推進本部総合福祉部会が，障害者自立支援法に代わる新法の検討を進め，2011年8月に，新法の構想を「障害者総合福祉法の骨格に関する総合福祉部会の提言——新法の制定を目指して」（以下「骨格提言」という）としてまとめ公表した。

(2) **障害者自立支援法の改正から障害者総合支援法へ**

立法的には，議員立法の形で，2010年12月に，障害者自立支援法が改正された。厚生労働省の行政解釈では，この法改正により，障害者等の家計の負担能力に応じた負担（応能負担）が原則となったとされる。[2] 条文の構成をみると（障害総合29条3項2号），負担上限額が原則，サービス費用の1割が例外と解するのが素直な読み方なので，応能負担が原則という解釈が一般的とされている。[3]

とはいえ，この法改正は，障害福祉サービスなどの利用者負担の月額上限額を，障害者等の家計の負担能力に応じて（政令で）設定するもので，障害福祉サービス・補装具の利用については，住民税非課税世帯は負担上限額がゼロとされ負担がなくなったため，応能負担のようにみえるだけで，利用に応じた負担（応益負担）の仕組みは残っている。このことは，サービスの利用量が少なく，政令で定める月額上限額よりも1割相当額の方が低い場合は，1割負担相当額

を負担することとなることからも明らかである。医療保険や介護保険でも負担上限額が設定されているが、応能負担が原則とされていないことを考えると、障害者福祉も応能負担を加味した応益負担の仕組みとみる方が正確であろう。

先の「骨格提言」は、障害福祉サービスの利用者負担の原則無償化や障害程度区分（現在の障害支援区分）の廃止、さらに介護保険給付との調整規定（いわゆる介護保険優先適用条項）の廃止などを提言していたが、提言の多くは無視もしくは骨抜きにされ、結局、改正障害者自立支援法を一部手直ししただけの「障害者の日常生活及び社会生活を総合的に支援するための法律」（以下「障害者総合支援法」という）が成立した（2013年より施行）。

(3) **障害者総合支援法と「65歳問題」**

障害者総合支援法は、その目的条項に、地域生活支援事業その他の必要な支援を総合的に行うことを加え（1条）、法に基づく日常生活・社会生活の支援が、共生社会を実現するため、障害者の社会参加の機会の確保および地域社会における共生、社会的障壁の除去に資するよう総合的かつ計画的に行われることを基本理念に掲げている。また、そのほかに、①障害者の範囲に難病等を加えること（児童福祉法における障害児の範囲にも同様に加えられた）。②重度訪問介護の対象を「重度の肢体不自由者等であって常時介護を要する障害者として厚生労働省令で定めるもの」に拡大、③共同生活介護（ケアホーム）を共同生活援助（グループホーム）へ一元化、④地域生活支援事業に手話通訳者等を養成する事業などを追加、⑤サービス基盤の基本指針・障害福祉計画について、定期的な検証と見直しを行う、などの改定が加えられた。しかし、改正障害者自立支援法の基本的構造を変えるものではなく、実質的には、障害者自立支援法の廃止ではなく、恒久化であったといってよい。

とくに、障害者総合支援法にも、障害者自立支援法のときと同様に、介護保険優先適用条項（7条）が残されたため、障害者が65歳以上（介護保険法令で定める特定疾病による障害の場合には40歳以上）になると、介護保険法が適用され、要介護認定を受ける必要が生じ、要介護認定により要介護度ごとに支給限度額（給付上限）が設定されることで介護サービスの利用が制約され、また利用者負担も完全な応益負担となり（住民税非課税世帯であっても負担ゼロとはならず）、負担が増大することとなる。いわゆる障害者の「65歳問題」と呼ばれる問題であ

る。障害者の高齢化にともない,「65歳問題」は深刻な問題となり, 65歳に達した障害者が介護保険の要介護認定の申請をしなかったことを理由に, 重度訪問介護給付費の不支給決定がなされたことを違法として取消訴訟が提起されるなど(後述の浅田訴訟), 介護保険優先適用条項の違法性を争う裁判にまで発展している。[4]

第2節　障害者総合支援法の構造と法的問題

1 障害者総合支援法の概要

　障害者総合支援法は, 従来は, 身体障害者福祉法など障害者福祉各法で分立して規定されていた給付および事業を一元化し, 自立支援給付と地域生活支援事業を設けた。

　自立支援給付の対象となるのが, ①障害福祉サービス, ②地域相談支援・計画相談支援, ③自立支援医療, ④補装具である(障害総合6条)。このうち, ①の障害福祉サービスは, 介護給付と訓練等給付の2つに類型化され(同28条以下), 前者は介護保険の給付と共通部分となる。②③④は障害者福祉独自のサービスとして位置づけられる。

　②の相談支援は, 基本相談支援に加えて, 主にサービスの利用計画の作成を行う計画相談支援, 従来は補助事業として行われていたものを法定給付化した地域相談支援がある。計画相談支援は, 障害福祉サービスなどの利用計画の作成および見直しが含まれ, 市町村長の指定を受けた特定相談支援事業者が行った場合は, それに要した費用は, 計画相談支援費として給付される(障害総合51条の17。10割給付で利用者負担はない)。地域相談支援は, 障害者が施設・病院から退所・退院して住居の確保をはじめ地域での生活に移行するための準備に関わる地域移行支援, および居宅で単身生活する障害者について常時連絡体制を確保し緊急時における相談等を行う地域定着支援を内容とする。都道府県知事の指定を受けた一般相談支援事業者からこれらの支援を受けた場合, 市町村に申請してその支給決定により地域相談支援給付費を受給できる(同51条の14)。③の自立支援医療は, 従来の身体障害者福祉法に基づく更生医療, 児童福祉法に基づく障害児への育成医療, 精神保健福祉法に基づく精神通院医療を

統合したものである(同52条以下)。④の補装具に関する給付は,補装具の購入費または修理費の支給である(同76条)。

地域生活支援事業は,相談・情報提供・助言,虐待の防止など障害者の権利擁護に必要な援助,成年後見制度の利用に要する費用の支給,手話通訳の派遣や日常生活用具の給付または貸与,移動支援などの事業で,市町村がこれを行う(障害総合77条)。

障害者総合支援法に基づく施設は,障害者支援施設と包括的に規定され,その設備・運営についての基準は,都道府県条例で定められ(同84条),国・都道府県・市町村以外の者の設置については,社会福祉法65条1項の最低基準とみなされる。これらの事業者・施設が,自立支援給付の対象となるサービスを行うには,さらに都道府県知事による指定を受ける必要がある(障害総合36条以下・51条の19以下・59条以下)。これにともない,知事は,指定の取消しなどを含む規制監督を行うこととなる。

2 支給決定とサービス利用

(1) 支給決定

自立支援給付を受けるには,障害者がサービスの種類ごとに市町村に申請して,支給決定を受ける必要がある(障害総合19条・20条等)。障害福祉サービスにかかる自立支援給付については,市町村職員の面接により調査が行われる(指定一般相談支援事業者に委託可)。介護給付費等の申請については,同調査の結果に基づく第1次判定,外部有識者からなる市町村審査会の第2次判定を経て,障害支援区分(6区分)の認定が行われる。

市町村は,障害支援区分だけでなく,その障害者の置かれている環境など総合的な状況を勘案して,支給要否決定を行う(障害総合22条1項)。これらの項目は「勘案事項」といわれ,障害の種類・程度その他心身の状況,介護を行う者の状況,障害者のサービス利用の状況や利用に関する意向などのほか,障害福祉サービスの提供体制の整備状況などが厚生労働省令で規定されている(障害総合支援法施行規則12条)。介護保険の要介護認定では,もっぱら心身の状態に即して要介護状態区分および支給限度額が設定されるが(認定にあたって市町村の裁量の余地はほとんどない。**第3章第2節**参照),障害者総合支援法では,市町

村は，障害者の特性に応じた支給決定の判断をすることが求められ裁量の余地がある点に特徴がある。また，市町村は，申請者に対して，サービス等利用計画案の提出を求め，これも勘案して支給要否決定を行う（同22条4～6項）。

　支給決定においては，障害福祉サービスの種類ごとに介護給付費が支給される同サービスの量（支給量）が月単位で決められ，個々の障害者についての勘案事項の考慮などには市町村に裁量が認められるものの，考慮すべき事項を考慮しないなど，裁量を適切に行使しない場合には，その逸脱または濫用に該当し，支給決定（行政処分）は違法となる（行訴30条参照）。実際に，支給決定の違法性を認めた裁判例として，1日24時間の重度訪問介護を求める申請の一部拒否決定について，障害者の心身の状況を適切に勘案せず裁量権の範囲を逸脱・濫用したとして，これを取り消し，重度訪問介護の支給量1ヶ月578時間を下回らない介護給付費支給決定を義務付けた判決（大阪高判2011年12月14日賃社1559号21頁），同じく重度訪問介護の支給量1ヶ月542.5時間を下回らない支給決定を義務付けた判決（和歌山地判2012年4月25日判時2171号28頁）[7]などがある。

(2)　利用の仕組みと利用者負担

　支給決定を受けた障害者は，交付される受給者証（障害総合22条8項）を指定事業者・施設に提示し，利用契約を結ぶことで，サービスを利用する（図表4-1）。これに要した費用について，市町村は，支給額を限度額として，利用者（支給決定障害者）に代わって指定事業者・施設に支払うことができ，障害者は，障害者の家計の負担能力等を斟酌して政令で定める額（利用者負担額）を指定事業者・施設に支払う（同29条3項・4項・5項）。

　利用者負担については，基本的に，サービス利用量に応じた応益負担であり，施設での食費や光熱水費は実費負担となるが，各種の負担軽減措置がとられている。具体的には，①月額負担に対する上限設定，②高額障害福祉サービス費の支給，③入所施設など利用者に対する個別減免，④通所サービス，訪問介護サービスなどの利用者に対する社会福祉法人減免，⑤施設での食費，光熱費の実費負担の減免などである。

　このうち，①については，生活保護受給世帯および住民税非課税世帯については負担上限月額0円，住民税における所得割が16万円未満の障害者については，居宅サービス利用について9300円を上限とし，所得割28万円未満の世帯の

図表4-1　障害福祉サービスの利用の仕組み

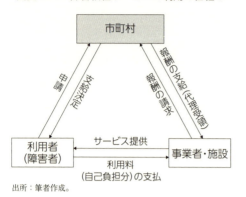

出所：筆者作成。

障害児にあっては，居宅・通所サービス利用について4600円が上限である。それ以外の上限月額は3万7200円となっている。

(3) 代理受領をめぐる問題

障害者総合支援法における「介護給付費又は訓練等給付費」については，法律上，市町村（実際には市町村から支払事務の委託を受けた国民健康保険団体連合会）から指定サービス事業者に支払われることが認められている（障害総合29条4・5項）。いわゆる代理受領方式であり，この代理受領方式のもとでは，指定サービス事業者は，市町村および国民健康保険団体連合会に対して，なんら債権を有さず，単に受領を委任されているにとどまるとする裁判例がある（大阪高判2015年9月8日金融法務事情2034号78頁）。

医療保険分野では，保険医療機関が自らに支払われる診療報酬に係る債権を債権者にあらかじめ譲渡し，それを担保に借入れを行う資金調達方法が古くからとられてきた。この場合，万一，融資先の医療機関等に債務不履行があれば，譲り受けた債権を行使し保険者から金銭を回収することができる。最近では，障害福祉・介護サービスに係る収益についても，こうした手法を活用する可能性が模索されているが，先の裁判例の結論によれば，障害福祉・介護サービス事業者に対して融資を行う金融業者にとっては借入金の任意の弁済がない場合に自らの債権を回収する手段が制約を受けることになる[8]。この点，学説では批判が多く，法定代理受領について債務引受構成を採用して，サービス事業者の債権を広く認めるべきとの見解もある[9]。

代理受領方式を採用していることからも明確なように，障害者総合支援法は，①個人給付方式（支給決定を受けた障害者個人へのサービス費用の給付），②直接契約（施設・事業者と支給決定を受けた障害者との契約）による利用の仕組みであり，構造的には，介護保険法と同じ構造である。その意味で，障害者総合支援法の自立支援給付の介護給付費は，介護保険の介護給付費と同じサービス費用

の償還給付（現金給付）といえる。介護保険は，利用者負担について，住民税非課税世帯でも負担上限がゼロとはならず1割負担が生じる点，社会保険方式をとっている点で，③利用者負担は，応能負担を加味した応益負担，④財政方式は税方式である障害者総合支援法とは相違があるが，少なくとも，自立支援給付の介護給付は，介護保険の介護給付との統合が可能な構造になっている。

　実際に，障害者自立支援法では，自立支援給付の介護給付は介護保険への移行を前提として制度設計され，介護保険の給付にはないガイドヘルプなどの移動介護や介護を必要としない障害者が利用するグループホームについては，介護給付（個別給付）から外され，地域生活事業など障害者福祉の独自サービスに再編されていた。こうした構造は，障害者総合支援法にも継承されている（「自立支援給付」の名称自体が残っている）。

(4)　介護保険優先原則と介護保険・障害者福祉の利用関係

　前述のように，障害者総合支援法7条は，介護保険サービスと障害福祉サービス（介護給付費等）の併給調整を規定しており，同一のサービス内容のものについて，介護保険法の給付が受けられる場合は，その給付が優先される。先の「骨格提言」は，この介護保険優先適用条項の廃止を求めていたが，介護保険と障害者福祉の統合を志向している政策の中で，廃止は実現していない。

　介護保険サービスと障害福祉サービスの併用に関しては「障害者の日常生活及び社会生活を総合的に支援するための法律に基づく自立支援給付と介護保険制度との適用関係等について」(2007年3月28日・厚生労働省通知)に詳細が記載されている。それによれば，介護保険の被保険者であって，障害福祉サービスに相当する介護保険サービスがあり，これを利用することができる場合には，介護保険サービスを優先して利用することになる。量的に介護保険サービスでは足りない部分（いわゆる「上乗せ」部分）とサービスの種類として障害福祉サービスにしか存在しない部分（いわゆる「横出し」部分）を介護給付から支給し，重複している部分を介護保険から給付するという考え方である。ただし，この場合も，障害者の心身の状況等により，個別にさまざまなケースが考えられることから，一律に介護保険サービスを優先するのではなく，個別に障害福祉サービスの種類や利用者の状況に応じて障害福祉サービスに相当する介護保険サービスを受けられるかどうかを判断するものとされている。[10]

先の浅田訴訟は，自立支援給付を受けていた障害者が，介護保険給付の申請を行わないまま，65歳に到達したのちも，継続して自立支援給付の申請を行ったが，介護保険法による給付が受けられるとして，岡山市から自立支援給付の不支給決定を受けたことに関し，①不支給決定の取消し，②重度訪問介護の介護給付費支給決定の義務付け，③不支給決定による国家賠償を求めた事案であった。第1審判決（岡山地判2018年3月14日賃社1707号7頁）は，不支給決定をすれば，原告がその生活を維持することが不可能な状態に陥ることは明らかであったこと，原告が介護保険の自己負担を負うことが経済的に難しい状況であったことからすれば，原告が自立支援給付の継続を希望し，介護保険給付の申請を行わなかったことには理由があるとし，①の請求を認容し，②③の請求を一部認容した。厚生労働省の通知の内容を踏まえ，利用者の状況に応じた判断を示したといえる。岡山市が控訴したが，控訴審判決（広島高岡山支判2018年12月13日賃社1726号8頁）も，一審判決を維持する判決を出し，岡山市が上告を断念し原告勝訴が確定した。[11]

3　改正障害者総合支援法の内容と問題点

　前述のような障害者総合支援法の成立経緯から，同法の附則には，基本合意や「骨格提言」を反映させる見直しを行うという趣旨で，施行3年後（2016年）の見直しの規定がおかれた。2015年12月には，社会保障審議会障害者部会が「障害者総合支援法施行3年後の見直しについて」と題する報告書をとりまとめ，それを踏まえ，2016年5月に，障害者総合支援法と児童福祉法の改正が行われた。改正された障害者総合支援法では，一定の改善はなされたものの，基本合意書や「骨格提言」は，またもやほとんど無視された。法案成立に当たり，衆議院10項目，参議院17項目もの附帯決議がなされたことは問題の多さを如実に物語っている。

　改正障害者総合支援法の主な内容は①自立生活援の新設，②就労定着支援の新設，③重度訪問介護について医療機関への入院時も一定の支援を可能とすること，④65歳にいたるまで相当の長期間にわたり障害福祉サービスを利用してきた低所得の高齢障害者が引き続き障害福祉サービスに相当する介護保険サービスを利用する場合に，障害者の所得の状況や障害の程度等の事情を勘案し，

当該介護保険サービスの利用者負担を障害福祉制度により軽減できる仕組みを設ける、というものである。

このうち、①は、障害者支援施設やグループホームなどを利用していて一人暮らしを希望する障害者に、定期的な巡回訪問や随時の対応により、円滑な地域生活に向けた相談・助言などを行うサービス、②は、障害者の就労に伴う生活面の課題に対応できるよう、事業所・家族との連絡調整等の支援を一定期間にわたり行うサービスとされている。③は、日常的に重度訪問介護を利用している最重度の障害者（障害支援区分6以上の者を想定）で医療機関に入院した者が対象となり、利用者の状態などを熟知しているヘルパーを引き続き利用し、そのニーズを的確に医療従事者に伝達するなどの支援を行うことができるようにするものである。④は、先の「65歳問題」への対応だが、対象者はかなり限定され（障害支援区分の程度と低所得者の範囲については政令で規定されている）、障害福祉サービス事業所が介護保険の事業所になりやすくするなどの見直しを行い、介護保険サービスの円滑な利用を促進するとされている。[12]

いずれも、微修正にとどまり、とくに④については、「骨格提言」で廃止が求められ、裁判でもその違法性が争われている介護保険優先適用原則を実質的に固定化するものといえ、介護保険との統合への「地ならし」「布石」との指摘もある。[13]

第3節　障害者福祉各法の構造と法的問題

1　身体障害者福祉法、知的障害者福祉法による措置

障害者総合支援法は、個人給付・直接契約方式をとっているが、身体障害者福祉法と知的障害者福祉法は、市町村が従前の措置を行う規定を残している。

すなわち、障害者総合支援法の障害福祉サービスおよび障害者支援施設への入所を必要とする障害者が、やむを得ない事由により、介護給付費または訓練等給付費などの支給を受けることが著しく困難であると認めるときは、市町村は、その障害者につき、政令で定める基準に従い、障害福祉サービスを提供し、障害者支援施設などに入所・入院させ、またはこれを委託することができる（身障18条、知障15条の4・16条）。市町村責任によるサービス提供といってよい。

第4章　障害者福祉の法政策　149

また，身体障害者福祉法または知的障害者福祉法に基づく援護または更生援護の実施者は，市町村となっており（身障9条，知障9条），その業務を行う市町村の機関は福祉事務所で，社会福祉主事が必置とされている。都道府県は，身体障害者更生相談所および知的障害者更生相談所の設置義務があり（身障11条，知障12条），それぞれ，所定の資格を有する身体障害者福祉司または知的障害者福祉司を配置しなければならない。

2　精神保健福祉法

　一方，精神保健福祉法は，精神障害者の福祉の増進及び国民の保健福祉の向上を目的とし（同1条・5条），都道府県は精神保健福祉センターと精神医療審査会を置くとしている（同6条・12条）。精神保健福祉センターは，精神保健および精神障害者の福祉に関する知識の普及，調査研究，複雑・困難な相談・指導等を行うほか，精神医療審査会の事務局となる。精神障害者やその家族の相談に応じ指導等を行うため，所定の資格を備えた精神保健福祉相談員をおくことができる（同48条）。

　精神障害者に対する「医療及び保護」による入院形態として，本人の同意に基づく入院であり，本人が退院を希望する場合には，退院させなければならないのが任意入院である（精神22条の3）。これに対して，2人以上の指定医の診察の結果，医療保護のために入院させなければ，その精神障害のために自身を傷つけまたは他人に害を及ぼす（自傷・他害）のおそれがあると認められた者を，指定の精神科病院に強制的に入院させる措置入院（同29条），指定医の診察の結果，医療保護のために入院させる必要のある精神障害者を，家族等のうちいずれかの者の同意に基づいて，本人の同意がなくても指定の精神科病院に入院させる医療保護入院（同33条），急迫で家族等の同意を得ることができない場合において，指定医の診察の結果，直ちに入院させなければ医療保護を図る上で著しく支障がある場合，72時間以内に限り入院させる応急入院（同33条の7）が認められている。

　2013年には，精神保健福祉法が改正され，従来の医療保護入院における保護者制度が廃止され，家族等の同意に切り替えられた。また，厚生労働大臣が，精神障害者の医療の提供を確保するための指針を定めることとされた。さら

に，精神科病院の管理者に対し，医療保護入院者の退院後の生活環境に関する相談および指導を行う者の設置（精神33条の4），退院促進のための体制整備（同33条の6）を義務付けるなど，退院による地域生活移行の促進を図るための措置が講じられた。しかし，精神障害者の地域生活を支える受け皿づくりは進んでいない。

第4節　障害者福祉の法政策的課題

1　障害者福祉をめぐる現状

(1)　津久井やまゆり園殺傷事件と強制不妊手術国家賠償訴訟

2016年7月，神奈川県相模原市の津久井やまゆり園で，重度の障害者19人が元施設職員の男に殺害されるという凄惨な事件が起きた（重軽傷も26人）。犯人は「ヒトラーの思想が降りてきた」と供述している。アドルフ・ヒトラー率いるナチス党は，ユダヤ人の大量虐殺を実行に移す前に，「安楽死計画」と称し（当時の計画司令室があった番地の名称をとって「T4計画」ともいわれる），回復の見込みがないとされた知的障害者・精神障害者，重症疾患患者など，推定20万人以上もの人を「生きるに値しない命」として，ガス室に送り込み殺害した。犯人の直接の殺害動機や事件の根底に，ナチスにみられるような劣等な子孫の誕生を抑制すべきとする優生思想があることは明らかである[14]。

そのナチス・ドイツは，当時の世界で最も民主的といわれたワイマール憲法のもと，選挙で合法的に誕生した政権であった。いま，9条と25条という世界で最も画期的な条文をもつ日本国憲法のもとで，安倍政権は，防衛費（軍備費）を増やし，社会保障費を削減している。加えて，市場万能主義や競争主義が幅をきかせ，生産性や効率が優先され，障害があり生産労働に携われない人は，人間の価値までもが劣るかのような風潮がまかり通っている。差別意識をあおるヘイトスピーチやデモが公然化している日本社会にあって，障害者は社会の重荷でしかなく抹殺すべきと考える犯人のような人物が出てきても（実行に移すかは別として），不思議ではなかったともいえる。実際に，施設関係者や障害のある当事者・家族からは「こんな事件がいつか起きるかもしれないと思っていた」との声があったという。障害者への差別意識にとどまらず，施設処遇や

福祉労働者の処遇の問題など現在の障害者福祉制度そのものが有する構造的な問題が複合的に交錯し，起きた事件とみることもできる。[15]

　安倍政権は，そうした優生思想に対峙することなく，事件への対応も鈍い。安倍政権自体が，社会保障削減と軍拡を進める，ある意味，優生思想に親和的な政権といえるからである。実際，「同性愛者には生産性がない」と主張する杉田水脈自民党議員の発言や寄稿文に対して，政権内から積極的な批判は聞こえてこないどころか，擁護するような発言もみられる。

　一方，戦後まもなくの1948年に制定された旧優生保護法（現在の母体保護法）のもとで，障害などを理由に，本人の同意なしに，もしくは欺罔等により不妊手術を強制された実態があった。こうした不妊手術の被害者が，2018年1月に，宮城県で国に対して国家賠償を求める訴えを起こし，現在，同様の訴訟が全国に拡大している。当時は，知的障害や精神障害が遺伝するという誤った偏見のもと，1960年代半ばには，障害を持つ子どもを「不幸な子ども」とし，「不幸な子どもが生まれない運動」が兵庫県からはじまって市民運動として各地にひろがり，自治体間で不妊手術の数を競い合うことまでなされていた。不妊手術数は，1955年に，全国で1362件とピークに達した後，1970年代から，批判が高まり，手術数は減少したが，1992年まで続いていた。ようやく1996年に，母体保護法への改正に伴い，強制手術にかかわる条項が削除されたものの，優生思想は日本社会の底流に根強く残り続けているといえる。

　2019年4月には，議員立法により，旧優生保護法のもとで強制的に不妊手術（優生手術）を受けた人に一時金（一人当たり320万円）を支給する法律が成立・施行された。手術を受けた人は約2万5000人と推計されるが，氏名が判明した人は1割強の3000人に過ぎず，国の責任もあいまいなままで（法律では，おわびの主体が「我々」となっている），一時金の額も低すぎるなど課題が多く，障害者団体は当事者不在の立法と批判する声明を発表している。一方，国家賠償訴訟について初の判決となった仙台地裁判決（2019年5月28日判例集未登載）は，旧優生保護法は憲法13条に違反すると認めたものの，被害回復のための立法措置を取らなかったことについては国家賠償法1条1項の違法性が認められないとし，原告の賠償請求は退けた。原告側は控訴し，裁判は続いている。

(2) 障害者雇用の現状と障害者の置かれた現状

　障害者雇用に関しては，障害者雇用促進法によって義務付けられた法定雇用率を満たすため，中央省庁が雇用する障害者数を水増ししていた問題が発覚，2018年に，政府が設置した第三者検証委員会が問題の調査報告書をまとめ公表した。それによると，2017年6月時点で，中央省庁の8割に当たる28機関が3700人を不適切に計上し，全国の自治体でも3809人分の水増しがあり，また，各地の裁判所の雇用者数のうち62％，衆参の議院事務局など立法機関の雇用者数のうち44％が不適切な算入であったことも明らかになった。報告書は，うつ病の職員や弱視の職員を本人の了解も得ることなく障害者として計上していたり，退職者や死亡した職員までも計上している実態をあげ，「ずさんな対応」「きわめて由々しき事態」と指摘しつつも，原因については，障害者の対象範囲や確認方法の恣意的解釈や不適切な運用に矮小化し，組織的な関与は否定した。しかし，少なくとも42年間にわたり水増しが行われてきたことを考えれば，組織的な偽装があったといっても過言ではない。行政府のみならず司法や立法府でも行われていた法定雇用率の水増し・偽装は，本来，雇用されるべき障害者を排除していたという点において，障害者雇用促進法の差別禁止規定の趣旨に違反し，障害者差別解消法ひいては障害者権利条約にも違反する重大な権利侵害といえる。[16]

　一方，障害者の家族の介護・経済的負担は依然として重く，障害のある人と家族の心中事件もあとを絶たない。2017年12月には，大阪府寝屋川市で，2018年1月には，兵庫県三田市で，家族による知的・精神障害者の監禁事件が発覚している。近年普及した新型出生前診断の結果，障害が判明した命の9割は産まれる前に奪われており（苦渋の選択とはいえ），障害のある子どもたちを安心して産み育てる社会には程遠いのが日本の現状である。

　日本では，7万人余りの精神障害者が社会的入院といわれ，約12万人の知的障害者が入所施設での生活を余儀なくされ，重い障害者の80％以上が相対的貧困線以下の生活を送っているとされる。[17] 中でも，精神障害者への処遇は，いまだに隔離入院が中心で，日本の人口は世界の人口の1.6％だが，精神病床の数は全世界のそれの20％を占める。日本の総医療病床数の24％が精神病床であり，入院患者の4割は，医療保護入院などの強制入院で，入院患者の3人に1

第4章　障害者福祉の法政策　153

人は1年以上の長期入院となっている(先進国の入院平均は18日)。

2 障害者福祉と介護保険との統合のゆくえ

障害者福祉の財政をみると、2015年の報酬改定で、障害福祉サービスの報酬単価は据え置かれ、事業者への報酬は実質1.78％の引き下げとなり、サービス事業者の運営に少なからず影響が出たものの、2018年の報酬改定ではプラス0.47％の改定となった。障害福祉サービス関係費の予算額は、2018年度は1兆380億円で、対前年度1154億円、9.1％増と、この10年間で2倍以上に増加しており、前述の基本合意や「骨格提言」が歯止めになり、いまのところ介護保険のような厳しい給付抑制策はとられていない。

とはいえ、障害者総合支援法の構造は、これまでみてきたように、個人給付・直接契約方式という点で、介護保険の構造と共通している。そして、従来の障害者福祉措置制度から個人給付・直接契約方式への転換の結果、高齢者福祉分野と同様、市町村が障害福祉サービスの提供に責任を負わなくなり(公的責任が後退し)、市町村の障害者福祉行政における責任主体としての能力が低下した。相談支援事業も民間の相談支援事業者に丸投げされ[18]、自治体では高齢者・障害者担当の専門のソーシャルワーカーが姿を消しているのが現状である。

こうした公的責任の後退の中、厚生労働省は、介護保険料の高騰や介護保険の給付抑制(利用者負担の増大、要支援者の切り捨てなど)に、多くの高齢者が悲鳴を上げ、被保険者の範囲の拡大を求める声が起こるのを待ち、障害者総合支援法と介護保険法の統合(障害者福祉の介護保険化)へと舵をとろうともくろんでいると推察される。その意味で、障害者総合支援法の介護保険優先原則の規定はぜひとも残しておく必要があったといえる。

実際に、障害者福祉と介護保険との統合に向けての外堀は埋められつつあるといってもよい。介護保険法と障害者総合支援法の並存状態が続く限り、高齢者の医療費負担や介護保険サービスの利用者負担が2割、さらには3割に引き上げられる中、障害者だけ負担ゼロが続くのは優遇されているなどの批判は必ず出てくるからである。すでに、障害者総合支援法の改正法案の国会提出前の2016年の段階から、財務省の財政制度等審議会が、障害福祉サービスの利用者負担について軽減措置を廃止するよう主張しているし、厚生労働省内に設置さ

れている「新たな福祉サービスのシステム等のあり方検討」プロジェクトチームの見直し議論では，介護保険は「普遍的な」制度ゆえに介護保険優先原則は妥当であり，利用者負担も障害者福祉制度だけが多くの障害者において無料になっていることは「国民の納得が得がたい」という意見が出されていたという[19]。また，障害者部会が障害関係団体のヒアリングを行った際，一部の委員から，こうした意見が，ほとんど詰問ともいえるような形で，障害団体の当事者に投げかけられたともいう[20]。応益負担化と介護保険との統合の議論が再び台頭しつつあるといえる。障害者福祉の介護保険化が実現すれば，もはや障害者福祉は解体されたといってよい。

3　今後の課題

　障害者福祉と介護保険の併存状態がしばらく存続すると考えられる中，当面は，障害者福祉分野においては，障害支援区分認定の廃止，障害福祉サービスの無料化，介護保険優先条項の廃止といった，先の基本合意や「骨格提言」の実現をめざす改革が必要である。中でも，現在の障害者支援施設の配置基準の改善は急務といえる。同施設の設備・運営基準は，より人権を侵害されやすい知的障害のある人に対して十分とはいいがたい。障害者支援施設における生活支援員数は，生活介護の単位数毎に，利用者比6対1から3対1であり，この職員配置では，利用者一人ひとりのケアや外出まで手が回らないとの指摘がある[21]。少なくとも，3対1から2対1の配置基準に改善すべきであろう。

　私見では，訪問看護などの給付は医療保険に戻したうえで，介護保険法と障害者総合支援法は廃止し，障害福祉サービスの現物給付方式，自治体責任による入所・利用方式，税方式による総合福祉法を制定し，年齢に関係なく（65歳で区切ることなく），必要な障害福祉サービスを利用できる仕組みにすべきと考える（第3章第6節参照）。障害者の「65歳問題」を根本的に解決し，障害者権利条約を生かすには，介護保険法の廃止と総合福祉法の制定しかない。

　障害者運動は，介護保険制度改革にも関心を向け，その改善を訴えるとともに，中長期的には，障害者総合支援法のみならず介護保険法の廃止を打ち出し，総合福祉法の制定運動に踏み出すべきであろう。

1) ノーマライゼーションの原理の生成，発展について詳しくは，河東田博『ノーマライゼーション原理とは何か――人権と共生の原理の探求』(現代書館，2009年)第1章参照。
2) 中央法規編集部編『速報・障害者自立支援法の改正』(中央法規，2011年)5頁参照。また，障害者福祉研究会『逐条解説・障害者総合支援法』(中央法規，2013年)117頁も，「障害者のサービス利用にかかる負担については，原則，障害者の所得(負担能力)に応じて定める仕組み(いわゆる「応能負担」)になっている」と解説している。
3) 福島豪・永野仁美「障害と社会保障法」菊池馨実・中川純・川島聡編著『障害法』(成文堂，2015年)193頁参照。
4) 障害者の「65歳問題」について，裁判の動向も含めて詳しくは，藤岡毅「65歳以上障害者の『介護保険優先原則』が生み出す権利侵害」賃社1630号(2015年)4頁以下参照。
5) 障害者福祉研究会・前掲注2)242頁参照。
6) 障害者福祉研究会・前掲注2)103頁参照。
7) 同判決については，金川めぐみ「ALS患者への自立支援給付に関する義務付け判決の意義と課題」賃社1567＝1568号(2012年)56頁以下参照。
8) 林健太郎「『代理受領方式』と障害福祉・介護サービス事業者の資金調達のあり方」社会保障研究2巻2＝3号(2018年)322頁参照。
9) たとえば，山下慎一「障害者総合支援法上の法定代理受領とサービス事業者の債権――社会保障法学の観点から」金融法務事情2053号(2016年)44頁参照。
10) 障害者福祉研究会・前掲注2)79頁参照。
11) 第1審判決について詳しくは，呉裕麻「浅田訴訟・完全勝訴判決――岡山地裁の判断の決め手」賃社1707号(2018年)4頁以下参照。
12) 改正障害者総合支援法の内容と問題点については，伊藤周平「障害者総合支援法の改正とその問題点」住民と自治643号(2016年)8頁参照。
13) 障害者共同作業所の連絡会である「きょうされん」の常任理事会声明「改定障害者総合支援法の成立にあたって」(2016年5月25日)参照。
14) 相模原障害者殺傷事件の背後にある優生思想について詳しくは，竹内章郎「優生思想との真の対峙を――相模原障がい者殺傷事件が問うもの」日本子どもを守る会編『子ども白書2017』(本の泉社，2017年)54頁以下参照。
15) 同様の指摘に，尾上浩二「相模原障害者虐殺事件を生み出した社会――その根源的な変革を」現代思想44巻19号(2016年)75頁参照。
16) 詳しくは，伊藤周平「障害者雇用の現状と課題」住民と自治672号(2019年)14頁参照。
17) 藤井克徳「相模原障害者殺傷事件に見る優生思想」月刊保団連1242号(2017年)22頁。
18) 相談支援事業については，井上泰司「障害者総合支援事業の課題と自治体の役割」住民と自治643号(2016年)15-16頁参照。
19) 山下幸子「障害福祉制度と介護保険制度の関係――障害者総合支援法施行3年後見直し議論から」賃社1654号(2016年)47-48頁参照。
20) 佐藤久夫「障害者総合支援法見直し法をどう見るか」賃社1661号(2016年)12頁参照。
21) 鈴木静「社会福祉施設および人権のにない手としての福祉労働者――津久井やまゆり園殺傷事件を契機に」社会保障法34号(2018年)43頁参照。

第5章　児童福祉・保育の法政策

　序章でみた社会福祉法制の改革により，障害者福祉に続いて，児童福祉法に基づく保育制度についても，個人給付・直接契約方式への転換が進められた。都市部を中心に深刻化している待機児童問題の解消を図ると称して導入された子ども・子育て支援新制度がそれである。しかし，利用児童が最も多い保育所については，個人給付・直接契約方式への転換が行われず，市町村の保育実施義務が維持されることになった。

　本章では，待機児童対策を中心に，保育制度改革の展開を概観し，保育所保育の法的問題を考察したうえで，子ども・子育て支援新制度の構造と法的問題を，市町村の保育実施義務の視点から検討し，安心して子どもを育てることのできる制度に向けての法政策的課題を探る。なお，本章では，「子ども」は「児童」と同じ意味で用い，一般に用いられている「保育園」は，法律上の正式名称の「保育所」で統一する。

第1節　児童福祉の理念と保育制度改革の展開

1　児童福祉法の目的と理念

　日本の児童福祉は，1947年に，戦後の社会福祉立法の先駆けとして制定された児童福祉法にはじまる。児童福祉法は「憲法25条の生存権の理念を児童について具体化するために制定された児童の福祉に関する総合的基本法」[1]とされる。

　児童福祉法第1章（総則）の節には属さない児童福祉法の理念を定めた規定（1～3条）は，これまで何回も行われてきた同法改正において一度も改正されてこなかったが，2016年の法改正で，大幅な改正が加えられた。

　まず，従来は1条に2つの項があったが，これが1項にまとめられ，「全て

児童は，児童の権利に関する条約の精神にのつとり，適切に養育されること，その生活を保障されること，愛され，保護されること，その心身の健やかな成長及び発達並びにその自立が図られることその他の福祉を等しく保障される権利を有する」と規定された。児童の権利条約の批准（1994年）から20年以上経てようやく，「児童の権利に関する条約の精神にのつとり」の文言が入り，児童が権利主体であることが明記された点は評価できるが，「福祉の権利」ではなく「福祉を等しく保障される権利」となっており，児童が能動的な権利行使の主体とまではされていない点で課題が残る。

ついで，2条では，1項に児童の権利条約に沿って，児童の意見の尊重と最善の利益の考慮が盛り込まれ，2項に「児童の保護者は，児童を心身ともに健やかに育成することについて第一義的責任を負う」という条文が新たに加えられた。改正前の児童福祉は「国及び地方公共団体は，児童の保護者とともに，児童を心身ともに健やかに育成する責任を負う」（2条2項）と規定し，国・地方公共団体は保護者と同等に児童の健全育成の責任を負うと解されてきた[2]。これに対して，今回の改正では，保護者が，児童の健全育成責任を第一義的に負うと明記され，国および地方公共団体は，保護者がこれを果たしえない場合にそれを援助する責任を負うという趣旨の規定になっている。自民党が野党時代に公表した「日本国憲法改正草案」（2012年4月）の24条1項では「家族は互いに助け合わなければならない」とされており，新2項の追加は，安倍政権の家族の尊重・相互助け合い責任の強調と通じるところがあり[3]，同条項の過度の強調による国の責任の後退が懸念される。実際に，新たに第1節として「国及び地方公共団体の責務」が設けられ，国・地方公共団体の責務が細かく規定され，市町村は基礎的な地方公共団体として「保育の実施」その他児童の福祉に関する支援に係る業務を行うとされたものの，国の責務は体制の確保に関する施策など後方的支援に退いてしまっている（児福3条の3）。

一方で，児童福祉法3条の規定は改正されておらず，1条，2条に規定する児童福祉の理念（原理）は「すべての児童に関する法令の施行にあたつて，常に尊重されなければならない」としている。これは，児童福祉法1条・2条が児童福祉法の上位規定であること，他の児童に関するすべての法令に対する上位規定であることを明らかにしたものである。後者は，児童に関する法律のみな

らず「施行令,施行規則の制定の場合はもちろん,それらの法令にもとづく処分」も含むとされる[4]。そのため,たとえば,児童の健全育成についての国・地方公共団体（自治体）の責任を放棄（もしくは大幅に縮小）するような法改正は,基本的に許されないと解される。

2 保育制度改革の展開

(1) 待機児童問題と対応策

　保育所は児童福祉法に基づく児童福祉施設として位置づけられたが,1960年代の高度経済成長期に,既婚女性の就業が進み,「ポストの数ほど保育所」をスローガンに,保育所づくりの運動が広がった。当時,各地で成立した革新自治体がそれを後押しし,1970年代には,国も,保育所づくりの運動の拡大におされて,保育所緊急整備計画を策定し,年平均で,保育所800ヶ所程度の創設,入所児童約9万人の増大を実現,1970年代末には,保育所2万3000ヶ所弱,在籍児200万人弱の水準に達し,現在の保育所保育の基礎が築かれた。

　しかし,1980年代に入ると,日本経済が低成長期に入り,個人や家族の自助努力を強調する「日本型福祉社会」論のもと,福祉見直しが叫ばれ,福祉関係費の国庫負担割合が大幅に引き下げられるなど（8割→5割）,福祉予算の削減が進んだ。保育所についても,子どもが3歳になるまでは親のもとで育てた方がよいという,いわゆる「3歳神話」の影響のもと,「保育所の役割は終わった」として,保育所抑制策がとられるようになる。保育所数は一転して減少傾向となり,1990年代を通じて減少が続き,2000年時点で2万2000ヶ所にまで減少した（減少前の1980年代初頭の水準を回復するのは2008年4月である）。

　圧倒的な保育所不足は,保育所定員に空きがなく,保育が必要であるとされながら,保育所に入所できない「待機児童」を大量に生み出すこととなった。とくに,バブル崩壊後の1990年代後半から,待機児童が激増し,それにともない,認可を受けていないが児童福祉施設と同様の業務を行う施設（認可外保育施設）が全国で増加,そこでの入所児童の死亡事件が続発した。そのため,入所児童の福祉の観点から規制監督の規定が設けられた。すなわち,認可外保育施設の事業開始・休廃止にかかる都道府県知事への届出義務,都道府県知事の立入調査,施設の設備・運営等の改善等の勧告,それに従わない場合のその旨の

公表，事業改善命令や施設閉鎖命令を行う権限が規定された（同59条）。

　国がはじめて待機児童数を公表したのは，1995年からだが，目標数値を定め，本格的に待機児童解消に乗り出したのは，2001年の小泉政権のときの「待機児童ゼロ作戦」からであった。「待機児童ゼロ作戦」は，受入れ児童数を2002年度中に5万人，2004年度までにさらに10万人，合計15万人増やすという目標数値を定め，実際に，2002年には196万人だった保育所定員数は2007年には211万人まで増大した。しかし，公費のかかる認可保育所増設ではなく，規制緩和による既存保育所の定員を超えた詰め込み中心の施策であったため，待機児童ゼロには到底及ばず，「詰め込み保育」と揶揄されるなど，保育の質が低下した。

　待機児童解消は，歴代政権に引き継がれ，安倍政権も「待機児童解消加速化プラン」を打ち出した。同プランでは，2013年〜2014年度を「緊急集中期間」として約20万人分の保育施設を整備したうえで，2015年〜2017年を「取組加速期間」として，さらに20万人分の受け皿を確保し，2017年度末までに，待機児童解消を実現するという目標を掲げた。しかし，希望者が多い保育所の整備ではなく，小規模保育事業など安上がりな保育施設の整備に偏ったこと，各自治体の整備計画が過小な保育需要を前提としていたことなどから，結局，2018年3月末までの待機児童解消は実現できず，同プランは失敗に終わった。いずれにせよ，待機児童問題は20年以上にわたって解消されないまま今に至っているといえる[5]。

(2) 1997年の児童福祉法改正

　法的には，保育制度について1997年に児童福祉法の大幅な改正が行われた（以下「1997年改正」という）。これにより，同法24条1項の「保育所への入所の措置」の文言が「保育の実施」に変更され，行政解釈では，措置制度から契約制度への転換がはかられたとされる。つまり，法改正により，保護者が市町村に申込みを行い，市町村が，申込みをした保護者の子どもが保育を必要とするか（当時の法律上の文言では「保育に欠ける」か否か）を審査し，必要とする場合には入所決定を行い，市町村と保護者との間に利用契約が結ばれ，それに基づき保育が提供される仕組みに転換されたというわけである[6]。

　裁判例では，この解釈を肯定するものがあるが（大阪地判2005年10月27日判例自治280号75頁，千葉地判2008年7月25日賃社1477号49頁など），保護者からの申込み

を契機とする市町村の入所決定（行政処分）によって設定される法律関係であるとするものもみられた（大阪高判2006年1月20日判例自治283号35頁）。

学説では，市町村長が，保護者からの申込みを受けて，保育所入所要件の審査と入所の優先順位の判断を行ったうえで，保育所入所の決定をするが，この決定は行政処分と解され，1997年改正後の，市町村と保護者の関係は契約関係とする行政（厚生労働省）の説明の論拠は明らかでないとの批判もある。もっとも，市町村の行う入所決定は行政処分であっても，その後の保育の実施については，市町村と保護者との間に公法上の契約関係が成立しているとみることは可能である。市町村には保育の実施義務があり，保育の実施は公立保育所で行うのが基本であるが，私立認可保育所に委託することもできる。この場合，市町村と私立保育所との間に委託契約（準委任契約）が結ばれ，保育料の徴収は市町村が行う。委託という形であれ，市町村に保育実施義務がある（逆にいえば，保育を必要とする子どもに保育の権利がある）自治体責任方式といえる。

また，1997年改正法により，要保護児童の入所措置等に先立ち，児童の意向の聴取を前提とすることされ（児福26条2項），自立支援という機能が，母子生活支援施設（旧母子寮），児童養護施設，児童自立支援施設（旧救護院）に付加された。さらに，子育て家庭の支援機能を果たすものとして，児童家庭支援センターが児童養護施設等に付置された（同44条の2）。

(3) 少子化対策の展開

一方，合計特殊出生率（ひとりの女性が産む子どもの数の平均）が丙午だった1966年を下回った，いわゆる「1.57ショック」を起点として，少子化が社会問題となり，少子化対策も進められる。そして，待機児童問題への対応も少子化対策の一環として進められていく。

1994年には，当時の文部・厚生・労働・建設の4大臣合意による「今後の子育て支援のための施策の基本的方向について」（エンゼルプラン）が策定された。これは，保育サービスや子育て相談・支援体制などの具体的な数値目標を定める計画であったが，法的根拠はなく，自治体の計画策定も任意にとどまっていた。1999年には，少子化対策推進関係閣僚会議が「少子化対策推進基本方針」を決定，これを受けて，新エンゼルプランが策定され，エンゼルプラン後の5年間のさらなる数値目標が設定された。

しかし，その後も，少子化の急速な進展に歯止めがかからない中，2003年に，施策の基本的事項などを定める少子化社会対策基本法が議員立法により制定され，内閣府に少子化社会対策会議が設置されることとなった。ついで，同年，地方公共団体および事業主が次世代育成支援のための行動計画を策定して実施することを定める次世代育成支援対策推進法が制定された。同法は10年間の時限立法であったが，2014年の改正により，有効期限が2025年3月末までさらに延長された。同時に，地域における子育て支援策を強化するため，児童福祉法が改正されて，待機児童が多く保育需要が増大している市町村について，保育の実施事業その他子育て支援事業等の供給体制の確保に関する計画（市町村保育計画）を定めることが義務付けられた。

近年では，少子化問題は，将来的な労働力の減少，社会保障の支え手の減少と現役世代の負担の増大の観点から論じられ，経済・財政政策の一環に位置付ける傾向が強まっている。

3　社会保障・税一体改革と子ども・子育て関連3法の成立

保育制度改革については，2000年代から，地方分権改革の流れの中で，児童福祉財政の再編が進み，2004年度には，公立保育所運営費補助金および障害児保育補助金が廃止された。国の補助金廃止により生じる地方負担分については，地方交付税における基準財政需要額の算定に反映されたとはいえ，児童福祉の基幹的事務に対する国の財政責任が後退したことは否定できない[9]。また，地方交付税は使途を限定しない一般財源のため（公立保育所運営費等の一般財源化といわれる），増額分を保育所以外の別の用途に用いる自治体もあり，結果として，公立保育所の民営化が各自治体で加速する事態を招いた。

また，2006年に，認定こども園法（就学前の子どもに関する教育，保育等の総合的な提供の推進に関する法律。以下「認定こども園法」で統一）が制定され，所定の要件を満たした保育所または幼稚園を都道府県知事が認定こども園として認定する仕組みが導入された。幼稚園・保育所双方の機能をあわせもち，直接契約方式をとる認定こども園の設立は，幼保一体化（当時は「幼保一元化」といわれていた）への機運を高めた。この時期，待機児童解消を目的とした保育所定員の弾力化など保育分野の規制緩和が進められたが，市町村の保育実施義務を前提

とした従来の保育制度の範疇を超える改革ではなかった。しかし，高齢者福祉分野の介護保険への転換に続き，障害者福祉分野でも障害者自立支援法の施行 (2006年) にみられるように，個人給付・直接契約方式への転換が実現するに至り，国 (厚生労働省) の側で，市町村の保育実施義務をなくし，個人給付・直接契約方式へ転換しようとする政策方向が鮮明になってくる。[10]

2012年2月には，当時の民主党政権のもと，消費税率10％への段階的引き上げを内容とする「社会保障・税一体改革大綱」が閣議決定され，消費税収 (国税分) の使途を，高齢者3経費 (基礎年金，高齢者の医療および介護保険にかかる公費負担の費用) に少子化に対処するための施策 (子ども・子育て施策) に要する費用を加えた「社会保障4経費」に限定すること，同施策について0.7兆円程度 (消費税以外の財源も含め1兆円程度) の財源を確保することが打ち出された。そして，同年3月，子ども・子育て関連3法案 (総合こども園法案，子ども・子育て支援法案，児童福祉法など関連法律の整備法案) が，社会保障・税一体改革関連法として国会に提出された。

同法案については，野党のみならず，保育・幼児教育関係の団体に強固な反対意見があり，2012年6月，民主党と自民党・公明党の3党合意が成立し，法案は大幅に修正された。具体的には，総合こども園法案は廃案とされ (これにより，保育所と幼稚園を総合こども園に統合する幼保一体化案は頓挫した)，市町村の保育実施義務が，保育所保育について復活することとなった。[11] この修正案がそのまま成案となり，同年8月，①子ども・子育て支援法，②認定こども園法の一部改正法，③児童福祉法の改正 (以下「2012年改正」という) など関係法律の整備に関する法律，の子ども・子育て関連3法が成立した。子ども・子育て関連3法は，消費税率10％の引き上げが延期になったものの，2015年4月より予定どおり施行され，同3法に基づく子ども・子育て支援新制度がスタートした。

第2節　保育所保育の法的問題

1　保育所入退所をめぐる法的問題

(1)　保育所入所をめぐる法的問題

2012年改正前の児童福祉法に基づく保育制度は，「保育に欠ける」児童 (改正

第5章　児童福祉・保育の法政策　163

後は「保育を必要とする」児童）に対して，市町村が保育所で保育することを基本としていた。この保育所保育をめぐる法的問題について，いくつかの裁判例の蓄積がある。

まず保育所入所については，1997年改正前の児童福祉法のもとでも，保護者と私立保育所との間に契約関係（準委任契約）を認めた事案があるが（松江地益田支決1975年9月6日判時805号96頁），学説では，同決定の法律構成について無理があるとの批判が多い[12]。

学説で有力な前述の「処分・契約並存説」に立つならば，市町村による入所不承諾は行政処分（申請拒否処分）と構成され，保育所に入所できなかった場合，不承諾処分の取消訴訟（行訴3条2項）と義務付け訴訟（行訴3条6項）および仮の義務付け（同37条の5）による救済が可能となる。障害のある子どもの保育所入所の不承諾処分が争われた事案では，不承諾により，保育所に入所して保育を受ける機会を喪失するという損害は，その性質上，原状回復ないし金銭賠償による填補が不可能な損害であり「償うことのできない損害」に該当し，現に保育所に入所することができない状況に置かれているのであるから，損害の発生が切迫しており，社会通念上，これを避けなければならない緊急の必要性もあるなどとして，入所を仮に承諾することを求める仮の義務付けを認容した（東京地決2006年1月25日判時1931号10頁）。また，本案でも，不承諾処分について市の裁量権の逸脱または濫用を認めてこれを取り消すとともに，入所を承諾すべき旨を命じる義務付けの判決を行った（東京地判2006年10月25日判時1956号62頁）。

ただし，保育を必要とする児童の保育所入所が可能となるには，入所可能なだけの定員の保育所が整備されている必要がある。市町村に保育所の整備義務があるかについては後述するが（**第3節参照**），現実に入所定員に空きがない場合（もしくは入所定員以上の申し込みがあり，市町村が選考等を行い，それにもれた場合）には，保育を必要とする児童であっても，市町村は入所申込みの不承諾処分を行うことになる（前述の待機児童の発生）。

2012年改正前の児童福祉法24条1項ただし書は，保育所の不足など「やむを得ない事由」がある場合には，市町村は，保育所保育に代えて，家庭的保育事業による保育を行うなど「その他の適切な保護」を行う義務（代替措置義務）があると規定していた。この「その他の適切な保護」とは，保育所保育に代わる

代替的な保育実施義務を意味するから，市町村は，少なくとも，保育所保育と同水準の保育（たとえば，保育士資格者による保育）を提供する義務があったはずである。しかし，多くの市町村では，保育士資格者の少ない認可外保育施設の紹介や情報提供のみですませてきた実態があった。こうした実態は，法令解釈を誤った違法な運用であったと考えられるが，国の側も，市町村の運用を許容するような曖昧な行政解釈を示してきたため，是正されることなく続いてきた。裁判例では，認可外保育施設へのあっせんや補助金の支出で足りるとする例（東京地判1986年9月30日判時1218号93頁）もあるが，一方で，保育所入所に代わる「適切な保護」を行わなかったとして，市（川越市）に対して損害賠償を命じた裁判例もある（さいたま地判2004年1月28日判例自治255号78頁）。

(2) 保育所退所をめぐる法的問題

　保育の必要性が消滅したり，保育入所期間が満了した場合には，当該児童は保育所から退所となる。保育所退所処分（退園処分）は「保育の実施の解除」であり，その法的性質は，当該保育所での子どもの保育を受ける権利（地位）を剥奪するわけだから，行政手続法上の「不利益処分」（行手2条4号），具体的には，聴聞手続を要する「名あて人の資格又は地位を直接にはく奪する不利益処分」（行政手続法13条1項1号ロ）に該当する。直接の名あて人は，保護者であるが，子どもの保育を受ける権利は，保護者の保育を受けさせる権利と表裏一体のものであるから，このように解して問題はない。

　行政解釈でも，厚生省（当時）の関係局長による通知「福祉の措置の解除に係る説明等に関する省令の施行について」（1994年9月30日）において，保育の実施の解除は「行政手続法……に規定する不利益処分に該当する」と解している。判例も，保育の実施の解除は行政手続法にいう不利益処分に当たるとし（横浜地判2006年5月22日判例自治284号42頁），学説上も，不利益処分と解するのが通説といえる。

　行政手続法上の意見陳述手続については，児童福祉法に適用除外とする規定があったが，2012年改正によって，同法33条の4と33条の5の規定にあった「保育の実施の解除」の文言が削除されたため，保育の実施の解除（保育所の退園処分）については行政手続法所要の聴聞手続を必要とすることとなった。そして，行政手続法13条1項1号に規定する処分は，不利益処分のうちでも，行

政庁の一方的な意思表示によって，許認可等により形成された一定の法律関係を直接に消滅させる処分であり，また相手方の権利利益に及ぼす影響も大きいことから，弁明手続よりも厳格な聴聞手続が必要な処分とされている[15]。保護者の育児休業の取得を理由とした保育所退園処分が，聴聞手続を経ていない違法の余地がある処分として，執行停止が認められた事例がある（さいたま地決2015年9月29日賃社1648号57頁，同2015年12月17日賃社1656号45頁）[16]。

　ところで，沖縄県内の多くの市町村では，保育所入所決定に1年間の入所期間が付され，保育所に入所した児童も，1年後には，新規の入所申込児童と一緒に選考の対象とされ，在園児でも，選考の指標となる「基準点数」の合計が新規申込児童より小さくなったときは，退園となる運用がなされている。2017年4月時点で，そうした児童が5市町村で59人いたとされる[17]。1997年改正にともなう厚生省の通知（1997年9月25日）では，保育の実施期間（保育所入所期間）は，小学校就学始期に達するまでの期間とされ，大半の市町村では，それに沿った運用が行われてきた。沖縄県内でのこうした運用は，保育所定員が限られている中，より優先度の高い児童の保育所入所を図るという目的で行われているものの，保育所入所後に入所要件（保育の必要性）が消滅すると想定されないのに，1年間の期限を付した入所決定を行うことが違法とならないかが問題となる。この点につき，こうした場合の入所期間は，入所要件の見直しなどを検討するためのもので，その期限の到来によって当然に保育所入所の効力が消滅するものではないとした裁判例がある（大阪高決1989年8月10日判時1331号41頁）。入所後も引き続き保育の必要性（入所要件）があるかの確認は必要ではあるものの，保育の必要性が続いている以上は，市町村は，当該児童を保育所で保育する義務があり，退園させることは違法となろう。したがって，大阪高裁決定のように，設定された入所期間は訓示的なものであり，保育の必要性が確認されれば，自動的に更新延長されるものと解するのが妥当と考える。

2　最低基準をめぐる法的問題

(1)　最低基準に基づく保育を受ける権利

　さらに進んで，保育所に入所している児童が，保育所最低基準に基づく保育を受ける権利を有するかが問題となる。憲法25条および児童福祉法1条・3条

の趣旨から，これを肯定した裁判所の決定がある（神戸地決1973年3月28日判時707号86頁）。学説も，最低基準が憲法25条と児童福祉法1条・3条を具体化・実定化した法規であり，保育所に入所した児童には，最低基準による保育を受ける権利が認められるとする説が有力といえる。[18]

　これに対して，近年の判例は，この権利を否定するものが多い。たとえば，名古屋地裁判決（2009年11月5日賃社1526号51頁）は，①児童福祉法には，児童福祉施設の入所児童またはその保護者が，最低基準を確保するよう請求する権利を有すると定めた規定は存在しない，②最低基準は厚生労働大臣の裁量的な判断によって定められるべき性質のものである，③市の条例や規則に，最低基準である保育所での自園調理を定めた規定がないことなどを根拠に，最低基準に基づく保育を受ける権利を認めていない。

　しかし，児童福祉法に最低基準を確保する権利を定めた明文の規定がないからといって，これを否定することはできず，憲法25条や児童福祉法の趣旨からすれば，学説の多数が唱えるように，最低基準に基づく保育を受ける権利を認めるべきと考える。

(2)　**最低基準の地方条例化**

　もっとも，最低基準の地方条例化により，最低基準に基づく保育を受ける権利の位置づけが曖昧となったことは否定できない。

　従来，保育所を含む児童福祉施設の最低基準は，改正前は，厚生労働大臣（国）が「児童福祉施設の設備及び運営」について「最低基準」を定めなくてはならないと規定し，これに基づき，1948年に，児童福祉施設最低基準が厚生省令（当時）として定められ，改定をかさねてきた。基準そのものは，低い水準のまま据え置かれてきたが（それゆえ，多くの自治体では独自負担により保育士の配置を増やすなどしてきた），最低基準は，児童福祉施設の設置者が遵守すべき人員配置基準や設備・運営の基準を示しており，児童福祉施設の入所児童が，全国どこにいても，最低限保障される基準であり，その意味で，児童福祉のナショナルミニマムとして機能してきた。しかし，自治事務の義務付け・枠付けの見直しを図る「地域の自主性及び自立性を高めるための改革の推進を図るための関係法律の整備に関する法律」（とくに2011年の第1次・第2次一括法。以下「自主自立改革推進法」という）により，児童福祉法が改正され，最低基準が地方条例化

された。この改正で，保育所をはじめとする児童福祉施設の最低基準は，都道府県が条例で定めることとされ（家庭的保育事業等の設備・運営基準は，市町村が条例で定める），児童福祉法に基づいて厚生労働省令で定める基準は「最低基準」の名称から「児童福祉施設の設備及び運営に関する基準」（以下「施設運営基準」という）に改められ，都道府県などが地方条例で定める基準が「児童福祉施設最低基準」と呼ばれることとなった。

ただし，①施設に配置する職員およびその員数や居室の床面積については，省令で定める基準に従い，②利用定員については同基準を標準として定めるものとされ，③その他の事項については，同基準を参酌することが求められる（社福65条）。①が「従うべき基準」であり，省令の基準を下回ることができない（人員の増員や床面積の拡大といった上乗せは可能）。②は「標準とすべき基準」であり，これを標準としつつも，合理的な理由がある範囲内で異なる内容を定めることができる。③は「参酌すべき基準」であり，地域の実情に応じて，これと異なる内容を定めることができる。児童福祉施設最低基準を定めるのは都道府県となるが，大都市特例が適用されて，政令市・中核市でも条例により定めることができる。また，国には施設運営基準を，都道府県などには児童福祉施設最低基準を常に向上させる努力義務が課せられている。

現行の仕組みでも，少なくとも，「従うべき基準」については，全国一律の最低基準と観念することはできるが，最低基準の地方条例化は，自治体間格差の拡大をもたらし，自治体ごとに，最低基準が異なる状況をもたらし，最低基準にもとづく保育を受ける権利の相対化をもたらしたことは否定できない。とくに，「参酌すべき基準」については，歯止めのない基準の低下をもたらす可能性があり問題が多い。[19]

3 公立保育所の民営化をめぐる法的問題

一方，1990年代以降，地方行財政改革の一環として，公立保育所の民営化が各地で進められ，それに伴う保育環境の変化や保育の質の低下に対して，保護者らが，公立保育所を廃止する条例の取消訴訟を提起する事例が相次いだ。

このような訴訟では，廃止条例の制定行為が行政処分に当るかどうかが問題となった。横浜市立保育所廃止処分取消訴訟判決（横浜地判2006年5月22日判例

自治284号42頁）は，横浜市が，その設置する市立保育所4園を廃止し，民営化したことについて，条例制定行為の処分性を認め，拙速な市立保育所の民営化は，市の裁量の範囲を逸脱，濫用したもので違法であるとし，事情判決（行訴31条）により廃止処分の取消しを求める請求は棄却したが，国家賠償請求は認容した。これに対して，控訴審判決（東京高判2008年1月29日判例集未登載）では，本件条例の制定は抗告訴訟の対象となる行政処分には当たらず，条例の内容が被控訴人の利益を侵害するものであることが明白とまでいえないから，国家賠償法1条の適用上の違法と評価すべき点があるものとはいえないとして，取消請求に当たる部分を却下，損害賠償請求をいずれも棄却した。その後，最高裁は，上告審において，賠償請求については，上告不受理とし，取消請求については，条例の処分性を認めたうえで，原告の保育の実施期間が満了した現時点においては訴えの利益は失われたとして上告を棄却し（最判2009年11月26日判時2063号3頁），条例廃止という制定行為について，一定の要件のもとで処分性を認めるはじめての判断を下した。

　また，大阪府大東市が，その設置する市立保育所を廃止し民営化したことにつき，市と保護者との関係を公法上の利用契約関係ととらえ，市は，引継ぎ期間を少なくとも1年程度設定し，民営化の後も数ヶ月程度，従前の保育士を新保育園に派遣するなどの十分な配慮を怠ったとして義務違反を認定し慰謝料を認容した事例がある（大阪高判2006年4月20日判例自治282号55頁）。さらに，移管先との共同保育などの引き継ぎが性急で十分でない保育所廃止には裁量権の逸脱または濫用があり，児童らの保育所選択権を侵害するとして，神戸市による保育所廃止・民間移管を仮に差し止める決定がなされた事例もみられる（神戸地決2007年2月27日賃社1442号57頁）。

　地方自治法上の指定管理者方式（地自244条の2第3項）を用いた公立保育所の民営化については，公立保育所の児童の保護者から，市（川崎市）の行った指定管理者の指定処分の取消訴訟が提起された事例がある。裁判所は，保育所において保育を受けている児童およびその保護者らについて原告適格（行訴9条2項）は認めたものの，市による指定処分には一応の合理性があり，裁量権の逸脱・濫用はないとして，保護者の請求を棄却している（横浜地判2009年7月15日賃社1508号42頁）。

4 保育所保育料をめぐる法的問題

保育所保育料については、保護者の所得に応じた応能負担をとり、国が費用徴収基準を定めていたが、応能負担といっても、徴収基準は「全額徴収原則」に基づくものであった。「全額徴収原則」とは、保育料について、保護者が保育にかかる費用を全額負担することを標準にして、負担能力に応じて、その額を段階的に減らしていく方式をいう。

この方式の違法性が争われた事例で最高裁は、保育料負担の「全額徴収原則」を認めつつも、その違憲性を否定している（最判1990年9月6日保情165号34頁）。同時に、保育料は、保育所へ入所して保育を受けることに対する反対給付として徴収されるものであるから、租税には該当せず、租税法律主義（憲法84条）の適用はないとする（前掲最判および最判1990年7月20日保情163号23頁）。

こうした「全額徴収原則」のゆえに、国基準の保育料最高額（保育単価限度額）は、3歳未満児の場合で、月額10万4000円にのぼっていた。そのため、すべての自治体で、自治体が独自の負担をして、国基準の高い保育料を軽減し、また、第2子は5割から7割程度まで保育料を減免し、第3子は無料となる軽減措置がとられてきた。たとえば、東京都杉並区では、自治体独自負担で、国基準の最高額をほぼ半額の5万7500円まで軽減してきた。

つぎにみる子ども・子育て支援新制度のもとでも、保育所保育料の国基準は、従来の費用徴収基準を踏襲して応能負担となっており、自治体による負担軽減も踏襲されているが、幼児教育・保育の無償化の実施により、保育料の格差は縮小している。

第3節　子ども・子育て支援新制度の構造と法的問題

1　子ども・子育て支援新制度の導入とその本質

前述のように、子ども・子育て支援新制度（以下「新制度」という）は、都市部で深刻化している待機児童の解消と子育て支援の充実を掲げてスタートしたが、新制度になっても、待機児童の減少はみられず、保育の質の改善もほとんどなされず、3歳児の保育者の配置基準が改善されたにとどまる（従来は、子ども20人に保育士1人で単価設定されていたが、15対1に改善した施設に加算がなされ

る）。さらに，各地で保育料の値上げが続き，保護者の経済的負担が増えている（幼児教育・保育の無償化により，保護者負担が軽減されるかについては後述）。

　以上のことをみても，新制度が，子育て支援の充実や待機児童解消を目的とした制度ではないことがわかる。新制度の導入は「戦後最大の保育制度改革」[20]といわれるように，従来の保育制度（自治体責任による入所・利用の仕組み。以下「保育所方式」という）を解体し，個人給付・直接契約方式に転換することにあった。保護者への個人給付方式にすることで，これまでの補助金にあった使途制限をなくし，企業参入（保育の市場化）を促して保育提供の量的拡大を図るとともに，市町村の保育実施義務（保育の公的責任）をなくすことを意図して構築された制度といえる。同時に，新制度では，保育所以外に認定こども園や地域型保育事業も給付対象とすることで，多様な施設・事業が並存する仕組みとなった。これにより，現在の待機児童の9割近くを占める0～2歳児の受け皿となる小規模保育事業などを増やし，規制緩和と企業参入に依存して，安上がりに，供給量を増やし待機児童の解消を図ろうというわけである。

　こうした政策意図のもと，児童福祉法24条1項に定められていた，市町村の保育実施義務は，当初の児童福祉法改正案では削除されていた。しかし，前述のように，多くの保育関係者の批判と反対運動の結果，国会の法案審議過程で復活することとなった。すなわち，2012年改正で改正された児童福祉法24条1項は，市町村が「保護者の労働又は疾病その他の事由により，その監護すべき乳児，幼児その他の児童について保育を必要とする」児童を「保育所において保育しなければならない」と規定し，市町村の保育実施義務は，少なくとも保育所の利用（入所）児童について，新制度のもとでも維持されることとなった。

　とはいえ，児童福祉法24条1項には「子ども・子育て支援法の定めるところにより」との文言が新たに加えられた。子ども・子育て支援法は，次にみるように，認定こども園，幼稚園，保育所を「教育・保育施設」とし，支給認定を受けた子どもが，この教育・保育施設を利用した場合に，施設型給付費を利用者（実質的にはその保護者）に支給する仕組みで，個人給付・直接契約方式を基本としている（給付費は，法律上，認定を受けた子どもの保護者に支給されるのが基本だが，施設が代理受領する。子育て支援27条5項）。

　保育所の場合のみ，市町村の保育実施義務が維持されたことで，保護者と市

町村との契約という形をとり，保育料も市町村が徴収し，私立保育所には委託費が支払われる仕組みが残った（ただし，施設型給付費の算定方法で計算された額を支給する。子ども・子育て支援法附則6条1項）。このように，新制度は，従来の保育所方式と個人給付・直接契約方式という異なる仕組みを併存させており，法的な不整合や矛盾が随所にみられる複雑な法制度となっている。

2　子ども・子育て支援法の構造と利用手続
(1)　子ども・子育て支援給付

　子ども・子育て支援法は，児童手当を子どものための現金給付と位置づけたうえで，子どものための教育・保育給付を創設し，それらを子ども・子育て支援給付と総称している（8・9条）。

　子どものための教育・保育給付には施設型給付費と地域型保育給付費があり，前者は，支給認定を受けた子どもが，認定こども園など特定教育・保育施設を利用した場合に支給され，後者は，小規模保育，家庭的保育，居宅訪問型保育，事業所内保育（以下，総称して「地域型保育事業」という）を利用した場合に支給される（子育て支援27条・29条）。支給認定により，小学校就学前の子どもは①満3歳以上の子ども（子育て支援19条1項1号に該当するので「1号認定子ども」という。以下同じ），②満3歳以上で家庭において必要な保育を受けることが困難である子ども（2号認定子ども），③満3歳未満の子どもで家庭において必要な保育を受けることが困難である子ども（3号認定子ども）に区分され，地域型保育給付費の支給対象は，③の3号認定子どもに限定される。同時に，支給時間の認定も行われ，2号・3号認定の子どもは保育標準時間（11時間）・短時間（8時間）の2区分，1号認定の子どもは教育標準時間（4時間）の1区分となっている。いずれの支給に対しても，都道府県または市町村の定める認可基準を満たしたうえで，市町村が条例で定める運営に関する基準に適合し，市町村長の確認を受けた施設・事業者（特定教育・保育施設，特定地域型保育事業者）を利用することが必要となる。

　保育所は「保育を必要とする乳児・幼児を日々保護者の下から通わせて保育を行うことを目的とする施設（利用定員が20人以上であるものに限り，幼保連携型認定こども園を除く。）」と定義され（児福39条1項），定員が19人以下のものは小規

模保育事業とされた。

　施設型給付費の対象となる認定こども園は，新制度のもとで再編され，新たに幼保連携型認定こども園が創設された。幼保連携型認定こども園は，満3歳以上の子どもに対する教育と保育を必要とする子どもに対する保育を一体的に行う施設であり，義務教育およびその後の教育の基礎を培うものとしての満3歳以上の子どもに対する教育ならびに保育を必要とする子どもに対する保育を一体的に行う施設である（認定こども園2条7項，児福39条の2）。学校であると同時に，児童福祉施設でもあり，設置者は，国・地方自治体，社会福祉法人，学校法人に限定され（認定こども園12条），国・地方自治体以外の法人が設置する場合には，都道府県知事による認可が必要となる（同17条）。幼保連携型認定こども園以外の認定こども園の類型については，認定こども園法3条2項に規定されているが，各類型名が明示されているわけではなく，基盤となる施設名からの通称で，保育所型，幼稚園型，地方裁量型の3つがある。このうち，保育所型と幼稚園型は，すでに保育所や幼稚園として認可を受けている施設を認定こども園として認定するものだが，地方裁量型は，認可基準を満たしていない認可外保育施設を自治体が独自に認定する。[21]

　幼稚園も，新制度に移り施設型給付費の支給対象となれるが，選択制がとられ，学校法人立の幼稚園は，従来どおり私学助成を受けることができるため（私学助成型幼稚園），実際に新制度に移行した幼稚園は，全体の3割程度にとどまっている。

(2) 地域子ども・子育て支援事業

　一方，子ども・子育て支援法は，市町村事業である地域子ども・子育て支援事業として，①認定時間外保育の費用の全部または一部を助成する事業（延長保育事業），②学用品購入や行事参加などに要する費用の全部または一部を助成する事業，③企業参入等を促進するための事業，④放課後児童健全育成事業（通称は学童保育。以下「学童保育」で統一），⑤子育て短期支援事業，⑥乳児家庭全戸訪問事業，⑦養育支援訪問事業，⑧地域子育て支援拠点事業，⑨一時預かり事業，⑩病児保育事業，⑪子育て援助活動支援事業，⑫妊婦健診，⑬利用者支援事業の13事業を法定している（子育て支援59条）。

　このうち，市町村の必須事業とされているのが①④である。④の学童保育に

ついては，対象者が，おおむね小学３年生までから小学校就学児に拡大され（児福６条の３第２項），市町村が，最低基準に当たる設備・運営基準を，国の定める基準を参考に条例で定めることとされた（同34条の８の２）。国が定める基準のうち，学童保育に従事する者（放課後児童支援員）とその配置基準（原則２人以上配置）については「従うべき基準」とされ，その他の事項（開所日数・時間，施設規模など）は「参酌基準」とされている。学童保育の事業者に対する指導・監督権限は，市町村長にあり（同34条の８の３），利用手続は市町村が定め，後述する利用調整も行うこととなる。

　その後，学童保育の待機児童が各地で増大する中，放課後児童支援員という有資格者を原則２名以上配置するという「従うべき基準」のままでは職員を確保できないとして，自治体裁量に委ねるべきとの全国知事会，全国市長会，全国町村会が要求したことで，この配置基準の参酌基準化が検討され，省令基準が定められてから，わずか４年で，学童保育の「従うべき基準」が参酌基準（参考となる基準）とされることとなった。全国一律で守るべきとされた配置基準「従うべき基準」は，子どもの命と安全，安心できる「生活の場」を保障するためには必要不可欠な基準であり，これが崩されれば，学童保育の安全と質の低下は避けられず，大きな問題がある。また，支援員の労働強化により確保がますます困難となり，学童保育の閉鎖も出てくる可能性が高い。[22]

(3) 新制度のもとでの保育の利用手続

　新制度のもとでは個人給付・直接契約方式の導入で，保育所を含め保育の利用手続が，従来の保育制度から変わっている。

　新制度のもとでの保育所の利用手続・流れは次のようになる。①保護者は，まず，市町村に支給認定を申請する。②市町村が，当該申請にかかる保護者の子どもについて給付資格（保育の必要性）と保育必要量（時間区分）を認定し，認定証を交付する（子育て支援20条）。③保護者が，保育所利用を希望する場合には，認定証をもって市町村に利用の申込みを行う。④市町村が保育所利用を承諾，利用決定を行う。⑤市町村は，子どもに対して保育所で（もしくは私立の認可保育所に委託し）保育を提供する（図表５-１）。

　従来の保育制度では，保育所入所を希望する場合，保護者が入所を希望する保育所を書いて市町村に申込みをすれば，市町村が入所要件（「保育に欠ける」要

件）に該当するかを審査して，該当する場合は，入所先の保育所を決め（入所決定），入所承諾書を交付していた。この場合，申込みから保育所入所までは一連の手続きでなされていた。

新制度では，利用要件の審査を利用決定の手続きと分離している。これは，新制度が個人給付・直接契約方式を基本としているからである。したがって，保護者は，支給認定の申請→保育所の利用の申込みという2段階の手続きを踏まなくてはならなくなった。ただし，実務上は，保護者は，支給認定の申請の際に，申請書に，希望する保育所名を一緒に記入し利用申込みも同時に市町村にできる形となっている（図表5-2）。

これに対して，保育所以外の認定こども園や小規模保育事業など（以下，これらの施設・事業を総称して「直接契約施設・事業」という）を利用する場合には，直接契約が基本となるので，利用決定を行う契約当事者は，その施設・事業者となる。したがって，本来であれば，保護者は，支給認定の申請は市町村に行い，利用の申込みは当該施設・事業者（所）に行わなければならない。しかし，新制度では，保育を必要とする子どもについては，支給認定の申請書に「保育の利用」として，保育所の利用申込みと一括して，直接契約施設・事業の利用申

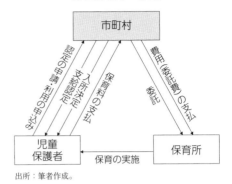

図表5-1　保育所の利用の仕組み（私立保育所の場合）

出所：筆者作成。

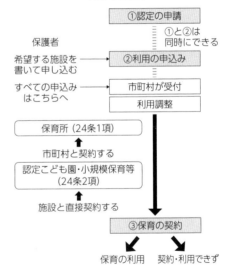

図表5-2　新制度のもとでの保育の利用の仕組み

出所：全国保育団体連絡会パンフレット「よりより保育の実現をめざして——子ども・子育て支援新制度改善の課題」（2014年11月）7頁をもとに作成。

第5章　児童福祉・保育の法政策　175

込みまで市町村に行わせる仕組みをとり，保育所のみならず直接契約施設・事業の利用についても，定員超過の場合は，市町村が利用希望者の選考を行い，利用施設・事業者を決めて保護者に提示する利用調整の仕組みを採用した（児童福祉法附則73条1項による同法24条3項の読み替え。図表5-2参照）。

3 支給認定をめぐる法的問題

以上のような新制度の仕組みについては，いくつかの法的問題が指摘できる。

新制度の保育の利用手続に沿ってみると，まず支給認定の法的問題がある。支給認定では，保育の必要性の認定が行われるが，子ども・子育て支援法と同法施行規則1条に，保護者の就労などの規定があり，これらの事由（利用要件）に該当していれば，市町村は，申請した保護者の子どもが「保育の必要」ありと認定することになる。その際，施行規則1条10号の「前各号に類するものとして市町村が認める事由」のほかは，市町村に裁量の余地はない。この点，子どもの置かれている環境から客観的に保育ニーズが認められれば，認定される仕組みとなったことを評価する見解もあるが[23]，保育の必要性が認定されたとしても，それにより，子どもの保育を受ける権利がただちに保障されるわけではない。保育所などの保育施設が不足していれば，保育の必要性が認定された子どもであっても，必要な保育を受けることができない。

また，子ども・子育て支援法施行規則で列挙されている保育の必要性の事由（利用要件）は，いずれも保護者に関する事由で，子どもの事由は入っていない。たとえば，子どもに障害があり，集団保育が適切と考えられる場合でも，保護者が就労していなければ，保育を必要とする子どもには該当しないことになる。ただし，前述の「市町村が認める事由」の中に，子どもに障害があり集団保育を必要とする事由を読み込み，親が就労していなくても，障害児について保育の必要性ありと認定する自治体が多いようである。本来であれば，保育の必要性の事由に，子どもの障害などを明記すべきと考える。

さらに，支給認定には有効期間がつけられ（子育て支援21条），市町村は，子ども・子育て支援法施行規則各号の定めにより有効期間を定めることとされている（同規則8条）。通常は，3号認定子どもの場合には，満3歳に達する日の前日までの期間（同規則8条8号），1号および2号認定子どもについては，小

学校就学前の前日までの期間(同規則8条2号)を有効期間と定めることとなろう。3号認定の子どもの場合は,満3歳に達した段階で再度,支給認定を受け,保育の必要性が継続していれば,2号と認定されることになるが,小規模保育事業等を利用していた場合は,後述のように,保育所等へ移籍する必要が出てくる。これに対して,保育所に入所している場合には,入所要件(保育の必要性)が続く限り,3歳以降も退所とはならないので,市町村は,支給認定の有効期間と関係なく,小学校就学前までを入所期間と定めることも可能である。

4 市町村による利用調整の法的問題

(1) 市町村の利用調整の法的性質

ついで,市町村の行う利用調整の問題がある。

保育所の場合には,市町村が保育の実施義務を負い,市町村と保護者・子どもとの契約という利用方式がとられているため,市町村に利用の申込を行い,市町村が定員超過の場合には選考を行い,利用決定を行うことに問題はない。

しかし,直接契約施設・事業を利用する場合には,利用契約は,あくまでも直接契約施設・事業者と保護者と間に結ばれるものであり,定員超過の場合の選考も,利用契約の締結(利用決定)も直接契約施設・事業者が行うべきものである。契約当事者ではなく利用契約の締結権限をもたない市町村が,利用の申込みについて,市町村窓口で一括して受け付けることはありうるにしても,定員超過の場合に選考まで実施し事実上の利用決定を行うことは,法的には説明ができない。法的にみれば,市町村が行う利用調整は,定員に空きがあり利用可能な施設・事業者をあっせん・紹介するなどの行政指導(行手2条6号)と解され,直接契約施設・事業(者)に保護者との契約締結を要請するにとどまる。[24]

これに対して,政府(内閣府・厚生労働省)は,市町村は利用調整の過程において利用希望者の選考を行うこと,調整および要請に対する協力義務が直接契約施設・事業者に課されていること(児福46条の2第2項)から,利用調整を強制力のある行政処分,異議申立ての対象となる「処分」(行審2条1項)と解している。[25] したがって,保護者の側で,市町村の利用調整の結果に不服がある場合には,不服申立て,さらには行政訴訟を提起することができる。

行政指導であっても,これに従わなければ実質的な不利益(法的な不利益)が

第5章 児童福祉・保育の法政策 177

生じると考えられる場合には，例外的に，それを行政処分と解した裁判例もある（医療法に基づく保険医療機関の指定の申請拒否を前提とした病院開設中止勧告につき最判2005年7月15民集59巻6号1661頁参照）。しかし，定員超過の場合の選考も，市町村が行うとなれば，新制度が基本とする直接契約方式を逸脱しており，法律の明文の根拠が必要と考える。[26]

(2) 利用調整をめぐる法的問題

以上のような法的不備は置くとしても，なぜ，こうした利用調整の仕組みが採用されたのか。内閣府政策統括官（共生社会政策担当）・厚生労働省雇用機会均等・児童家庭局長連名通知「児童福祉法に基づく保育所等の利用調整の取り扱いについて」（2015年2月3日）では「利用定員を上回る場合，特定教育・保育施設等は，保育の必要度の高い順に受け入れることが求められている。そのため，市町村がすべての特定教育・保育施設等に係る利用調整を行う」とされ，保護者が，市町村に利用申込みをせず，認定こども園などに直接利用申込みを行った場合には，施設・事業者側が，利用申込みを拒否しても，応諾義務違反に該当しないとされている（内閣府「自治体向けFAQ・第5版」2014年12月）。

つまり，保育所などの施設が不足しているため，利用定員を上回る申込みがあった場合，直接，施設に申込みをすると，早いもの順になり，「保育の必要度の高い順に受け入れること」ができなくなり公平性に欠ける事態が生じることとなる。そのため，市町村が一括して申込みを受け付け，優先度の高い子ども（たとえば，母子世帯の子どもなど）の選考まで行う仕組みとされたわけである。このことは，保育施設が不足している現状で直接契約方式を導入することの問題をはからずも露呈している。そうであれば，直接契約方式ではなく，後述のように，認定こども園や小規模保育事業についても，保育所と同様，市町村が保育実施義務を負う仕組みにした方が，法的整合性がとれる。もしくは，希望者全員が入所できるだけの保育施設を整備してから，直接契約方式を導入すべきであったはずである。

結局，保育施設の不足が続く現状では，市町村が利用調整を行っても，保育の必要性ありと認定されたのに，保育施設に入れない子どもが多数でてくることは避けられない。

5　市町村の保育実施義務をめぐる法的問題

(1)　児童福祉法24条1項ただし書の削除

　新制度のもとでは，児童福祉法24条1項の市町村の保育実施義務は維持されたとはいうものの，2012年改正により，従来の同条項は大きく改変された。

　第1に，従来の児童福祉法24条1項ただし書は，市町村は，保育に対する需要の増大など「やむを得ない事由」がある場合には，家庭的保育事業による保育を行うなど「その他の適切な保護」を行う義務（代替措置義務）があるとしていたが，このただし書は削除された。

　その理由は，行政側の説明では，改正後の同法24条1項に「次項の定めるところによるほか」と規定されていることから，保育所保育を原則とする従来の制度と異なり，新制度では，認定こども園や家庭的保育事業など，保育所以外の多様な保育施設・事業が並存しており，保護者が，それらの中から希望の施設・事業を選択することができることを踏まえたためとされている。また，立案者の趣旨は，例外規定である24条1項ただし書を削除することで，子ども・子育て支援法と相俟って（保育所以外の認定こども園や家庭的保育事業を整備することで），必要な保育を確保し，待機児童の解消を実現することにあったとされる。しかし，新制度になっても，選択できるだけの保育施設が整備されておらず，とくに多くの保護者が希望する保育所の不足が顕著であり，必要な保育が確保されないまま放置されている子どもが多数いる現状からみれば，こうした説明は空論でしかない。

　また，24条1項のただし書の削除を，従来の「その他の適切な措置」のあいまいな解釈からすると，保育サービスの受給権の確保という観点からは前進したと評価できるとする見解や，保育所保育が提供できない場合，市町村は，認定こども園あるいは家庭的保育事業等による保育を確保するために必要な措置を講じる必要があり，従来の「その他の適切な保護」より，市町村の裁量が限定され，質の保障された保育を受給できる可能性が高まったとする見解もある。

　しかし，24条1項のただし書が削除されたことにより，市町村の利用調整によっても，なお保育施設等に入所できず，保育の提供がなされない（保育を受ける権利が確保されない）子どもについては，もはや市町村には何の義務も生じないし（市町村に「代替措置」を行う義務はない），保護者の側には何ら法的救済の

手立てもなく，保育サービス受給権の保障が進んだとはいいがたい[31]。また，保育所保育の代替措置について保育士資格者の少ない認可外保育施設の紹介や情報提供のみですませてきた従来の法令解釈を誤った違法な運用と比べて，質の保障された保育を受給できる可能性が高まったともいいがたい。新制度のもとでは，小規模保育事業など保育士資格のない者による保育も給付対象とされており，質の保障された保育という点では，少なくとも，全員資格者の保育所で保育士による保育を受ける権利を原則としていた旧制度に比べて後退といえる。

(2) 市町村の保育実施義務の内容

第2に，2012年改正後の市町村の保育実施義務の内容が問題となる。

2012年改正後の児童福祉法のもとでの保育所申込の入所拒否が裁判で争われた三鷹市保育所入所拒否に係る損害賠償請求訴訟において，第1審判決（東京地立川支判2016年7月28日賃社1678号61頁）および控訴審判決（東京高判2017年1月25日賃社1678号64頁）は，いずれも原告の損害賠償請求を退けた。このうち，東京高裁判決は，保育所の定員を上回る需要があることを理由に，保護者の希望する保育所への入所を不承諾としても，児童福祉法24条1項に定められている市町村の義務に違反したといえないとした。

これらの判決の理解に従えば，新制度のもとで市町村に課せられている保育実施義務は，保育所の定員（受け入れ可能数）の範囲内の子どもにしか及ばないもので，定員不足の場合，市町村は適正な選考を行えば，選考の結果，保育所に入れない子ども（待機児童）が生じても，保育実施義務に違反したことにならず何ら違法性はないということになる。しかも，児童福祉法24条1項のただし書きは削除されているので，市町村には「代替的措置」をとる義務もない。市町村の保育実施義務は，保育所定員が充足されていない場合には，なんら法的意味がない単なる訓示規定にすぎなくなる。しかし，こうした両判決の解釈は，市町村が必要な保育を確保し，待機児童の解消を実現するためという改正の趣旨に反する。また，国会における修正法案提出者の説明でも，行政解釈でも，2012年改正により，市町村の保育実施義務は後退することはないとされており（内閣府「地方自治体職員向けQ＆A」2012年9月），両判決のような改正法の解釈は誤りというほかない[32]。

(3) 児童福祉法24条1項と2項との相違

　第3に，児童福祉法24条1項と2項とで，市町村の保育義務に相違があるという問題がある。

　新制度になっても，多くの保護者は，従来通り，保育条件の整った保育所を選択・希望している。こうした保護者の保育所選択権は，尊重されなければならず，たとえば，市町村が，利用調整の段階で，保育所のみを希望している保護者に，保育所以外の認定こども園などの希望を記さないと申込みを受け付けないとしたり，保育所以外の施設を利用するよう圧力をかけたりすることは，保護者の保育所選択権の侵害にあたり違法となる。

　前述のように，新制度でも，保育所を利用する子どもに対しては，市町村は，保育の実施義務を負う（児福24条1項）。この義務は，保育提供の現物給付の義務である。一方で，認定こども園や家庭的保育事業等を利用する子どもについては，児童福祉法24条1項の射程の範囲外であり，同条2項が適用される。この場合，保育の実施義務を負うのは，市町村ではなく，契約の当事者である認定こども園などの直接契約施設・事業（者）となり，市町村の義務は，直接的な保育実施義務ではなく，「必要な保育を確保するための措置を講じなければならない」という間接的な保育確保義務にとどまる。市町村が負うのは保育費用の償還給付（金銭給付）を支給する義務にとどまる。

　以上のように，児童福祉法24条1項と2項とでは，市町村の義務の内容が異なっており，このことは，保育が必要と認定された子どものうち，保育所を利用する子どもには，市町村が保育実施義務を負うのに対して，他の認定こども園など直接契約施設・事業を利用する（せざるをえなかった）子どもには，市町村は保育の実施義務を負わないということになり，子どもの保育に格差を持ち込むことを意味する。法的救済の面でも格差が生じる。保育所利用の場合には，市町村の保育所入所不承諾（行政処分）に対して，義務付け訴訟や仮の義務付けの申立てが可能となり，保育所退園処分（保育の実施の解除処分）についても，前述のように，行政手続法所要の聴聞手続（同法13条1項1号ロ）が必要となる。これに対して，直接契約施設・事業者の利用拒否に対しては，保護者が行政訴訟に訴えて利用を義務付けることはできず，退園についても聴聞手続の履践が要求されず，保育所に比べ子ども・保護者の手続保障・権利救済が十分

とはいえない。

　また，児童福祉法24条1項と2項とで，市町村の果たすべき義務の内容に違いがあるということは，それぞれ別個の義務であり，市町村はそれらを同時に果たしていかなければならず，市町村は，2項の義務を果たしたからといって，1項の義務を免れるわけではなく，2項の存在により1項の範囲が狭められるわけでもない。したがって，保護者が，保育所を希望しているのに入れず，市町村による利用調整の結果，直接契約施設・事業を利用することになっても，保育所に入れなかったことについて不服申立てを行い，場合によっては行政訴訟に訴えることは，新制度のもとでも可能である。

　もっとも，児童福祉法24条2項の「必要な保育を確保するための措置」について，保育所以外の認定こども園や家庭的保育事業等の整備・確保のための財政措置だけでなく，「必要な保育」そのものを確保する措置を講じる義務であり，1項の保育所保育の実施義務に代わる代替的保育義務と解する見解もある。この見解では，市町村は，保育所のみならず，認定こども園や家庭的保育事業等を利用する子どもに対しても保育実施義務を負うこととなる。しかし，前述のように，新制度導入の目的が，市町村の保育実施義務をなくすことにあったこと，その目的に沿って，当初は，児童福祉法24条1項の文言が現行の24条2項と同じ「必要な保育を確保するための措置」と改正されていたが，法案審議の過程で，その文言が「保育所において保育しなければならない」と書き換えられたこと，2012年改正後の児童福祉法24条が，個人給付・直接契約方式を基本とする子ども・子育て支援法を前提としており，保育所利用の場合のみが，子ども・子育て支援法附則6条により個人給付・直接契約方式の例外と位置づけられていることから，児童福祉法24条2項に，市町村の直接的な保育実施義務（現物給付としての保育の提供義務）を読み取ることには無理がある。法解釈では限界があり，後述のように，法改正が必要となろう。

6　設備・運営基準と保育料の法的問題

　一方，新制度のもとでは，保育所以外の認定こども園や家庭的保育事業等について，保育所とは別の設備・運営基準が設定され多様化が図られた。

　たとえば，家庭的保育事業の保育者には保育士資格は必要とされず（市町村

長が行う研修を修了し，保育士と同等以上の知識・経験を有すると市町村長が認めた者），小規模保育事業Bでは，保育士資格者は半分以上でよいこととされている（家庭的保育事業等の設備及び運営に関する基準23条2項，31条2項）。市町村の条例によって，小規模保育事業Bの保育者を全員保育士とするなどの改善は可能だが，いずれにせよ，基準の多様化により，新制度では，従来の保育所保育の保育水準が相対化され，多様な保育水準（多くが保育所保育より低い保育水準）の施設・事業が，保育所と同列に扱われ並立する仕組みとなった。

　しかし，このことは，保育所を利用する子どもと小規模保育事業などを利用する子どもの保育や発達保障に，許容できない格差を生み出すことを意味する。同じ「保育を必要とする子ども」と認定されながら，利用する（できる）施設や事業者によって基準が異なり，その保育水準に格差が生じるのでは，平等原則（憲法14条）違反の疑いがある。後述のように，少なくとも，家庭的保育事業等の保育者はすべて保育士とし，どの施設・事業を利用しても，保育士資格者による保育を受ける子どもの権利を保障する必要がある。

　保育料については，新制度では，従来の保育料徴収の根拠規定であった児童福祉法56条3項が改正され，保育所保育料の決定・徴収の根拠規定とはなりえなくなっている[34]。私立保育所については，子ども・子育て支援法附則6条4項で，委託費を支払った市町村長による保護者等からの保育料徴収が規定されているが，公立保育所の場合は，児童福祉法にも子ども・子育て支援法にも，保育料徴収の根拠規定がないことになる。もっとも，公立保育所の保育料は，地方自治法上の公の施設の使用料（地自225条）に該当するから，その額は条例によって定めるものと解される（地自228条1項）。公立保育所の保育料については，学説では，地方自治法225条の使用料ではなく，社会福祉各法が定める特別の負担金と解する見解もあるが[35]，新制度では，児童福祉法56条の根拠規定がなくなっているので，公の施設の使用料と解するほかなく，したがって，保育料額は条例で規定する必要があろう。

第4節　児童福祉・保育の法政策的課題

1　子ども・子育て支援新制度と保育の現状
(1)　解消されない待機児童問題

　新制度のもとでも，大半の保護者は，保育水準が高く，0歳から小学校就学まで利用できる保育所での保育を希望しており，待機児童解消のためには，何よりも，保育所の増設が必要だったはずである。しかし，新制度では，保育の供給量増大は企業参入に依存し，保育所ではなく認定こども園や小規模保育事業を増やすことに主眼が置かれたため，都市部を中心に，深刻な保育所不足は変わらず，待機児童問題は解消されていない。

　2018年4月1日時点で，保育所等に入所できなかった待機児童数は1万9895人で，前年から減少し10年ぶりに2万人を割り込んだものの（厚生労働省「保育所等関連状況取りまとめ」。以下の数値も同じ），保育所等の利用を申し込みながら，入所できず地方単独事業の認可外施設を利用したり，育児休業中や求職活動休止などの理由で入所できなかった，いわゆる「隠れ待機児童」は7万人近くにのぼっており，増加し続けている。保育所や認定こども園など全体の施設・事業所数は3万4763ヶ所で，前年から1970ヶ所増えたが，増えたのは認定こども園や小規模保育事業所などで，保育所は横ばいであり，保育所の利用児童は208万8406人で，前年から3万人近くも減少している。

　小規模保育事業などは事業開始が容易なため，株式会社が多く参入し，供給量は増えたかもしれないが，保育士資格者が半分程度しかいないなど保育の質の確保の観点からすれば問題が多い。しかも，小規模保育事業など地域型保育事業は，3号認定の児童を対象としているため，利用児童が3歳になると，保育所などに移らなければならなくなる。その際に，保育所等に入所できずに行き場を失う場合もあり，3歳児の待機児童問題が顕在化している。地域型保育事業者には，運営基準により，3歳以降の受け入れなど連携施設の適切な確保が義務付けられているものの，連携先となる保育所の定員に空きがないなどの理由で，受け入れに係る連携施設を確保している事業者は，小規模保育では6～7割程度，家庭的保育事業では4割未満にとどまり，受け入れ人数もわずか

になっている（厚生労働省「家庭的保育事業等の連携施設の設定状況について」）。

(2) 企業主導型保育事業の導入とその問題点

　さらに，子ども・子育て支援法が2016年に改正され，仕事・子育て両立支援事業が創設された（子育て支援59条の2）。これは，事業所内保育事業を行う認可外保育施設等の設置者に対して助成等を行う事業で，その中核をなすのが企業主導型保育事業である。同事業の企業主導型保育施設は，「待機児童解消加速化プラン」による整備目標に含まれ，「子育て安心プラン」でも，地域枠を認可保育所に準じる受け皿として位置づけられている。

　同事業は認可外保育施設であるため，施設の設置や利用について市町村の関与がなく，利用は保護者と施設との直接契約となる。企業主導型保育事業の実施者の従業員の子どもが利用する場合には，支給認定を受ける必要はないが，保護者のいずれもが就業しているなどの要件を満たす必要がある。施設の利用定員の50％以内で，従業員以外の子どもを受け入れる地域枠を任意で設定することができるが，地域枠の利用の子どもは，原則として支給認定を受ける必要がある。企業主導型保育事業の実施者は，事業所内保育事業の設備および人員基準を遵守しなければならず，職員の配置基準は小規模保育事業と同じである。設備および人員基準の遵守が助成の条件となっており，都道府県知事による指導監督を受け（児福59条），認可外保育施設指導監督基準を遵守しなければならない。公益財団法人児童育成協会を通じて，整備費および運営費の助成金が支給され，整備費については認可保育所と同水準，運営費については小規模保育事業と同水準になっている。財源は，子ども・子育て支援法に定められた事業主拠出金で賄われる（子育て支援69条）。

　企業主導型保育事業は，審査が認可保育所に比べ各段に緩く，しかも認可保育所並みの整備補助金が出るということで，急速に広がり，2018年3月末時点で2597施設，定員5万人を超している。しかし，保育士の配置基準が認可保育所より緩やかなため，保育の質の確保に課題が残る。実際に，2017年の公益法人の立ち入り調査結果では，必要な保育士が確保できていないなどの指導を受けた施設が対象施設の7割にのぼり，ずさんな経営実態も相次いで明らかとなっている。また，利用者数は定員の6割にとどまり（2018年3月末時点。内閣府調査），乱立の弊害として定員割れが顕在化し，全国で撤退や閉鎖がでてい

る。企業主導型保育事業は，あくまでも認可外保育施設であり，認可保育所に準じた待機児童の保育の受け皿として位置づけることには，質の面で大きな問題がある。[36]

(3) 深刻化する保育士不足

一方で，新制度のもと，保育士の労働条件が悪化し，人材不足が深刻化している。

前述のように，公立保育所の民営化や指定管理者制度の導入で，保育士などの労働条件は悪化の一途を続けてきた。公立保育所で働く保育士は公務員だが，民営化された場合には，給与の高いベテラン保育士が採用されないなど，保育士の給与が安く抑えられる傾向にあり，公立保育所の民営化は，公務員リストラや非正規雇用化により委託費（公費）を削減しようとする意図で行われてきた側面が大きい。公立保育所でも，人件費削減のため，いまでは非正規雇用の保育士が半分以上となり，保育士の労働条件の悪化は顕著である。保育士の待遇悪化は，公費削減を進める国によって政策的に生み出されてきたといえ，個人給付・直接契約方式を導入した新制度において，保育士の労働条件の悪化は加速している。OECD（経済開発協力機構）教育委員会の「幼児教育・保育政策に関する調査プロジェクト」の報告書"Starting Strong Ⅱ: Early Childhood Education and Care"(2006年)によれば，欧米諸国における実証研究の結果から，利用者補助方式（個人給付方式をとる新制度の仕組み）よりも施設補助方式（市町村が保育実施義務を負っている保育所方式）の方が，質の面で統計的に有意に優れていることが立証されている。

保育士の給与は，全産業平均（月33万円）より約11万円も低く，この20年間でほとんど上昇していない。最大の原因は，国が公定価格（新制度以前は保育所運営費）に算定される保育士の給与基準額を増やしてこなかったことにある。しかも，国の基準では，保育士の義務となっている保育計画の作成や記録のまとめ，園だよりの作成，打ち合わせ会議などの時間は，カウントされていない。そもそも，子どもの保育時間が1日8時間を原則としている保育所において，労働基準法にそって，保育士の労働時間を8時間とすれば，直接的な子どもへの対応ですべて終わってしまう。それ以外のこれらの労働は，残業代が払われないサービス残業とならざるをえない。新制度では，保育士給与基準は公定価

格という形で国が決めているが、基準が実態にあっていないのである。同時に、国の人員配置基準もあまりに低すぎる。0歳児3人に対して保育士1人の配置（3対1）、1・2歳児6対1、3歳児20対1（新制度では、加算がついて15対1）、4・5歳児は30対1と定められているが、この国基準では十分な保育ができず、認可保育所の場合は、平均で基準の約2倍の保育士を配置している（国基準を超えた保育士の配置部分の財源は自治体の持ち出しとなる）。

保育現場では、こうした低い基準や人員不足による過重な業務負担で、保育士の長時間・過密労働が常態化し[37]、それがさらに離職につながり人員不足を招いている。そもそも、保育士登録者数は153万人にのぼるが（2018年4月1日現在。厚生労働省集計）、保育所・児童福祉施設等で就労している保育士数は43万9056人（うち保育所等42万3003人）で（2017年10月1日現在）、登録者の3割弱にすぎない。保育士養成学校でも卒業者の約半数しか保育所に就職しておらず、保育士不足というより、劣悪な労働条件のため、多くの保育士資格者が保育現場に就職していないのが現状である。後述のように、国の給与基準・配置基準を大幅に引き上げ、待遇を改善すれば、保育士不足の問題は解消されるはずである。

しかし、安倍政権は、こうした政策をとろうとせず、保育士不足については、朝夕の保育士配置の弾力化（2名のうち1名は無資格者でも可能とする）など規制緩和で乗り切ろうとしている。「女性活躍社会」と称して、女性を安い労働力として活用し、そのために必要な保育手段を、新制度の導入によって、これまた安上がりに整備しようとするのが、安倍政権の待機児童対策を含めた少子化対策の本質といえる。しかし、これでは、保育の質は低下し、人材確保はますます困難となろう。

2　幼児教育・保育の無償化とその問題点

(1)　幼児教育・保育の無償化の概要

こうした中、2019年5月、幼児教育・保育を無償化する改正子ども・子育て支援法が、低所得世帯を対象に高等教育の無償化を図る大学等就学支援法とともに成立し、2019年10月より、幼児教育・保育の無償化が実施されている（高等教育の無償化は2020年4月より実施）。幼児教育・保育の無償化といっても、改正法には「無償化」の名称はなく（本書では、以下、政府の用法に従い「幼児教育・

保育の無償化」という），無償化の対象となるのは保育料（利用料ともいわれるが，以下「保育料」で統一）だけであり，保護者への保育料負担分の補助（利用者補助）という形で行われる。

　幼児教育・保育の無償化の具体的内容は，①新制度に入っている幼稚園，保育所，認定こども園に通う3〜5歳までのすべての子どもの保育料の無償化（幼稚園については，月2万5700円を上限に補助），0〜2歳の保育の必要性がある住民税非課税世帯の子どもの保育料の無償化，②幼稚園の預かり保育に通う保育の必要性がある子どもについて，月1万1300円まで保育料を無償化，③認可外保育施設などに通う3〜5歳児の保育の必要性がある子どもの保育料を月額3万7000円まで無償化，0〜2歳の保育の必要性がある住民税非課税世帯の子どもの保育料は月4万2000円まで無償化するというものである。

　このうち，③の施設等は，新制度に入っていない幼稚園，特別支援学校，認可外保育施設，預かり保育事業，病児保育事業，子育て援助活動支援事業（ファミリー・サポート・センター事業）などが含まれ，内閣府令で定める基準を満たしていることを市町村長が確認した施設等（「特定子ども・子育て支援施設等」といわれる）である。内閣府令で定める基準は，認可外保育施設は現在の指導監督基準（たとえば，保育士資格者は，認可保育所の基準の3分の1程度であることなど）と同様の内容を，預かり保育事業は一時預かり事業の基準と同様の内容を，病児保育事業と子育て援助活動支援事業は，現行の地域子ども・子育て支援事業（13事業）において求めている基準と同様の内容となる。ただし，5年間は，この基準を満たさない施設の利用も補助の対象となる経過措置がある。

　教育・保育給付の対象となっている①の子どもについては，政令改正により，給付額を公定価格と同額にし，保育料（利用者負担）がゼロとなる。②③の子どもについては，子ども・子育て支援法の改正により，子ども・子育て支援給付に子育てのための施設等利用給付が新設され，施設等の利用があった場合に，上記金額を上限に施設等利用費が保護者に支給される仕組みである（施設等の代理受領が可能で，その場合は補助相当の保育料は徴収されない）。ただし，市町村の施設等利用給付認定を受ける必要がある。

　無償化の財源は，2019年度中の経費は全額国費で対応し，新制度に入っていない私立幼稚園，認可外保育施設に関わる費用についても，他の私立施設と同

様に，国2分の1，都道府県4分の1，市町村4分の1となる。ただし，公立施設については市町村が10分の10の全額負担となる。無償化に関わる事務費も2年間は国が拠出することとされた。

(2) 幼児教育・保育の無償化の問題点

以上のような幼児教育・保育の無償化には，いくつか問題がある。

第1に，無償化が消費税増税とセットで打ち出されていることである。保育料については，従来から応能負担を原則に，低所得世帯やひとり親世帯に対して軽減が図られてきており，国の基準に上乗せして，地方自治体がさらに軽減している例も多かった。こうした状況下での無償化は，負担能力があるとして一定の負担をしてきた高所得世帯ほど恩恵を受けることになる。低所得世帯にとっては無償化の恩恵は少ないうえ，消費税増税による家計の負担が増える。また，保育料負担は低年齢児の保護者に重いが，0～2歳児の無償化を住民税非課税世帯に限定することは，とくに課税ボーダー層の負担軽減にならない。

第2に，公立保育所などの無償化経費は市町村が全額負担するが，地方交付税の交付団体には，市町村の経費負担部分はすべて基準財政需要額として地方交付税に上乗せされる。しかし，地方交付税は使途を特定しない一般財源のため，自治体が上乗せ部分を無償化の経費に使わず，公立だと自治体負担が増えるという名目で，公立幼稚園・保育所の統廃合や民営化を加速するおそれがある。また，国レベルでも，幼児教育・保育の無償化により，待機児童の解消や保育士の処遇改善に十分な財源が回されなくなり，これらの施策の推進にブレーキがかかる可能性がある。

第3に，無償化の対象が保育料に限定され，保育所の3歳以上児（2号認定の子ども）の給食費（副食費）が実費徴収とされる。ただし，0～2歳児（3号認定）については無償化の対象が住民税非課税世帯に限定されていることから実費徴収は見送られた。現在，保育料が無償となっている生活保護世帯やひとり親世帯については，副食費の免除は継続され，年収360万円相当の世帯の子どもおよび全所得階層の第3子以降の子についても免除の対象とされる。とはいえ，収入が低い世帯において，新たな食費負担により，現行制度よりも重い負担が生じる保護者が出てくる可能性がある。また，実費徴収のための新たな事務負担が保育現場に重くのしかかり，保護者と施設との間のトラブルも予想さ

れる。保育所は制度発足以来，3歳以上児の副食材費，3歳未満児の主食・副食材費を公費負担の対象とし無償としてきた。給食は保育の一環という理念からであり，保育における食育の重要性や子どもの貧困状況などを考えれば，今回の実費徴収化は給食に関する公的責任の後退といえ，児童福祉法の理念に反する。

第4に，第3の問題点と関連するが，保育所を利用する場合でも，保育料以外にも給食の主食費や行事費，保護者会費などの「隠れ保育料」ともいうべき負担が発生しており，これらは無償とはならない。幼稚園では通園送迎費，教材費や制服・制帽費などもこれに加わる。しかも，保育施設ごとの費用の格差が大きいことが指摘されており，格差の是正はなされないまま，こうした「隠れ保育料」の負担格差はむしろ拡大するだろう。

第5に，幼児教育・保育の無償化により，保育需要が喚起され，認可保育所などが不足する現状で，その受け皿として認可外保育施設が増え，保育の質が十分確保されないままの保育が拡大，常態化するおそれがある。そもそも，国の保育士の配置基準は，たとえば，1歳児については，子ども6人に対して保育士1人，4歳児から5歳児については，子ども30人に保育士1人というもので，世界的にみてもきわめて低い。内閣府の定める基準は，こうした配置基準すら満たさない指導監督基準のレベルである（それすらも5年間は満たしていなくてもよい経過措置がある）。認可外保育施設の指導監督基準が公費投入の条件となり，きわめて低い基準が実質的に公認されたに等しい。政府は，指導監督を強化するというが，現在でも，指導監督基準を満たさない施設は多く，都道府県などの立入監査は追いついておらず，実効性は不透明である。このままでは，質が確保されていない認可外保育施設が乱立し，無資格者による保育が常態化し，保育事故が増大する可能性がある。

(3) 幼児教育・保育の無償化の政策意図

では，こうした問題を抱えた幼児教育・保育の無償化の政策意図はどこにあるのか。

第1に，認可外保育施設を活用した待機児童の解消というねらいがある。前述のように，新制度がはじまっても待機児童の解消は進まず，安倍政権は，2018年3月としていた待機児童の解消を2020年3月までに延長せざるをえな

かったが，認可保育所の整備ではなく，基準の低い施設認可外保育施設を増やし待機児童の受け皿にすることで，安上がりに待機児童の解消をはかろうとの政権側の意図が見受けられる。もっとも，国会審議の過程で，政府参考人から，認可外保育施設を利用し，利用給付を受けていても，待機児童のカウントから外すことはないとの答弁がなされている。しかし，前述のように，きわめて低い基準しか満たさない，もしくはそれすらも満たさない認可外保育施設を給付対象にすれば，認可外保育施設の認可化や認可施設の増設を阻害し，質の確保をなおざりにした営利目的の事業者の参入を促進する可能性が高い。

　第2に，女性の就業率の引き上げというねらいがある。今回の無償化は，幼児教育（幼稚園に通う子ども）のみならず，保育（保育所等に通う子ども）も含んでいる。そのため，子どもが3歳以上であれば，4時間保育の幼稚園でも，最大11時間保育の保育所も保育料は無料となる。その結果，同じ無料なら保育所に入所させ，就労しようとする女性が増大することは容易に想定される。すでに，2018年1月からは，夫の年収が900万円以下であれば，妻の所得が150万円まで，38万円の配偶者特別控除が受けられるようになった。夫の年収によって控除の額は異なるが，「103万円の壁」が150万円に引き上げられたことになり，妻が多くのパート収入を得やすくなったことも，無償化とセットで女性の就業率を引き上げる方策とみる見方もある。[40]とはいえ，現状では女性の就業は，一部の専門職を除き，パート就労・非正規雇用が多く，安倍政権の女性の就業率の引き上げとは，結局は，財界の要望に沿って，女性を不安定・低賃金労働に動員することにほかならない。

　第3に，市町村責任の縮小というねらいがある。新制度の教育・保育給付と施設等利用給付を同列化することで，保護者が選択した保育の利用にあたって，その費用の一部を補助すれば，それで公的責任を果たしたことにすることで，市町村の責任を縮小し，将来的には，市町村の保育実施義務をもなくしていこうとする政策志向がうかがわれる。ある意味で，それは新制度導入の当初の目的でもあり，公的責任による保育制度の後退ともいえる。[41]

3　子ども・子育て支援新制度の法政策的課題

　一方で，新制度の導入は，保育制度の介護保険化への布石という側面も有し

ている。新制度のもとでも,保育所保育については市町村に保育実施義務が維持されたものの,認定こども園や家庭的保育事業等の利用の仕組みは,個人給付・直接契約方式(施設・事業者と子ども・保護者との契約)に転換されている。これは介護保険と同様の利用方式であり,将来的な保育制度の介護保険化を意図したものである。

すでに,2000年代には,保育を含め子育て支援全般を社会保険方式で行う「育児保険」構想が研究者から提案されていた[42]。新制度の導入により,児童福祉の領域も介護保険に倣って措置から契約に切り替えたが,社会保険方式を採用しなかったため,保育サービスの飛躍的な増加が見込めず,利用者の事実上の権利意識の高まりも期待できず,サービス利用の権利保障を強化することができなかったとの指摘もある[43]。社会保険方式を採用することで,利用者の権利意識が高まるというのは,実証不可能な非科学的主張であり(序章4参照),社会保険料という財源確保により供給量の増大がはかれるという考え方も,介護保険で実際に居宅サービスの増大がみられたことから一見もっともらしくきこえるが,介護保険では,介護保険料そのものはランニングコスト(運営費)の財源となるわけで,供給量の増大は,個人給付・直接契約方式の導入(とりわけ給付費の使途制限の撤廃)を契機にした企業参入によるところが大きい。そして,それが介護労働者の労働条件の急速な悪化をもたらし人材不足を招いていることは前述したとおりである(第3章第4節参照)。

現在までのところ,新制度でも,市町村の保育実施義務が維持されている保育所を利用する子どもが多数を占めているが,今後,認定こども園などの直接契約施設・事業が増え,それらを利用する子どもが増大していけば,保育所保育についても個人給付・直接契約方式に転換していく施策が打ち出されてくる可能性が高い[44]。

新制度は「子ども・子育て支援新制度」といいつつ,子どもの権利保障の法とはいいがたく,その実態は,きわめて複雑で,随所に法的整合性を欠く制度である。また,たとえば,市町村の行う利用調整が明文の根拠規定なく,通知や解釈で行政処分とされたり,「法律による行政の原理」(法治主義)の形骸化が顕著である。新制度の実施主体である市町村も,国(内閣府および厚生労働省)から通知などで示された新制度の形式を具体化する(整える)ことに追われ,法

的不整合や違法の疑いがある条例・規則が散見される。法的不整合や違法状態が恒久化しているともいえ、早急な是正が必要である。

　当面は、児童福祉法24条1項を基礎として、保育所における市町村の保育実施義務を明確にし、保育所以外の認定こども園などの直接契約施設・事業についても、優先度の高い子どもが保育を確実に利用できるよう、選考も含めて市町村に利用調整の責任を果たさせるべきである。そのうえで、法的整合性をとるため、児童福祉法24条2項を改正し、認定こども園や家庭的保育事業等を利用する場合も、保育所利用の場合と同様に、市町村が直接的な保育の実施義務をもつ形にすると同時に、家庭的保育事業等についても、保育者はすべて保育士資格者とするなど、保育所保育と同様の基準に統一すべきと考える。どの施設・事業を利用しても、保育士による保育を受ける権利を保障する必要がある。

4　子どもの保育を受ける権利の保障

　ドイツでは、1歳以上の小学校就学前の子どもに保育請求権を保障し、保育を受ける権利が、連邦法である社会法典の児童青少年援助法（KJHG）に規定されている（社会法典8編）。そして、こうした保育請求権を保障することで、保育施設の拡充を図るという手法が用いられている。同法は、保育請求権を保障することで、かりに、保育施設を整備することを怠り、子どもが保育施設に入れないような事態が生じた場合には、権利侵害として、各州政府が損害賠償責任を問われうる。実際に、日本の最高裁にあたるドイツ連邦通常裁判所は、子どもの預け先がみつからず、仕事に復帰できなかった夫婦に対して、州政府は、その所得喪失分を補填しなければならないとの判決（2016年10月20日）を下している。各州政府は、保育を希望する子どもに対して保育施設を提供できなければ損害賠償を請求されるおそれがあるため、保育施設を整備せざるをえなくなるわけである。

　日本でも、子ども・子育て支援法は廃止し児童福祉法に一元化し、同法に、ドイツと同様、1歳以上の子どもの保育を受ける権利を明記するとともに、市町村が子どもに直接的な保育提供義務をもつ仕組みを徹底すべきと考える。子どもの保育を受ける権利（保育請求権）が明記されれば、各自治体は、保育施設の整備をせざるをえなくなるだろうが、市町村の保育実施義務を訓示規定とと

らえるような判決がまかり通っていること，司法に訴える事例がドイツほど多くないことを考えると，市町村の保育施設整備義務および国・都道府県の整備にかかる財政支援義務についても児童福祉法に明記する必要があろう。

　待機児童解消のための保育供給体制の整備は，認可保育所の増設を基本にするべきだが，当面は，保育所と同様の基準にすることを前提に，認定こども園や小規模保育事業などの整備も進めていくべきである。また，保育士の待遇改善については，早急に政策を転換し，公費を投入して，保育士や保育所職員の数を制度的裏づけによって増やしていくべきである。国レベルでの改善がすぐには難しくても，自治体の独自財源で保育士の配置基準の改善を進めていくことは可能であろう。

　さらに，保育の無償化については，今回の幼児教育・保育の無償化は，あまりに拙速というほかない。しかも，その方式は，保護者に対して給付費として保育料の補助を行うもので，バウチャー（利用券）方式に近い。保護者が支給された利用券を用いて保育サービスをまさに商品として購入する仕組みである。バウチャー（利用券）方式は，公的責任による保育制度を解体した究極の保育制度の市場化であり，保育サービスの質や内容に問題があっても，それはすべて保護者の自己責任になる。

　まずは，消費税以外の財源で予算を確保し，その予算を認可保育所の整備による待機児童の解消と保育士の処遇改善に優先的に振り分けるべきである。そのうえで，市町村が保育の実施義務負う保育の現物給付方式に戻し，給食も含めた保育の完全無償化を実現すべきと考える。子どもを安心して育てることのできる制度への改変が求められている。

1）　桑原洋子・田村和之編『実務注釈・児童福祉法』（信山社，1998年）38頁（桑原洋子執筆）。
2）　桑原・田村編・前掲注1）38頁（桑原洋子執筆）参照。
3）　同様の指摘に，田村和之「児童福祉法2条2項の新設への懸念――児童福祉法2016年5月改正」保情479号（2016年）8頁参照。
4）　松崎芳伸『児童福祉法』（日本社会事業協会，1948年）53頁参照。
5）　この間の政策的対応について詳しくは，猪熊弘子「待機児童問題20年――解消される日は来るのか？」全国保育団体連合会・保育研究所編『保育白書・2017年版』（ちいさいなかま社，2017年）174-177頁参照。
6）　児童福祉法規研究会編『最新児童福祉法・母子及び寡婦福祉法・母子保健法の解説』

（時事通信社，1999年）167頁参照。
7）　桑原・田村編・前掲注1）142頁（田村和之執筆）参照。
8）　いわゆる「処分・契約並存説」といわれる解釈である。詳しくは，古畑淳「私立保育所の廃止・民営化」賃社1501号（2009年）7頁参照。
9）　同様の指摘に，高端正幸「児童福祉財政」高端ほか123頁参照。
10）　こうした厚生労働省の政策転換の背景には，さまざまな要因が考えられるが，最大の原因は，厚生労働省内部で，将来的な消費税増税を含め保育分野での財源確保のためには，公費負担の増大が予想される公的保育制度のままでは，国支出の増大は避けられず，介護保険のような仕組みへの転換が不可避との認識が主流になったためと考えられる。伊藤周平『保育制度改革と児童福祉法のゆくえ』（かもがわ出版，2010年）88頁参照。
11）　この間の経緯については，伊藤周平『子ども・子育て支援法と社会保障・税一体改革』（山吹書店，2012年）70頁以下参照。
12）　たとえば，堀勝洋『福祉改革の戦略的課題』（中央法規，1987年）195頁参照。
13）　児童福祉法規研究会編・前掲注6）180頁は，「その他の適切な保護」の具体例として，家庭内保育（いわゆる「保育ママ」）による対応や一定の質が確保された認可外保育施設に対するあっせん，さらに認可外保育施設についての情報提供も挙げ，それで足りると解している。
14）　たとえば，桑原・田村編・前掲注1）217頁（田村和之執筆）参照。
15）　行政管理研究センター『逐条解説・行政手続法』（ぎょうせい，2016年）166頁参照。
16）　これらの退園処分の取消訴訟および執行停止については，筆者も意見書を提出しており，それをもとにまとめた伊藤周平「『育休退園』と子どもの権利保障――所沢市育休退園処分の執行停止決定を受けて」賃社1648号（2015年）44頁以下参照。
17）　座安あきの「なぜ？園児が退園に――沖縄県下自治体の「在園児選考」の状況」保情495号（2018年）5頁参照。
18）　田村和之「児童福祉施設最低基準をめぐる法的諸問題――保育所の最低基準を中心に」賃社1526号（2010年）43-44頁参照。
19）　最低基準の地方条例化の問題点については，伊藤・前掲注11）59頁参照。
20）　田村和之・伊藤周平・木下秀雄・保育研究所『待機児童ゼロ――保育利用の権利』（信山社，2018年）3頁（田村和之執筆）。
21）　認定こども園について詳しくは，伊藤周平『子ども・子育て支援法と保育のゆくえ』（かもがわ出版，2013年）21頁参照。
22）　全国学童保育連絡協議会「学童保育の『従うべき基準』の参酌化に対する声明」（2018年12月11日）も，同様の指摘をして，「従うべき基準」の参酌化に反対している。
23）　中野妙子「子どもの保育――子ども・子育て支援新制度の効果と課題」論究ジュリスト27号（2018年）92頁参照。
24）　田村和之「子ども・子育て関連3法に関する若干の疑問――保育の利用に関して」週刊社会保障2757号（2013年）7頁は，市町村の利用調整は，異なる内容・手続きを定める2法律（子ども・子育て支援法と改正児童福祉法）を実施していく上で必要な「行政手続きの統合」を図ろうとする意図から考え出されたものに違いないが，行政指導では達成しがたいものがあると指摘している。伊藤・しくみと法214頁も参照。
25）　厚生労働省の石井淳子雇用均等・児童家庭局長（当時）の委員会答弁（『第183回国会参

議院厚生労働委員会会議録』2013年3月21日）。
26) 新田秀樹「2012年の児童福祉法改正後の市町村の保育実施義務」社会保障研究2巻2＝3号（2018年）315頁注4も，保育所と同様の利用者選考を行うというのであれば，直接契約によるサービス利用に対する制約になるので，法令上の明文の根拠が必要とする。
27) 筆者を含めた保育団体と内閣府・厚生労働省との懇談の場（2014年9月9日）での厚生労働省担当者の発言。
28) 伊奈川秀和「子ども・子育て支援新制度の立法過程」社会保障法研究6号（2016年）120頁参照。
29) 菊池・社会保障法〔第2版〕569頁参照。
30) 倉田賀世「乳幼児と保育の質」週刊社会保障2912号（2017年）54頁参照。
31) もっとも，菊池・社会保障法〔第2版〕569-570頁も，利用できる施設がない場合には，保育所等への入所ができない状態に事実上置かれることは否定できないとし，サービスがない以上，2項を根拠にして直ちに請求権が導かれるとも解されないとしている。
32) 田村和之「市町村の『保育の実施義務』について」田村ほか・前掲注20）43頁参照。
33) 田村・前掲注32）105-106頁参照。
34) 詳しくは，田村和之「新保育制度における保育所保育料制度──法的視点からの検討」賃社1655号（2016年）21頁参照。
35) 堀・総論〔第2版〕294頁参照。
36) 同様の指摘に，中野・前掲注23）95頁参照。
37) 詳しい労働実態については，箕輪明子「保育政策と保育士処遇の現状」全国保育団体連絡会・保育研究所編『保育白書・2018年版』（ひとなる書房，2018年）148頁以下参照。
38) 田中智子「保護者負担と幼児教育・保育の『無償化』」全国保育団体連絡会・保育研究所編・前掲注37）195-196頁参照。
39) 同様の指摘に，中山徹『だれのための保育制度改革──無償化・待機児童解消の真実』（自治体研究社，2019年）47頁参照。
40) 中山・前掲注39）38-39頁参照。
41) 逆井直紀「公的保育制度揺るがす支援法改正案」保情510号（2019年）3頁参照。
42) たとえば，福田素生「総合福祉保険制度による子育て支援」鈴木眞理子編著『育児保険構想』（筒井書房，2002年）32頁は，市町村を保険者とする介護保険をベースに，児童の養育支援給付を，利用者負担2割，公費原則5割，保険料3割（保険料は国民健康保険制度の徴収方法にならい，世帯単位で普通徴収する）で賄う構想を提案している。
43) 新田秀樹「待機児童解消に向けての法的課題」社会保障研究2巻2＝3号（2018年）309頁参照。
44) 常森裕介「子育て支援における保育所保育と保育実施義務の意義」社会保障法研究8号（2018年）221頁も，従来の委託方式を維持している私立保育所を，施設型給付費の対象とし，認定こども園等と同じく，直接契約に基づく利用方式とすべきとする。
45) 新制度の保育料について，この問題を考察したものに，田村・前掲注34）22-23頁参照。
46) 同様の指摘に，逆井直紀「子ども・子育て支援新制度の概要」全国保育団体連絡会・保育研究所編・前掲注5）60頁参照。
47) 松宮徹郎「ドイツにおける保育政策・制度の現状──子どもの権利を前面に立てた保育制度改革の内容」保情410号（2011年）7頁参照。

48) 同判決については，木下秀雄「『保育』施設未入所について損害賠償を命じたドイツ連邦通常裁判所──『保育』を受ける権利を考える」保情487号（2017年）13頁以下参照。

第3部
保険方式をとりえない社会保障分野の法政策

第6章　生活保護の法政策

　社会保険などの社会保障給付を利用しても（もしくは給付から漏れ），最低生活を維持できない人に対し，その不足分に応じて公費（税）により給付を行うのが公的扶助である。事前の拠出を前提とする社会保険方式で行うことができない制度であり，日本では「最後のセーフティネット」といわれる生活保護が該当する。

　本章では，生活保護の沿革と現状を概観したうえで，生活保護の適用と生活保護基準をめぐる法的問題を考察し，生活保護の法政策的課題を探る。

第1節　生活保護の沿革と現状

1　公的扶助の沿革と生活保護法

　国家による公的扶助制度は，イギリスでは，エリザベス1世統治下の1601年の救貧法にその淵源を求めることができる。日本では，1874年の恤救規則がそのはじまりである。しかし，同規則は，労働能力のある者を対象から除外する制限扶助主義をとっており，その対象は，原則として，障害や疾病，70歳以上で重病または老衰により就業できない単身者，13歳以下で身寄りのない者に限定されていた。公的扶助としてはとてもいえないような，きわめて不十分な同規則は，実に半世紀以上続いた。

　これに対して，1929年に成立した救護法は，対象者を大幅に拡大したうえ，救護の種類を列挙し，救護機関には市町村を当て，救護費の2分の1以内を国庫が補助するなど規定上は恤救規則よりも格段に整備された。しかし，救護を受ける権利は否定され，受給者が性行著しく不良または著しく怠惰であるときには給付を打ち切ることが認められ，救護を受けた者は，普通選挙法上の選挙

権を喪失するなどの欠格条項が置かれていた。

第二次世界大戦後，日本を占領下においた連合国軍最高司令官総司令部（GHQ）の対日政策は，日本の非軍事化と民主化にあった。民主化の一環としてのGHQの対日福祉政策の基本は，戦前の社会事業（当時は，まだ社会保障という言葉は使われていない）の恩恵的・慈善的性格の払拭に置かれた。GHQは，1946年2月に，日本政府に示した「社会救済」覚書において，公的扶助における①無差別平等原則，②公的（国家）責任の原則，③必要充足の原則（扶助費の総額に制限を設けないこと）を示した。[1]この原則に基づき，同年9月，旧生活保護法が制定された。しかし，同法は保護請求権が否定されていたうえに，就労能力があるにもかかわらず，勤労の意欲のない者や「素行不良な者」を保護の対象外とする欠格条項（同2条）が設けられるなどの問題があったため，1949年の社会保障制度審議会の勧告「生活保護の改善強化に関する件」を受けて，翌年，旧法を全面改正し，現行の生活保護法が制定された。

その後，受給者数の増大を背景に，2013年12月に，就労による自立の促進，医療扶助の適正化などを目的として，生活保護法の大幅改正が行われ（以下「2013年改正」という），翌年から施行されている。

2 生活保護の現状

(1) 雇用の劣化

1995年に，日経連（現在の経団連）が「新しい『日本的経営』」を発表し，正社員を減らし，非正規労働者に代替していくことを提唱して以降，財界・経営者団体の経営戦略に沿った形で，1990年代後半から2000年代前半にかけて，労働者派遣法の改正など労働法制の規制緩和が進められ，低賃金で不安定な就労形態の非正規労働者が急増した。

期間の定めのない労働契約で直接雇用されているフルタイムの正規労働者（正社員）でない労働者は，非正規労働者といわれる。①期間の定めがある有期契約による労働者（契約社員など），②フルタイムではないパートタイム労働者（アルバイトも含む），③企業に直接雇用されていない派遣労働者などが典型的な非正規労働者である。その数は，2012万人に達し，全労働者の約4割を占め，女性では就業者の半分以上（53.3％），若年層では男女を問わず半分が非正規労

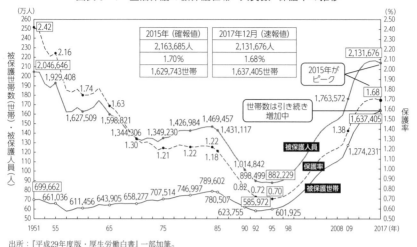

図表6-1 生活保護の被保護世帯・人員数・保護率の推移

出所:『平成29年度版・厚生労働白書』一部加筆。

働者となっている(2015年現在。総務省「労働力調査」)。先の日経連の提言があった1995年には、その比率は20%程度であったことから、20年間で非正規労働者の比率は1.8倍になり、急速な非正規化が進んだことがわかる。

　非正規化に加え、日本の脆弱な最低賃金制度により、給与だけでは最低限度の生活が営めない、いわゆる「ワーキングプア」も急増している。年収200万円以下で働く民間企業の労働者は、2006年には1000万人を突破し、2018年には1100万人以上にまで増加している(国税庁「民間給与実態調査統計」)。

(2) 増大する生活保護世帯

　かくして、日本の生活保護の受給者数は、1995年に約60万世帯で最少を記録したのを底にして、その後右肩上がりに増大、2011年には、受給者数が205万人を突破し、制度開始以来最多の受給者数となった。[2] 2017年度でみても、受給者数は、後述する生活保護基準の引き下げの影響により、2015年度の216万人をピークに減少に転じ213万人となっているが、単身高齢者の増大で、世帯数は163万7405世帯と過去最多を更新している(厚生労働省調べ。以下の数値は同じく2017年度のもの。図表6-1)。

　保護世帯のうち稼働世帯は1割強で、高齢者世帯や傷病者・障害者世帯が多く、経済的自立が難しいため保護期間が長期化している。中でも、年金の給付

水準が低いため，生活保護を受給せざるをえない高齢者が増大しており，高齢者世帯が83万7029世帯と保護世帯全体の51.4％を占め，このうち約9割は単身者世帯である（第1章第4節参照）。これらの高齢者の経済的自立はほとんど不可能に近く，結局，亡くなるまで生活保護を受給し続けることになる。

　厳しい受給要件のもと，生活保護を受給しうる人のうち実際に生活保護を受給している人の割合（捕捉率）は，政府統計でも3割強（厚生労働省「生活保護基準未満の低所得世帯数の推計について」2010年4月），研究者の推計では2割弱と，他の先進諸国が公表している捕捉率（スウェーデンでは82％，ドイツで65％）に比べて極端に低い。生活保護の受給についてのスティグマ（恥の意識）が根強く，また，情報不足により，そもそも自分が生活保護を受給できることすら知らない人も多いと考えられる。国や自治体が，そうした人々（漏給といわれる）が出ないよう，積極的な広報・周知活動を行ってきたとはいいがたく，逆に，生活保護の現場では，いわゆる水際作戦という形で，申請書を渡さない，申請を取り下げさせるなど違法な運用が行われてきた。にもかかわらず，生活保護受給者数の増加をみていることは，現在の日本において貧困が深刻化していることを物語っている。[3]

(3)　生活保護バッシングの展開

　一方で，生活保護受給者への一般国民のまなざしは依然として厳しい。2012年5月には，人気お笑いタレントの母親が生活保護を受給していることを女性週刊誌が報じ，一部の自民党国会議員が，この問題を「不正受給疑惑」としてブログなどで取り上げ，生活保護受給者に対する異常なバッシングが巻き起こった。当事者であるタレントは「お詫び会見」を開き，一部の受給額を返還することを明らかにしたが，親族に高額所得者がいる者が生活保護を受けるのはモラルハザードと主張する自民党議員も出る始末だった。

　しかし，つぎにみるように，生活保護法上，資産・能力の活用は保護開始要件だが（同4条1項），扶養義務者による扶養は，保護に優先して行われるべきとされているものの，保護開始要件とはされておらず，現実に扶養義務者から具体的な扶養がなされた場合に，その範囲内で，生活保護の給付額を減額する仕組みとなっている（同条2項）。そのため，タレントの母親の事例は不正受給には該当しないことは，少しでも生活保護制度についての知識のある人であれ

ば，すぐわかることである．にもかかわらず，不正確な制度理解と誤解に基づく報道やインターネットによるバッシングが繰り返され，一部の国会議員までもが，それに同調するという事態は異常というほかない．

　不正受給の増大の報道にしても，確かに件数は増えているが，それは受給世帯が増えていることに伴うもので，件数ベースでは2％弱，金額ベースでは約0.5％前後で推移しており（厚生労働省の集計），大きな増加はみられない．また，不正受給事例といわれるものの中には，福祉事務所の説明不足などで，世帯の高校生のアルバイト収入などを申告しなかった事例などもあり，そもそも意図的な不正かどうか疑問な事例も含まれている．

　生活保護受給者には少なくない割合での不正受給者がいる，生活保護費をパチンコなどのギャンブルやお酒に費消しているといったレッテル貼りが繰り返しなされ，こうしたマスコミによる一連の報道や生活保護バッシングが，生活保護受給者への偏見を助長し，もともと強かった生活保護受給のスティグマをいっそう強化したことは間違いない．これらは，つぎにみる生活保護基準の引き下げや生活保護法の改正に世論を誘導するために，意図的にしくまれたキャンペーンではなかったかと推測される．

(4)　生活保護バッシングの原因

　生活保護受給者の中には，精神的疾患を抱えた人も多く，受給者の人口10万人あたりの自殺者数は，全国平均の2.1倍から2.4倍にのぼる．2012年6月に行われた支援団体による「生活保護緊急ダイヤル」には，「マスコミ報道がひどくテレビがみられなくなった」「夜も眠れなくなった」「外出するのがこわい」など深刻な報道被害の声が寄せられたという[4]．他の先進諸国では，誤解や偏見に満ちたこうしたマスコミ報道こそが，人権侵害として糾弾されるのに，日本において糾弾されたのは，生活保護受給者の方だった．

　兵庫県小野市では，生活保護や児童扶養手当など福祉給付・手当の受給者が，給付された金銭を「パチンコ，競輪，競馬その他の遊戯，遊興，賭博等」に費消したりしているのをみつけた場合には，「市民及び地域社会の構成員」に対して市に情報を提供することを責務として定める条例（「小野市福祉給付制度適正化条例」）が2013年4月から施行されている．同条例は，生活保護受給者などへの監視を強め，市民の密告を奨励するという意味で憲法違反の条例では

第6章　生活保護の法政策　205

ないかと考えられる。[5]

　また，2014年3月には，さいたま市が「生活ホットライン」と称して，市民に対して，生活保護受給者の不正受給情報を求める事業をはじめており，同年4月には，福岡市も同様のホットラインを開設している。さらに，2017年1月には，神奈川県小田原市の生活保護ケースワーカーが「保護なめんなよ」などと読めるアルファベットの文字をプリントしたジャンパーと「生活保護悪撲滅チーム」を意味する「SHAT」とプリントしたポロシャツを作成し，10年にわたり着用していたことが明らかとなった。

　なぜ，他の先進諸国では考えられないような生活保護バッシングが，日本ではこれだけ拡大するのだろうか。確かに，生活保護を受給すれば，課税もされず社会保険料負担もなく，医療扶助で医療費も無料となり，生活は格段に楽になる。しかし，生活保護を受給していない（できていない）生活困窮の人たちには，これらの負担が強いられ，生活は苦しいままだ。つまり，生活保護受給者の周辺には，膨大な生活困窮層が存在しており，それらの人々が保護受給者に対して厳しいまなざしを向けているといえる。日本の社会保障がそれだけ貧弱なのである。かりに，それらの生活困窮者についても，税金や社会保険料が免除され，医療費も無料であれば（それが本来の社会保障の姿と考えるが），生活保護受給者が「恵まれている」との感情など抱きようがないからである。

第2節　生活保護法の基本原則と適用

1　生活保護法の目的

　生活保護法は「日本国憲法第25条に規定する理念に基き，国が生活に困窮するすべての国民に対し，その困窮の程度に応じ，必要な保護を行い，その最低限度の生活を保障するとともに，その自立を助長すること」を目的としている（1条）。

　すなわち，生活保護法の目的は，第一義的に，国民の「最低限度の生活」の保障にあり，ここで保障されるべき「最低限度の生活」は，生存ぎりぎりの最低生活（つまり生命体としてのヒトの最低必要カロリーだけが満たされている状態）ではなく，憲法25条1項にいう「健康で文化的な最低限度の生活」水準を維持す

るものでなければならず，このことは「この法律により保障される最低限度の生活は，健康で文化的な生活水準を維持することができるものでなければならない」(生保3条)として，明文で確認されている。

以上のことから，国民の生活保護を受ける権利は「健康で文化的な最低限度の生活を営む権利」すなわち生存権の具体化といえる(同様の解釈として，朝日訴訟に関する最大判1967年5月24日民集21巻5号1043頁も参照)。この意味で，生存権には一定の規範的効力が認められ，生活保護法を代替的措置なく廃止したり，最低生活を営むことが不可能なレベルまで生活保護水準を切り下げる立法は，違憲となる。

最低生活保障と並んで，生活保護法の目的とされているのが自立の助長である。ここでいわれている「自立」概念については，2つの考え方がある。ひとつは，生活保護を受けずに生活するという意味での自助，とりわけ就労による経済的自立を意味するとの考え方である。もうひとつは，社会保障の給付や他の援助を受けながらも，日常生活の中で主体的に自らの生活を営むことを自立(「自律」の字を充てる方が適切かもしれない)ととらえる，障害者の自立生活運動の中から提起されてきた考え方である。これまでの生活保護法の解釈運用は，就労支援という言葉に象徴されるように，前者の考え方が主流であったが，憲法13条による保障される人格的自律権という考え方からすれば，後者の考え方に立脚した生活保護の解釈運用が求められよう。[6]

2 無差別平等原則と外国人への適用

(1) 無差別平等原則

生活保護法の基本原則としては，まず，保護の無差別平等原則がある(生保2条)。

この原則は，保護を受ける権利が平等であること，生活保護を必要としている要保護者(以下「要保護者」で総称)に対して保護が平等に行われなければならないことを意味する。同時に，無差別平等原則は，困窮に陥った原因を問わずに保護を実施するという意味でもある。これに従い，従来の救護法にみられた稼働能力のある困窮者を扶助の対象から除外する制限扶助主義は廃され，生活保護法では一般扶助主義がとられている。同時に，就労拒否者や素行不良者等

に保護を行わないことを認める旧法の欠格条項も廃止された。

　また，かつては，住居のない，いわゆるホームレスの国民に対して生活保護を支給しないという運用が行われていた自治体もあったが，無差別平等原則に違反する運用であり，現在では是正されてきている。なお，ホームレスの自立の支援等に関する特別措置法では，路上生活者などに対して，住所がないだけで保護を拒否すべきでないとしており，生活保護受給者（以下「被保護者」という場合もある）の居住実態の不明を理由とする生活保護の廃止決定が違法とされた事例もある（京都地判1993年10月25日判時1497号112頁）。

(2) 外国人への生活保護の適用

　行政実務では，生活保護法上明文の規定はないものの，日本国民であることが保護の要件となると解されている（国籍要件）。同時に，行政通知により，生活に困窮する外国人には，国民に対する生活保護の決定・実施の扱いに準じて保護が実施されてきたが，生活保護の給付を受ける外国人の法的地位がどのようなものであるかが問題となる。

　この点に関して，難民の地位に関する条約（難民条約）の批准を契機に，永住在留資格を有する外国人の生活保護の適用を認めた判決（福岡高判2011年11月15日判タ1377号104頁）も出たが，同事件の上告審判決（最判2014年7月18日賃社1622号30頁）は，現行の生活保護1条・2条にいう「国民」は日本国民を意味するという解釈を前提に，在留の状況を問わず外国人一般は，生活保護の受給権を有しないとし，外国人に対する給付は，通知に基づく「事実上の保護を行う行政措置」であるとして，法の準用も否定した。ただし，行政実務上の外国人への保護費の支給（これが実務では「生活保護法の準用」と呼ばれている）は否定されておらず，現に行われている。

　1990年には，保護の対象となる外国人を永住者や定住者等の外国人（在留資格をもつ外国人）に限定する旨の取り扱い方針が示された。不法滞在者については，緊急に治療を要する場合も含め，保護の対象ではないとするのが判例（最判2001年9月25日判時1768号47頁）だが，この方針により，不法滞在者はもちろん，非定住外国人が緊急に医療を必要とする状態となった場合でも，医療扶助は実施されないこととなった。医師の診療義務（医師19条）を根拠に，医療扶助が実施されない場合も，診療それ自体は行われることから問題はないとされる

が，医師の診療義務の履行を確保する財政措置が十分とはいえず，すでに一部で講じられている外国人の医療費に対する助成施策を拡充して立法化するなどの恒久的な対策が課題となっているとの指摘もある。[7]

3 補足性の原則
(1) 資産の活用

生活保護法は，保護の補足性原則を定める（生保4条）。保護の補足性とは，自己の所有する資産・能力を活用して得られた金銭（資産・能力の活用），扶養義務者などから行われた援助，受給しうる年金など法律に定める扶助を，要保護者の最低生活費維持のために活用または充当し（親族による扶養の優先と他法による扶助の優先），なお不足がある場合に保護が実施されることを意味する。

資産の活用についてみると，収入以外の狭義の資産については，最低限度の生活維持のために所有・利用が必要な場合には保有が認められるが，その限度を超える場合には，原則として，処分して生活費に充てることが求められる。

対象別にみると，土地・家屋については，たとえば居住用母屋およびこれに付属した土地は保有が認められるが，処分価値が利用価値に比して著しく大きいと認められる場合は，その例外とされる。居住用不動産を担保に要保護者に対して生活資金の貸付けを行う制度（リバースモゲージ制度）が，各都道府県の社会福祉協議会が運営する生活福祉資金貸付けの一種として，厚生労働省の通知にもとづき導入されている。行政解釈は，この貸付制度の利用を拒む場合には，資産活用の要件を充たさないという理由で，申請を却下ないし保護を廃止するとしているが，最低生活保障原則に反するおそれがあり妥当とはいえない。

家電製品等の生活用品は，世帯人員や構成から判断して利用の必要があり，かつ保有を認めても当該地域の一般世帯との均衡を失することにならないと認められるものについて保有が認められている。具体的には，当該地域で7割程度の普及率が目安とされている。ただし，エアコンなど，高齢者や身体障害者等のいる世帯で，その身体状況や病状から保有が社会的に適当であると認められる場合には，普及率が低くても保有が認められる。

自動車の保有は，障害者（児）および公共交通機関の利用が著しく困難な地域の居住者が，通勤，通院・通所・通学に利用するための保有に限定され，自

動車の処分価値が小さい，維持費が援助や他施策の活用等により確実に賄える見通しがあるなど，厚生労働省の通知に定める基準に適合する場合にのみ認められている。障害者が保有する自動車を処分しなかったことを理由に生活保護を廃止された後，再度，生活保護を申請したが却下され，却下処分の違法性を認め取り消した判決がある（大阪地判2013年4月19日判時2226号3頁。確定）。自動車の借用についても，他との均衡や最低限度の生活にふさわしくないとの観念が根強いという観点から，使用を原則禁止した取り扱いは合理性があるとした裁判例（福岡地判1998年5月26日判時1678号72頁）がある。

　預貯金は原則として保有が認められず，収入認定される扱いであったが，月々の最低生活費を切り詰め，これを原資として蓄積した預貯金の保有の可否が争われた事案で，その保有が認められる要件として，貯蓄目的が生活保護の支給目的に反しないこと，国民感情に照らして違和感を覚えるほど高額でないことを示したうえで，保有を認め預貯金の一部を収入認定した保護減額処分等を違法とした事例がある（秋田地判1993年4月23日行集44巻4＝5号325頁）。現在の運用では，保護費のやりくりによって生じた預貯金等は，その使用目的が生活保護の趣旨目的に反しないと認められる限り，保有が容認されている。

　貯蓄性の高い保険については，原則として解約が指導され，その払戻金の活用が求められる。学資保険の満期保険金（約50万円）の保有が争点となった事案（中嶋訴訟）で，最高裁は，被保護世帯において最低限度の生活を維持しつつ，子の高校就学費用を蓄える努力をすることは，生活保護法の趣旨目的に反するものではなく，本件払戻金は，収入認定すべき資産には当たらないとして，その一部を収入認定した保護費減額処分は違法であると判示した（最判2004年3月16日民集58巻3号647頁）。

(2) 能力の活用

　生活保護法は，能力の活用も保護の実施要件としているが，ここでの能力とは，稼働能力の活用を意味する。実務では，①稼働能力の有無について，客観的かつ総合的に勘案して評価すること，②稼働能力を活用する意思の有無，③稼働能力を活用する就労の場を得ることができるか否か，を踏まえて評価するという解釈指針が示されている。

　裁判所は，③の就労の場について，申請者の個別的事情を考慮しつつ，具体

的な就労の場が現実に存在するかによって判断する傾向にある（たとえば，静岡地判2014年10月2日賃社1623号39頁）。②の稼働能力を活用する意思は，判断基準として明確性を欠くが，近年の裁判例は，本人の資質や困窮の程度などを斟酌することで稼動能力活用の意思を比較的容易に認めている（大津地判2012年3月6日賃社1567＝1568号35頁）。しかし，要保護者に対しては困窮原因を問わずに，無差別平等に保護を実施するという生活保護法2条の趣旨からすれば，就労意思の存在を判断基準として重視することは妥当とはいえない。

能力活用の要件は，資産活用の要件とは異なり，これを充たさないとして保護が否定されることで，要保護者が最低生活水準を下回る状態のまま放置される可能性がある。迅速な保護の開始という趣旨から，申請保護は原則として14日以内に審査しなければならず（生保24条5項），この間に，保護の実施機関が，能力活用要件を認定するのは実際には困難を伴う。能力の活用は，保護実施要件とはせず，要保護者が最低生活水準を下回った生活状態にある場合には，まずは保護を開始し，保護開始後の就労支援等を行う場面での判断基準とすべきであろう。[8]

裁判例でも，若年失業者が稼働能力を有し，稼働能力を活用する意思も有していたものの，稼働能力を活用する就労の場を得られる状況になかったため就労していなかったと認められるから，稼働能力活用の要件を満たしていたとして，生活保護の開始申請の却下処分を取り消すとともに，却下処分は，生活保護法の解釈を誤ったものであり，また，被告職員の相談時の対応は原告の申請権を侵害するもので，国家賠償法上違法であるとして国賠請求も認容した事例がある（大阪地判2013年10月31日賃社1603＝1604号81頁）。

急迫した事由のある場合は，資産の活用など保護の実施要件を満たさなくても保護が実施される（生保4条3項）。ただし，実務では，急迫事由は生命の危機がある場合など限定的に解されている。恩給担保貸付により借入れをし，受給中の恩給から返済していたことを理由に申請却下処分を受けた者について，困窮の程度は差し迫っており，生命・身体の維持のために必要不可欠な医療行為すら受けることが困難であったとして，急迫事由を認め，同処分を取り消した判決がある（大阪高判2013年6月11日賃社1593号61頁）。生活困窮状態にある要保護者への迅速な保護の実施が求められること，急迫保護が実施された場合も

第6章 生活保護の法政策 211

事後に費用の返還を求められること（生保63条）から，急迫事由は，利用しうる資産を活用して生活費に充当する時間的余裕のない場合なども含むものと広く解すべきである。

(3) 扶養の優先と費用徴収

生活保護法は，扶養義務者による援助（扶養義務の履行）は，保護の実施要件ではなく，扶養義務者から現実に援助が行われた場合，その限度で保護を実施しないという，扶養の優先原則をとる（生保4条2項）。

2013年改正により，従来行われてきた扶養義務者に対する扶養照会に加えて，明らかに扶養が可能であると認められる扶養義務者に対する通知および報告聴取の規定が設けられた（生保24条8項・28条2項）。ただし，この通知および報告聴取が行われるのは，保護の実施機関が，当該扶養義務者に対して生活保護法77条1項にもとづく費用徴収を行う蓋然性が高い場合などに限定される（生活保護法施行規則2条・3条）。

現行の民法では，扶養義務に関して，①夫婦，②直系血族および兄弟姉妹，③3親等内の親族の3つの類型がある。このうち，①の夫婦と②の直系血族および兄弟姉妹は「絶対的扶養義務者」であり，③の3親等内の親族は「相対的扶養義務者」とされ，家庭裁判所の「特別の事情がある」との審判を受けて扶養義務者となった者だけが，扶養義務者とされる（民法877条）。また，扶養義務の内容についても，夫婦間および未成熟子に対する親の扶養は，扶養義務者が扶養を必要とする人の生活を自己の生活として保持する義務（「生活保持義務」）であるのに対して，その他の親族扶養は，扶養義務者に余力のある限りで（自己の地位と生活とを犠牲にすることがない程度に）援助する義務（「生活扶助義務」）として区分する扶養義務二分説が民法解釈上の通説である[9]。

実務では，保護の実施機関が，要保護者からの申告を基本に，必要に応じて戸籍謄本等によって，扶養義務者の存否を確認し，確定した扶養義務者について要保護者などからの聞き取り等の方法により扶養の可能性の調査を行っている。調査の結果，扶養義務者に扶養履行義務が期待できる場合は，扶養照会を行うこととなる。その際，前述の二分説にもとづき，生活保持義務者や生活保持義務関係以外の親子関係にある者のうち扶養の可能性があると期待される者については，社会常識および実効性の観点から重点的に調査されるが，それ以

外の扶養義務者については，必要最小限度の調査でよいとされている[10]。

　前述のように，生活保護法では，扶養義務者の扶養は保護の要件ではないが，現場では，扶養義務の履行を保護の要件であるかのように窓口で説明し，保護の申請を断念させることが，しばしば行われてきたし，いわゆる「水際作戦」の「常套手段」となっているとされる[11]。厚生労働省は「『扶養義務者と相談してからでないと申請を受け付けない』などの対応は，申請権の侵害に当たるおそれがある。また，相談者に対して扶養が保護の要件であるかのごとく説明を行い，その結果，保護の申請を諦めさせるようなことがあれば，これも申請権の侵害に当たるおそれがあるので留意されたい」との通知を発出しているが，早急の改善と要保護者への周知が必要であろう。

　また，前述の生活保護法77条１項に基づく費用徴収は，保護の実施後に行うことができ，同法４条２項にいう扶養の優先はこれによって実現される。扶養義務者の負担額は，保護実施機関の審判申立てにより家庭裁判所が決定する（同77条２項）。同条は，現場ではほとんど適用されたことがないが，生活保護法77条における扶養義務の範囲は「生活保持の義務であるか，生活扶助の義務であるかということと，扶養義務者に実際上どの程度の扶養能力があるかによって定められる」と解されており[12]，運用しだいでは，24条が規定する通知および報告の範囲が拡大されるおそれも否定できない。

4　必要即応の原則と世帯単位の原則

　必要即応の原則（生保９条）は，①保護の種類・程度・方法は，要保護者の実際の必要に応じて有効かつ適切なものであること，②保護の基準は，要保護者の年齢や健康状態の違いに応じて有効かつ適切に保護が実施されるよう，保護の程度を定めることを要求する原則である。要保護者の個別事情を考慮した柔軟な解釈・運用を要求する原則といえよう。

　この原則に基づいて，特定の特別需要（加齢や障害に伴う需要など）を有する被保護者の実質的な最低生活を確保するため，特別需要を定型化した加算が設けられている。具体的には，妊産婦加算，母子加算，障害者加算，介護保険料加算（第３章第３節参照）などがある。

　一方，世帯単位の原則（生保10条）は，世帯が家計を同一にする消費生活上の

単位であることから，要否判定と保護費の算定において世帯を単位とするという原則である。世帯が同一であるか否かは，生計の同一性に着目して判断され，居住の同一性や扶養義務の有無は目安にすぎないとされている。保護世帯員は，各人で保護請求権を持ち，生活保護減額処分の取消訴訟の原告適格が肯定されている（福岡高判1998年10月9日判タ994号66頁）。

第3節　生活保護基準の法政策

1　保護基準の設定

(1)　保護基準の法的性質

　生活保護法に基づく生活保護基準は，憲法25条1項にいう「健康で文化的な最低限度の生活」を保障するものである。生活保護法は，厚生労働大臣が定め「最低限度の生活の需要を満たすに十分なもの」でなければならず，それは要保護者個人または世帯の実際の必要に即応したものでなければならないと規定する（8条・9条）。

　この生活保護法8条1項による委任を受けて，厚生労働大臣が保護基準を告示の形式で定める（「生活保護法による保護の基準」）。これがいわゆる「生活保護基準」（以下「保護基準」という）であり，保護基準は，保護を実施するか否かを決定する基準（保護要否決定基準）であると同時に，どれだけの保護を実施するかの基準（保護内容の具体的決定基準）としてもはたらく。保護基準は告示形式とはいえ，保護の要否と給付内容を確定させ，他の法令や施策の指針としての役割を果たすことから，国民の権利義務に関係する法規たる性格を有する法規命令と解されている[14]。

　保護基準は，憲法25条1項にいう「健康で文化的な最低限度の生活」水準を具体的に測定する尺度であり，要保護者が有する資産その他を活用してもなお最低生活費に不足する分が保護費として支給される。実務上は，一般基準と特別基準が存在する。

(2)　一般基準の設定

　一般基準（通常は，これが保護基準といわれる）は，厚生労働大臣が，生活保護法8条に基づき，同法11条の定める生活扶助，教育扶助，住宅扶助，医療扶助，

介護扶助，出産扶助，生業扶助および葬祭扶助について告示形式で定める基準をいう(「生活保護法による保護の基準」1条)。一般基準には，消費者物価等の地域差を反映させるため，6段階の格差をつけた級地制が採用されている。

中心となる生活扶助費の算定方式は，1948年に，マーケット・バスケット方式(最低生活水準を維持するために必要な生活用品を市場で購入したと仮定してこれらを足し合わせる方式)が導入されてから，エンゲル方式(最低生活水準を維持するために必要な食料費を計算した上でこれをエンゲル係数で除して生活費を計算する方式)，格差縮小方式(一般世帯と生活保護受給世帯の生活水準格差を縮小させるように額を算定する方式)と変遷を経てきた。1984年に導入された現行の水準均衡方式は，当該年度に想定される一般国民の消費動向を踏まえ，前年度までの一般国民の消費実態との調整を図るもので，一般世帯の消費支出の7割前後の水準で生活扶助費が設定されている。しかし，同方式の理論的根拠は十分でなく，算定過程も透明性を欠くなど課題が多い。

(3) 特別基準の設定

要保護者に特別の事由があって，最低限度の生活の需要に当たるが，一般基準ではカバーされない特別の需要については，厚生労働大臣が特別の基準を定める(「生活保護法による保護の基準」2号)。個々の特別基準そのものは，告示形式で定められず，当該事例限りの保護実施機関に対する個別の通知として定められている。

この特別基準には，行政実務での運用の積み重ねによって2つの類型がみられる。[15] ひとつは，厚生労働省の通知類に給付事由・品目・上限額などをあらかじめ規定したうえで，保護実施機関が自らの判断で個別に特別基準の設定があったものとして，一般基準に定められていない需要を認定して保護決定を行う類型である(特別基準の一般設定)。他のひとつは，特別基準の一般設定によってもなお最低限度の生活の維持が困難であるような特別の事情が認められ事案について，保護実施機関が厚生労働大臣に個別に情報提供を行い，厚生労働大臣がこれを受けて特別基準の設定を判断する類型であり，その判断結果は，厚生労働省から保護実施機関に対して個別に通知される(特別基準の個別設定)。

問題となるのは，保護実施機関が通知に定められた給付事由や品目のない場合の支給や所定の上限を超える支給ができるかである。障害者加算の一種であ

る他人介護料の特別基準について（上限が設定されていた），在宅の重度障害者の現実の介護費用を賄うのに不十分であり，これに依拠した保護決定が違法であるかが争点となった事案がある（高訴訟）。裁判所は，特別基準の設定について厚生大臣（当時）の広範な裁量を認めて適法としたが（名古屋高金沢支判2000年9月11日判タ1056号175頁），重度の障害を持ちながら，居宅での生活を希望する原告の意思などについて十分考慮していない点で問題が残る。

　特別基準に関するこれらの通知類は，法規命令ではなく，処理基準と明示されており，地方公共団体に対する法的拘束力はない（地自245条の9）。ただし，生活保護法8条は，保護実施機関が，一般基準には定められていない要保護者の最低生活需要を認定して保護決定する権限を有しており，ケースによっては，このような保護決定を行う義務があることを前提にしていると解される[16]。たとえば，住宅扶助の特別基準について，保護実施機関が通知の定める限度額を超える敷金の支給申請を却下した事案で，身体障害による低層階への転居は最低限度の生活の維持に必要であることなどを理由に，住宅扶助基準を超える家賃の住宅への転居であっても，敷金の支給対象にならないとは解されないとして，同処分を取消した裁判例がある（福岡地判2014年3月11日賃社1615＝1616号112頁）。この事案は，厚生労働大臣による特別基準の個別設定が必要とされる事案であるが，裁判所が，設定行為について，これを求める要保護者の申請に対する厚生労働大臣の処分とみる立場をとらず，実施機関の裁量の逸脱・濫用の有無を審査しており，実施機関が厚生労働大臣の定める基準によらずに最低限度の生活を判断する権限を有することを前提にしているともいえる。

2　相次ぐ生活保護基準の引き下げ

(1)　断行された保護基準の引き下げとその問題点

　保護基準は，安倍政権になって，相次いで引き下げが実行されている。2013年には，生活扶助費を3年かけて段階的に引き下げ，総額670億円（約6.5％）減額する改定が行われた（以下「2013年改定」という）。過去2回（2003年度0.9％，2004年度0.2％）を大きく上回る減額で，受給世帯の96％で支給額が減額され，子どもがいる世帯では約10％の引下げとなった。**序章**でみたように，この引き下げが違憲・違法であるとして，現在，全国29地方裁判所に取消訴訟が提起さ

れ，原告は1000人を超えている (2018年6月現在)。

　さらに，2018年10月から3年かけて，保護基準を平均1.8％，最大5％引き下げて，総額210億円 (国費分160億円) の生活保護費削減が実施され (以下「2018年改定」という)，約7割の受給世帯が減額となる。また，高校生がいる世帯に月1万円を支給する一方で，3歳未満の児童等 (第3子の小学校修了前まで含む) の児童養育加算は1万5000円から1万円に減額，母子加算も平均2万1000円から1万7000円へ減額された。これにより不利益を受ける子どもの数は35万人と推計され，子どもの貧困対策に逆行し，子どもの貧困率を上昇させる可能性が高い。

　中でも，児童養育加算減額の意味は大きい。児童手当は，児童のいる生活保護世帯にも支給されるが，生活保護世帯の場合，補足性の原則により，児童手当支給分が収入認定され，生活保護費が減額される。そこで，生活保護世帯も一般世帯も区別なく，児童がいる世帯には，児童の健全育成のため，児童手当相当分が支給されるべきとの趣旨で，1972年の児童手当制度発足以来，児童手当と同額の児童養育加算が支給されてきた (民主党政権のときの子ども手当も同様)。しかし，今回の減額で，児童養育加算は，3歳未満児等について児童手当 (月1万5000円) より減額され連動が断ち切られたこととなる。収入認定される児童手当と同額の加算措置がなされなければ，生活保護世帯に児童手当を支給していない (もしくは減額して支給する) ことと同じになり，乳幼児の健全育成のために使える費用が，生活保護世帯では，一般世帯に比べ月5000円少なくなるわけで，これでは，一般世帯との格差が拡大してしまうおそれがある[17]。何よりも，すべての児童の健全育成という児童手当法の趣旨に明らかに反する。

　高齢者への影響も深刻である。老齢加算廃止から続く生活扶助費の減額で，東京23区など1級地1の75歳以上の高齢単身世帯の生活扶助費は，老齢加算廃止前の2004年度の月額9万3850円が，2020年には月額7万900円と2割以上も減額される (**図表6-2**)。

　2013年改定の問題点については後述するが，2018年改定での引き下げの考え方は，第1・10分位層 (全世帯を所得の低い方から高い方に並べてそれぞれの世帯数が等しくなるように10等分したもののうち，最も所得の低い階層) の消費水準にあわせるというものである。

図表6-2 生活扶助費の引き下げの推移

平均1.8%・最大5% 基準引き下げ【年160億円削減】➡2018年10月～3年間で段階実施。
7割の世帯で減額，都市部の夫婦子2人・高齢単身世帯等で約5％の減額！

前例のない大幅引き下げ含め2004年から相次ぐ減額に耐えがたい追い打ち

生活扶助費の推移 (1級地1，各種加算あり)	2004年	2012年	2015年	2020年 今回の引き 下げ終了後	減額金額	減額割合
夫婦子2世帯 (40代夫婦，小中学生)		220,050円	205,270円	196,010円	24,040円	-10.9%
母子世帯 (40代母，小中学生)		212,720円	199,840円	190,490円	22,230円	-10.5%
高齢単身世帯 (75歳)	93,850円	75,770円	74,630円	70,900円	22,950円	-24.5%

2004年　老齢加算廃止（年337億）
2013年　生活扶助　平均6.5%・最大10％引き下げ（年670億）
2013年　期末一時扶助引き下げ（年70億）
2015年　住宅扶助引き下げ（年190億）
2015年　冬季加算引き下げ（年30億）

出所：日本弁護士連合会ホームページより。

しかし，日本の生活保護の捕捉率は2割程度と極端に低く，第1・10分位層には，保護基準以下の生活水準でありながら，生活保護を利用していない人が多数含まれている。生活保護を利用していないがゆえに，医療費や介護保険料などが免除されていないそれらの人の消費水準は，低賃金化や保険料負担の増大などにより，ここ数年で大きく落ち込んでいる。制度を利用できるにもかかわらず我慢して利用していない人の消費水準にあわせて引き下げることは，お互いに低い方に向かい，引き下げに歯止めがなくなる「負のスパイラル」に陥ることを意味する。[18]

(2) 他制度に波及する保護基準の引き下げ

保護基準の引き下げは，個別の受給者に対する影響にとどまらず，他制度に影響が及び賃金や社会保障給付全体の水準を低下させる。

まず，現在の地域別の最低賃金は「生活保護に係る施策との整合性に配慮」して決めることが最低賃金法に明文化されている（2条）。そのため，保護基準が引き下げられると，最低賃金の引き上げは抑制され，連動して下げられる可能性すらある。

最低賃金のほかにも、保護基準は、社会保障制度や関連制度の中で転用されている。たとえば、国民年金保険料の免除（法定免除）、保育料、児童福祉施設一部負担金の免除などは、生活保護受給と連動しており、保護基準の引下げにより生活保護受給ができなくなれば、これらの免除も受けられなくなる。また、国民健康保険料の減免、同一部負担金の減免基準、介護保険利用料の減額基準、就学援助対象の選定基準などは、保護基準額のおおむね1.0～1.5倍以下（就学援助の場合）などの所得者（準要保護者。生活保護の必要な要保護者に準じる生活状態にある人の意味）とされており、保護基準が下がれば、保険料の減免等が受けられなくなる人がでてくる。とくに就学援助は、現在、利用児童が過去最高の157万人にのぼり、打ち切られた場合の影響は甚大である。

　保護基準は、住民税も課税基準の設定にも連動しており、引き下げで、非課税基準が下がり、現在、住民税が課税されていない人（約3100万人）が新たに課税されたうえに、税制転用方式が採用されている各種費用負担（保育料や障害者福祉サービスの利用料など）も増大する。保育料についてみると、国基準で、3歳未満児の保育料は、住民税非課税世帯（第2階層区分）では月額9000円だが（2019年10月からは無償となる。**第5章第4節**参照）、住民税課税世帯（第3階層区分）になると、月額1万9500円になる。多くの自治体では独自補助により保育料を軽減しているものの、生活保護基準の引き下げによって、住民税が新たに課税されたうえに、保育料まで高くなる（3歳未満児は住民税非課税世帯でなければ、無償ではなくなる）という子育て世帯が多数でてくることになる。

　こうした影響の甚大さのゆえに、現在までのところ、最低賃金の抑制もしくは引き下げはなされず、住民税の非課税基準も据え置きとなっている。しかし、就学援助については、準要保護者（約141万人）に対する国庫負担金は廃止され自治体負担となっているため、少なからぬ自治体では、財政難を理由として就学援助の対象者を縮小する動きが出てきている。20政令市と東京23区のうち2割を超える自治体では、就学援助を受給できる対象者が狭められ、横浜市では1年間だけで1000人近い人が就学援助を受けられなくなっている。

3　生活保護基準と裁量統制

(1)　保護基準と行政裁量

　生活保護法8条が，法規命令としての保護基準の設定を厚生労働大臣に委任していることから，設定にあたっての厚生労働大臣の裁量（行政裁量）が認められ，司法による裁量統制（司法統制）のあり方が問題となる。

　判例は，保護基準の設定に関して厚生労働大臣に専門技術的かつ政策的な観点からの裁量権を認めており，その設定が違法になるのは，裁量権の逸脱または濫用がある場合に限られるとする（裁量処分に関する行訴30条参照）。

　保護基準の裁量統制が争点となった朝日訴訟の第1審判決（東京地判1960年10月19日行集11巻10号2921頁）は「最低限度の水準は決して予算の有無によって決定されるものではなく，むしろこれを指導支配すべきもの」とし，国の財政事情といった予算抗弁は認めず，最低生活基準の規範性を強めるものであった。しかし，上告審の朝日訴訟最高裁判決（最大判1967年5月24日民集21巻5号1043頁）は，厚生大臣（当時）が，現実の生活条件を無視して著しく低い水準を設定するなど，裁量を逸脱・濫用した場合のみ違法になるとし，保護基準の設定にあたって，①当時の国民所得ないしその反映である国の財政状態（財政事情），②国民の一般的生活水準，都市と農村における生活の格差，③低所得者の生活程度とこの層に属する者の全人口に占める割合，④一般の国民感情および予算配分の事情といった生活外要素を考慮できるとした。

　保護基準設定にあたり，国の財政事情などのいわゆる「生活外的要素」を考慮事項することは，当然には違法とはいえないものの，「生活外的要素」は，厚生労働大臣の専門技術的裁量に係る判断過程における考慮事項としてではなく，あくまでも，政策的裁量に係る判断過程における考慮事項として捉えられ，過大に考慮されるべきではない。少なくとも，保護基準設定にあたり厚生労働大臣に裁量を認めた根拠が，主として，その専門技術性にあると考えられる以上，政策的裁量に係る考慮事由である国の財政事情は積極的に考慮されるべきではない。また，④の一般の国民感情のような客観的指標ではかりえない主観的要素を考慮事項に入れるのは適切でないと考える。

　もっとも，朝日訴訟最高裁判決は，さまざまな考慮要素の総合考慮型であり，国の財政事情についても「多数の不確定要素」のひとつと述べるのみで，

考慮事項とすることの明言は避けている。同判決は，保護基準の設定について厚生労働大臣の裁量を認めながら，その根拠として堀木訴訟最高裁判決が明示したような財政事情論を正面から援用することもしておらず，財政事情ないし財政の論理は，裁量の根拠としては提示されていないとの指摘もある。そもそも，憲法によって保障されるべき「健康で文化的な最低限度の生活」の水準であるべき保護基準を，国の財政事情がひっ迫していることを理由として引き下げることは憲法規範的には許されないと解される。

(2) 老齢加算廃止違憲訴訟にみる判断過程審査

保護基準引き下げの司法審査の方法として，**序章**でみた判断過程審査が有効である。

老齢加算廃止の違憲性が争われた一連の訴訟において，福岡訴訟に対する福岡高裁判決（2010年6月14日賃社1529＝1530号43頁）は，社会保障審議会福祉部会内に置かれた「生活保護制度の在り方に関する専門委員会」（以下「専門委員会」という）の議論など老齢加算の廃止に至る経緯を詳細に分析し，専門委員会の中間取りまとめで示されていた高齢者世帯の最低生活水準が維持されるよう引き続き検討することや激変緩和措置を講じるべきことが，その後の決定過程に反映されていないことを捉えて，考慮すべき事項が十分考慮されておらず，または考慮した事項に対する評価が明らかに合理性を欠き，その結果，社会通念に照らして著しく合理性を欠いたと認定し，老齢加算廃止による保護の不利益変更は，生活保護法56条に違反するとして，原告の請求を認めた。同判決は，最低生活水準の維持と激変緩和措置という2つの要考慮事項について実質的考慮要素審査を行い，この審査手法を社会通念審査と結合させる形で審査密度を向上させたと評価されている。

これに対して，福岡訴訟最高裁判決（最判2012年4月2日民集66巻6号2367頁）は，老齢加算の廃止について，生活保護法56条の適用を否定し，生活保護法3条（最低生活の原理）または同法8条2項（基準及び程度の原則）違反の問題ととらえるとともに，生活保護法9条は，個々の要保護者の必要に即した保護の決定・実施を求めるもので，保護基準の内容を規律するものではないとし，同改定を違憲ではないとして福岡高裁判決を破棄し原審に差戻した。同判決は，東京訴訟に対する最高裁判決（最判2012年2月28日民集66巻3号1240頁）とともに，

老齢加算廃止に至る判断の過程と手続きにおける過誤欠落の有無についての裁量審査，すなわち判断過程審査を採用したとされるが (序章4参照)，結論的には，判断過程に過誤欠落はなく，激変緩和措置が採用されていることを理由に加算廃止の違憲性を否定している。この点，加算廃止における大臣の裁量権を専門技術的かつ政策的な性質であるとしたことで，審査密度を高められなかったとの指摘がある。[24]

　社会保障審議会は厚生労働省設置法に根拠を持つが，専門委員会には法令上の根拠がなく，保護基準設定にかかる厚生労働大臣の判断過程については一切の手続的規律が法令上欠如している。そのため，福岡高裁判決のように，何ら規範的前提もなしに，大臣の判断過程において審議会手続が用いられたことのみをもって，審議会の意思を十分考慮すべきと解するのは難しい。とはいえ，保護基準の設定が憲法25条1項にいう「健康で文化的な最低限度の生活」の保障にかかわる事項であること，引き下げという保護基準の改定については，引き下げ後の基準が「最低限度の生活の需要を満たすに十分なもの」である必要があること (生保8条2項)，必要即応原則 (生保9条) および不利益変更禁止原則 (生保56条) の諸規定の趣旨から審査密度の向上が求められる。なお，福岡訴訟最高裁判決は，要保護者に特別な需要が存在する場合に，保護の内容について特別な考慮をすべきことを生活保護法9条が定めたものであることに照らし，保護基準の改定 (加算の減額・廃止) に当たって同条の趣旨を参酌する余地は認めており，老齢加算の減額廃止を機械的に適用することは，個々の高齢者の具体的生活状況における需要いかんでは，生活保護法9条に規定する「必要即応の原則に反する」場合があり，この場合は，特別基準を設定して手当すべきとする須藤裁判官の個別意見も付されている。これをさらに敷衍し，この場合は，厚生労働大臣は，特別基準の設定について考慮検討する義務を負うと同時に，実施機関は，厚生労働大臣に対して特別基準設定の申請義務を負うとの指摘もある。[25]

4 保護基準引き下げの判断過程審査

(1) 保護基準引き下げの判断過程

つぎに，2013年改定の実際の判断過程をみていく。

2012年の生活保護バッシングを追い風に，自民党は，同年12月の第46回衆議院議員総選挙で「(生活保護)給付水準1割カット」という政権公約を掲げ，同選挙で大勝，第2次安倍政権が発足した。その後，社会保障審議会生活保護基準部会(以下「基準部会」という)で検討が行われ，2013年1月18日に，基準部会の検証結果が報告書として取りまとめられた。報告書では，第1・10分位層の消費実態との比較による検証がなされており，2018年改定がこの比較による引き下げであったことは前述のとおりである。

　そして，同年1月27日に「平成25年度厚生労働省予算案」が発表され，同年8月から3年かけて段階的に，生活扶助基準を引き下げる(3年間で国費約670億円削減)ことが明らかにされた。このうち，第1・10分位層の消費実態と比較した基準部会の検証結果(いわゆる「ゆがみ調整分」)に基づき引き下げられたのは，生活扶助本体分の90億円であり，残り580億円(生活扶助本体分510億円と加算分70億円)は，2008年以降の物価下落(デフレ)を理由にして引き下げられた(いわゆる「デフレ調整分」)。

　この物価下落については，通常使われている総務省が作成し公表している「消費者物価指数(CPI: Consumer Price Index)」ではなく，厚生労働省が独自に創作した「生活扶助相当CPI」と呼ばれる資料により算定された物価動向が参照された。「生活扶助相当CPI」は，総務省の消費者物価指数をもとに，すべての消費品目から①生活扶助以外の他の扶助で賄われる品目(家賃，教育費，医療費等)および②原則として保有が認められておらずまたは免除されるため，保護世帯において支出が想定されていない品目(自動車関連費，NHK受信料等)を除いて算定した消費者物価指数である。また，「ゆがみ調整分」についても，厚生労働省は，激変緩和のために基準部会の数値を2分の1に圧縮して適用したことが明らかになっている。[26]

(2) 判断過程の問題点

　以上の保護基準引き下げの判断過程には，いくつかの問題が指摘できる。

　まず基準部会は，第1・10分位層の消費実態との比較による検証結果について限界があることを指摘していたばかりか，[27] 物価下落を理由にした保護基準の引き下げについては何ら検討していなかった。また，物価スライド制をとっている年金と異なり，保護基準には，スライド制は存在せず，生活保護法の立法

趣旨から，制定時には，保護基準の引き下げ自体が想定されていなかったとされる[28]。しかも，物価下落といっても，消費者物価指数をみると，教養・娯楽費の下落幅は大きいが，食料・住居・被服費の下落幅はきわめて小さく，光熱水費は上昇しているときもある。さらに，2008年と2011年との物価指数が比較されているが，予算案が公表された2日前の2013年1月25日には，2012年の消費者物価指数が公表されており，これと比較すれば，光熱水費はプラス2.8％の上昇であり，少なくとも物価下落があったとはいいがたく，厚生労働省の比較は，恣意的・政治的な操作の疑いがあるとの指摘もある[29]。

基準部会が法定された手続機関ではないとしても（前述のように，保護基準設定全般において手続的規制が欠如している），基準部会が検討もしていない「デフレ調整分」という物価下落率を考慮するについては，重要でない考慮要素（または，生活保護法の立法趣旨から考慮すべきでない考慮要素）の過大考慮（他事考慮）といえる。さらに，「生活扶助相当CPI」の算定方法については，総務省の消費者物価指数よりも下落率が大きくなるという統計それ自体の疑義が指摘されている[30]。基準部会の検証結果に基づく「ゆがみ調整分」の数値も，厚生労働省は2分の1に圧縮して適用したことについて基準部会の了解を得ることも，報告もしていなかった。「2分の1」だけ考慮された点についても，要考慮事由の過小評価もしくは他事考慮といえよう。

(3) 小括

結局のところ，生活保護基準の10％引き下げという自民党の政権公約に配慮する形で，まさに「10％の引き下げありき」で，保護基準が引き下げられたといえる。保護基準の設定に厚生労働大臣の裁量が認められているのは，専門技術的考察を必要とするからであって，国の財政事情などの政策的裁量が認められるとしても，専門的裁量は，それとは独立に，それに優先して行われるべきものである。ましてや，2013年改定で考慮されたのは，国の財政事情ですらなく，政権与党となった自民党の政権公約であり，明らかな他事考慮といえる。以上のことから，裁量権逸脱濫用が認められ，2013年改定による保護基準引き下げは違法である。

2018年2月には，厚生労働省の裁量労働制のデータの誤りが指摘され，裁量労働制拡大法案の国会提出が見送られた。また，2019年1月にも，勤労統計や

賃金構造基本調査に不適切な処理や偽造がみつかり，実質賃金が上昇ではなく下がっていたことが明らかとなった。同じような不適切なデータ処理や偽造が，すでに保護基準の改定においても行われていたのである。今後は，保護基準引き下げの違憲訴訟の裁判の場で，国（厚生労働省）側に，保護基準引き下げの判断過程についての説明が求められる。

第4節　生活保護の種類と方法

1　生活保護の種類

(1) 扶助の種類と内容

　保護の種類は，生活扶助，教育扶助，生業扶助，住宅扶助，医療扶助，介護扶助，出産扶助，葬祭扶助の8つが法定されている（生保11条）。

　生活扶助は，衣食その他日常生活の需要を満たすために必要なもの，つまり生活費の給付である。生活扶助には，居宅保護費のほか，保護施設入所者に対する入所保護の基準額，入院患者の日用品費および介護施設入所者基本生活費がある（基準生活費）。

　教育扶助は，義務教育に伴う必要な教科書その他の学用品，通学用品，学校給食その他に対する給付である。高等学校への進学率が98％を超す状況で，義務教育のみに限定されていることに批判が強かったが，中嶋訴訟最高裁判決を契機に，高等学校等就学費（教材代，授業料，入学料，通学交通費，学習支援費など）が生業扶助として支給されるようになった。

　医療扶助と介護扶助は，それぞれ指定機関に委託して現物給付として行われる。医療扶助は，医療券を発行して行うが，その診療方針および診療報酬は，国民健康保険の例によるから，基本的には社会保険医療と同水準である（同52条1項。ただし同条2項に基づく例外あり）。後述のように，2018年改正で，後発医薬品の使用が原則化されたことは問題がある。

　これら8種類の扶助は，被保護者の必要に応じ単給でも行われる（生保11条2項）。これらの扶助が列挙されている生活保護法11条の規定が，単なる例示なのか，制限列挙であるかが争われた事例（第2次藤木訴訟）で，これを制限列挙と解して，申請拒否処分の取消訴訟で勝訴確定判決を受けた原告が訴訟追行

に要した訴訟費用，弁護士費用については，生活保護の対象とならないとした裁判例がある（東京地判1979年4月11日行集30巻4号714頁）。

(2) 住宅扶助をめぐる法的問題

住宅扶助は，住居およびその補修など住宅の維持のために必要なものに対する給付である（生保14条）。行政実務では，家賃・地代，家屋の補修費などのほか，転居に対して必要な敷金等も支給されるようになっている（この場合は特別基準の設定があったものとして取り扱われる）。しかし，家賃に係る住宅扶助基準（特別基準を含む）は，とくに都市部の家賃水準を反映しておらず低額のため，多くの生活保護受給者が，国（国土交通省）が「健康で文化的な住生活」と定めた水準の住宅に入居できていない現状がある。[31]

住宅扶助費については，2015年度から削減されており（2015年度から2018年度にかけて総額190億円の削減），東京23区（1級地の1）の2人世帯で，月額6000円の減額となっている。こうした減額で，これまでは適正な家賃とみなされ全額が支給されていた家賃が，住宅扶助基準額を超える「高額家賃」とされてしまい，受給者は転居指導の対象とされることとなる。しかし，無理な転居や転居の事実上の強制により，高齢者や障害者が必要な支援が受けられなくなる可能性も考えられるし，とくに，高齢者の場合，環境の変化により認知症発症や健康の悪化につながりやすい。子どものいる世帯では，子どもが転校を余儀なくされることがありうる。結局，保護世帯の側で，基準額を超える金額を共益費などにふりかえ，名目上家賃を基準額以内に納め，自らの生活費を切り詰めて転居の不安をクリアする自己犠牲的選択をとるおそれが指摘されている。[32]

この点について，厚生労働省は，住宅扶助減額に係る局長通知を発出し，経過措置にあたる旧基準を適用してよい場合として，①転居によって通院，通所に支障をきたす場合，②転居によって通勤または通学に支障をきたす場合，③高齢者，身体障害者等であって，親族や地域の支援を受けている場合であって，転居によって自立を阻害する場合を挙げている。当面は，この経過措置の最大限の活用が求められよう。

もともと，基本的人権としての住居という考え方が薄い日本では，公営住宅の少なさは先進諸国でも突出している。公営住宅の応募倍率は，全国平均で6.6倍，東京都では23倍に達する。しかも，民間住宅では，現在，高家賃の住

宅が増加する一方で，低家賃の住宅は老朽化などで減少傾向が続いている。とくに，ひとり暮らしの高齢者の場合，孤立死で「事故物件」になることを業者がおそれ，入居を拒まれるケースが多い。結局，低所得の高齢者や生活保護受給者が行き場をなくし，劣悪な居住環境のもとに追いやられている。2015年4月には，川崎市の簡易宿泊所2棟が全焼，10人が犠牲になったが，犠牲者の大半は生活保護受給者であった。2009年3月にも，群馬県の無届有料老人ホーム「静養ホームたまゆら」で火災があり，入居者10人が犠牲になった事件があったが，その犠牲者の多くが東京都から生活保護を受けている高齢者であった。こうした悲劇を繰り返さないためにも，公営住宅の増設，実態に即した住宅扶助基準の引き上げが不可欠である。

2　保護の方法

　生活扶助は，居宅保護が原則であるが（生保30条1項），これによることができないとき，これによっては保護の目的を達しがたいとき，被保護者が希望したときは，保護施設に入所させて保護を行うことができる（同項ただし書）。もっとも，被保護者の意に反して入所を強制することはできない（同条2項）。

　居宅保護を求めた路上生活者に対して，居宅保護の希望を考慮せず，一律に入所保護の対象とする運用に基づきなされた入所保護決定を違法として，取消した裁判例（大阪高判2003年10月23日賃社1358号10頁）がある。

　保護施設には，救護施設，更生施設，医療保護施設，授産施設および宿泊提供施設がある。設置主体は，地方公共団体および地方独立行政法人のほか，社会福祉法人，日本赤十字社に限定されている（生保41条）。近年，法的な位置づけのない施設，さらには建築基準法違反の疑いのある建築物など，劣悪な居住環境に生活保護受給者を住まわせ，保護費から高額の居住費などを徴収する，いわゆる「貧困ビジネス」が拡大し問題となっている。住居のない生活保護受給者などが入居する無料低額宿泊所（社福2条3項8号）と入所者の契約が公序良俗に反し無効とされ，また入所者が生活保護費を搾取され「健康で文化的な最低限度の生活を営む権利」を侵害されたとして不法行為責任が認定された裁判例（さいたま地判2017年3月1日賃社1681号12頁）もある。無料低額宿泊所の規制・監督の強化や，適切な居住場所への転居を促す支援が求められる。

第5節　生活保護の実施過程

1　保護の申請をめぐる法的問題

　生活保護法は，要保護者等の申請に基づく保護を原則としている（生保7条）。これは，立案者によれば，生活保護法は個々の国民に保護請求権を認めているので，制度の仕組みとして，保護の開始を，保護請求権の行使としての申請に基づいてする方が合目的的と考えられたためとされる[33]。このことから，保護請求権より申請権が帰結される。

　また，生活保護法7条には，申請は書面によることと規定されていないので，保護の申請は要式行為ではなく，申請の意思表示を明確に行っている場合には，口頭の申請でも有効だとされ，このことは，いくつかの判例（大阪高判2001年10月19日賃社1326号68頁，さいたま地判2013年2月20日判時2196号88頁）でも認められている。ただし，行政実務上は，保護の要否決定に際して，要保護者の具体的な情報が必要となるため，書面に必要事項を記載してもらう必要があり，それが書面による保護の申請を規定した省令（生活保護法施行規則2条1項）の趣旨とされてきた。2013年改正により，書面による保護の申請が省令から法律本体（生保24条1項）に明記されたが，当該書類を提出することができない特別の事情があるときは，この限りでないとされており，厚生労働省の説明によれば，口頭での保護の申請を認めるこれまでの基本的な解釈を変えるものではないとされている。

　これまで，保護の実施機関（福祉事務所）が，相談と称して，申請書をわたさない，申請そのものを取り下げさせるなど，違法な「水際作戦」が行われ，餓死事件や自殺事件などの悲劇があとをたたなかった。そのため，厚生労働省も，前述のように，事務次官通知を発出し，保護申請権の侵害のないよう，現場に警鐘を鳴らしてきた。2013年改正により，原則として，書面による申請と資料の添付が義務づけられたことから，必要とされる事項をすべて申請書に記載し，必要とされる書類をすべて提出しないと，申請を受付けないという運用がなされる可能性は否定できない。しかし，これらの書類の提出があるまで，申請を受理しないという取り扱いは，申請の到達により遅滞なく審査が開始さ

れ決定を得るという申請権の侵害となる（行手7条）。保護申請の意思を示した者に対しては，その申請権を侵害しないことはもとより，侵害していると疑われるような運用は違法になることは，2013年改正後も何ら変わることはないと解される。[34]

　また，保護の実施機関は，要保護者の申請に際してこれを援助して迅速な保護の開始につなげることが求められるから，これをしないことは違法と判断される場合がある（福岡地小倉支判2011年3月29日賃社1547号42頁参照）。さらに，要保護者が急迫した状況にあるときには，保護の実施機関は，要保護者からの申請を待たずに職権で保護を開始しなければならない（生保25条1項）。

2　調査と保護決定

　申請を受けた保護の実施機関は，保護の要否や程度に関する判断を行うため，要保護者の資産や収入の状況，健康状態，扶養の実態その他の必要な事項について調査を行う。これらの調査は，要保護者の申請時の申告や提出書類のほか，要保護者の居住場所への立入調査，医師等による検診などにより行われる（生保28条1項）。

　これらの調査は強制ではないので，要保護者はこれを拒否できるが，要保護者が報告せず，虚偽の報告をし，立入調査を拒み，妨げ，忌避した場合，または検診命令に従わない場合，保護の申請却下または保護の不利益変更が行われる（生保28条5項）。これは，制裁というよりも，保護の要否に不可欠な事項について調査できないため，適法な保護の決定ができないという趣旨によるものと解されている。[35]

　以上の調査等を経て，保護実施機関は，保護の要否・種類，程度・方法を決定し，申請者にこれを書面で通知しなければならない。この書面には決定の理由を付す必要がある（生保24条3項・4項）。保護開始決定についても書面での理由提示が義務付けられているのは，保護の種類・程度・方法に関して申請一部拒否処分に該当する場合があるからである。理由がまったく欠けている場合や明らかに事実に反する虚偽の理由が付記されている場合には，当該処分は違法となる（京都地判1993年10月25日判時1497号112頁参照）。また，理由の提示の内容・程度は，特段の理由がない限り，いかなる事実関係に基づきいかなる法令，審

第6章　生活保護の法政策　　229

査基準，処分基準を適用して当該処分がなされたのかを，処分の相手方においてその記載自体から了知しうるものでなければならず，単に抽象的に処分の根拠規定を示すだけでは十分でないとするのが判例（最判1985年1月22日民集39巻1号1頁，最判2011年6月7日民集65巻4号2081頁）であり通説である[36]。保護の不利益変更処分の理由の提示義務についても同様である。

保護の決定の通知は，申請のあった日から14日以内にしなければならない。ただし，扶養義務者の資産および収入の状況の調査に日時を要する場合など特別な理由がある場合には，30日まで延ばすことができる（生保24条5項）。要保護者に対する迅速な保護の実施を保障するための規定である。30日以内に通知がない場合には，申請者は保護実施機関が申請を却下したものとみなすことができる（同条7項。みなし却下処分）。申請者の迅速な権利救済を図る趣旨であり，申請者は，みなし却下処分について審査請求を行い，さらに当該処分の取消訴訟などを提起できる。

3 被保護者に対する指導・指示の法的問題

保護の実施機関は，被保護者に対して，生活の維持，向上その他保護の目的達成に必要な指導または指示をすることができる（生保27条1項）。この指導・指示は，被保護者の自由を尊重し，必要最小限度に止めなければならず，被保護者の意に反して，指導・指示を強制し得るものと解釈してはならないとされている（同条2項・3項）。

一方で，生活保護法は，被保護者は必要な指導・指示に従う義務を定め，被保護者がその義務に違反した場合には，保護実施機関は，保護の変更・廃止など不利益変更をすることができる旨を規定している（生保62条1項・3項）。不利益変更をするに当たっては書面で指導・指示を行わなくてはならず（生活保護法施行規則19条），これは被保護者の権利保護を図るための手続的規定であるから，書面による指導・指示を欠いてなされた保護廃止処分は違法である（神戸地判2011年9月16日賃社1558号44頁も参照）。

指導・指示については，実務上は，行政指導と捉えられ処分性が否定されているが，学説では，その遵守が，生活保護法62条3項に基づく不利益処分により担保されており，実質的に規制的な力を持つことから，行政処分と解する見

解が有力であり，妥当と考える。

　行政実務でみられる指導・指示の内容は，資産の処分をはじめ，書類の提出を求めるものなど，きわめて包括的である。中には，クーラーはぜいたく品だからと撤去を命ずる違法と思われる指導・指示もなされてきた(埼玉クーラー事件)。指導・指示は，あくまでも「保護の目的達成に必要」であるかどうか，つまり被保護者の自立の助長という生活保護法の目的達成のために行われるのであって，それに反する指導・指示は違法となる。同時に，指導・指示は明確なものでなければならない。最高裁は，所定額まで収入を増やすように求める指示について，保護の実施機関の恣意の抑制，指導・指示の明確化などの法令の規定の趣旨に照らすと，書面による指導・指示の内容は，当該書面自体において指導・指示の内容として記載されていなければならず，上記の事項等を考慮に入れることにより，当該書面に記載されていない事項(本件では自動車の処分)までその内容に含まれると解することはできないと判示している(最判2014年10月23日判時2245号10頁)。

　すでに決定された保護は，正当な理由がなければ，不利益に変更されない(生保56条)。不利益変更には，保護の廃止のほか，停止や減額，種類や方法の変更も含まれる。「正当な理由」が該当するのは，要保護性が消滅した場合(同26条)や，前述の指導・指示に従わない場合(同62条3項)などの法定の要件に適合する場合や，法令(保護基準も含む)の改定による場合である。行政実務では，従来，廃止事由がないにもかかわらず，事前に被保護者に保護辞退届を提出させ，それを理由に廃止処分を行うという違法な運用がみられた。こうした運用に対して，辞退届の根幹部分に錯誤があり，辞退の意思表示は無効であるとして廃止処分を取り消した裁判例がある(広島高判2006年9月27日賃社1432号49頁)。

　指導・指示に従わない場合の不利益処分については，被保護者に対する弁明の機会の付与が義務付けられているものの，それ以外の不利益処分については，行政手続法は12条(処分基準の定立)と14条(理由の提示)を除き適用除外とされている(生保29条の2, 62条4項・5項)。生活保護の不利益変更が，被保護者の生活に大きな影響を与えることを考えれば，不利益処分すべてで弁明の機会の付与など事前手続が保障されるべきであろう。[37]

第6節　生活保護の法政策的課題

1　権利救済と行政訴訟の課題

　生活保護の申請拒否や保護の不利益変更など保護実施機関の保護の決定・実施に関する処分に不服がある場合は，行政不服審査法に基づき，都道府県知事等に審査請求を行うことができる。生活保護法65条1項は，審査請求があった場合の裁決期間を規定している（行政不服審査法43条1項の規定による諮問をする場合は70日，それ以外の場合は50日）。裁決期間を経過した時は，同条2項により審査請求は棄却したものとみなすことができる。都道府県知事の裁決に不服がある場合には，厚生労働大臣に対して再審査請求をすることができる（生保64条以下）。

　なお，2014年の行政不服審査法の改正で，保護の決定・実施に関する処分の審査請求についても，審理員および第三者機関による2段階の審理手続などが適用されるようになった（行審9条など）。また，同時に改正された行政手続法により，同法36条の2が新設され，法令に違反する行為の是正を求める行政指導を受けた者が，当該行政指導が法律に規定する要件に適合しないと思料するときは，当該行政指導をした行政機関に対して，その旨を申し出て，当該行政指導の中止その他必要な措置をとることを求めることができるようになった。前述の生活保護法27条による指導・指示も，この中止等の求めの対象となると考えられ，今後，これを活用して，違法な指導・指示があった段階で，それに法的に対抗することが可能となったとの指摘がある[38]。実務では，前述のように，指導・指示の処分性が否定され審査請求が却下されている現状からすると，有効な権利救済の手段となりうる。

　保護実施機関の決定・処分に対しては行政訴訟を提起することもできる。2004年の行政事件訴訟法の改正により，義務付け訴訟および仮の義務付けが法定化され（行訴3条6項），申請拒否処分を争う場合には，その取消訴訟とともに保護開始の義務付け訴訟（同37条の3）を提起し，仮の義務付け（同37条の5）も申し立てることが可能となった。近年，これらを認容する裁判例が相次いでいる（福岡高那覇支決2010年3月19日賃社1519＝1520号103頁など）。また，保護廃止

を含めた不利益処分に対しては執行停止の申立て（行訴25条1項）により救済を得ることができる（東京地決1966年8月30日判時455号36頁）。

生活保護法では審査請求前置主義がとられており（行訴8条1項ただし書，生保69条），仮の義務付けを申し立てる場合も，原則としてまず審査請求を行い，裁決を得る必要がある。もっとも，仮の義務付けが認められるような場合は，行政事件訴訟法8条2項2号（処分，処分の執行または手続の続行により生じる著しい損害を避けるため緊急の必要があるとき）または3号（正当な理由があるとき）に該当し，裁決を経ないで取消訴訟を提起できる場合が多いと考えられる（同条2項2号に該当するとして，執行停止の申立てを認容した事案として，那覇地決2008年6月25日賃社1519＝1520号94頁）。生活保護に関しては，緊急性が高い事例があることを考えると，審査請求前置そのものを廃止すべきと考える（**終章第3節**参照）。

2　生活保護制度改革の動向

2018年6月には，生活保護法の改正を含む「生活困窮者の自立を促進するための生活困窮者自立支援法等の一部を改正する法律案」が成立した。生活保護法の主な改正内容は，①生活保護世帯の子どもが大学等に進学した際に，新生活の立ち上げ費用として進学準備給付金を一時金として支給（自宅通学で10万円，自宅外通学で30万円），②医療扶助における後発（ジェネリック）医薬品の使用を原則化，③資力がある場合の返還金の保護費との調整，④無料低額宿泊所の規制強化などである。

このうち，①では，あわせて，大学進学後も引き続き，出身の生活保護世帯と同居して通学している場合には，住宅扶助を減額しない措置がとられることとなった。しかし，大学生になると生活保護世帯から外れ当該世帯の生活扶助が減額される仕組みは残っており，生活扶助の減額も行わない措置も必要であろう。②は，医師などが医学的知見から問題ないと判断するものについては，後発医薬品で行うことを原則化するものだが，生活保護受給者本人の意思による先発品の選択を認めず，医療の平等原則の観点から問題がある。今後，医薬品以外の治療行為についても，生活保護受給者の差別的取り扱いが拡大される可能性があり，平等原則（憲法14条）に違反するおそれがある。また，③は，生活保護費から過払の生活保護費の返還金を強制的に天引きするもので，事実

上，生活保護費の手取り額が最低生活費を下回ってしまうことになり，最低生活保障の趣旨に反する。④も，規制強化とあわせて単独での居住が困難な人への日常生活支援を無料低額宿泊所で実施することとされており，無料低額宿泊所を実質的に生活保護の受け皿に転換しようとするもので問題がある。

3 生活保護法の全面的法改正に向けて

保護基準の引き下げと生活保護制度改革により，生活保護が最低生活保障の機能を果しえなくなりつつある。法改正を含めた次のような改革が課題となる。

まず，運用面では，稼動能力を有する者に対して，稼働能力を活用しようにも，働く場が得られなければ，生活保護を利用することができること，就労していても，資産がなく，給与が最低生活費に満たない場合にも，やはり生活保護を利用することができることを周知し，生活保護の活用を積極的に助言していく必要がある。

ついで，生活保護法24条を再改正し，生活保護の申請が要式行為ではないことを明確にするとともに，生活保護の申請方法を簡略化し，申請の意思を明確にすれば口頭でも可能であり，特定の申請用紙でなくても便箋等に必要事項を記入しても適法な申請となる。以上のことを周知させるとともに，申請権を侵害する水際作戦や保護の辞退を強制するような運用は違法であり早急に改められるべきだろう。

さらに，公的扶助の領域では，法治主義が限りなく没却せしめられ，保護の実施は相対的に行政の自由裁量で行われ，保護請求権はその実質において空洞化されたままとの指摘があるように[39]，保護請求権に基づいた生活保護法の全面改正が不可欠である。具体的には，生活保護利用の権利性を明確にしたうえで（権利性を強調するのであれば，「受給（者）」より「利用（者）」といった方が妥当であると考えられ，以下，引用の場合を除き，この用語を用いる），「生活保護法」という名称を「生活保障法」に変更し，関連する文言の変更を行うべきである。もともと，現行生活保護法の制定時におけるGHQ折衝での厚生省案の英文は「Daily Life Security Law」で，直訳すれば「生活保障法」となるはずであったが，権利性が強調されすぎるとして，和文では「生活保護法」と使い分けられた経緯がある[40]。同時に，生活保障の申請権を侵害してはならず，申請があれば必ず受

付けなければならないことを法律に明記するとともに，利用者の必要な助言や支援を請求する権利，それに対応する行政の情報提供義務も明記すべきである。そのほか，補足性の原則（4条）の「資産等」について，生活保護法に原則規定を置くとともに，医療扶助や住宅扶助などを個別に利用する単給の場合には，収入・資産要件を緩和するなどの改正が必要と考える。

　保護基準については，現在の厚生労働大臣による行政裁量の法的統制が必要である。学説では，①保護基準を厚生労働大臣の告示ではなく，法律の別表とし，国会の審議を経て改定できる仕組みに改める，②生活保護法8条2項を，厚生労働大臣の考慮すべき要素を詳細に定めた規定に改める，③保護基準の設定を行政に委ねるが，その設定を厚生労働大臣から独立・中立の行政機関に委ねる，あるいは厚生労働大臣から諮問機関への諮問手続を法的に義務付けるといった手法が提案されている。[41]

　保護基準改定にあたって国の財政事情が過大考慮され，最低生活保障までもが「財政の論理」優位のプロセス（「専門性の論理」軽視のプロセス）で決定され保護基準の引き下げを中心とした社会保障の削減が断行されている現状を踏まえれば，[42]①の保護基準の法定化が望ましいと考える。[43]かりに保護基準の改定を行政裁量に委ねる場合も，少なくとも，保護基準の改定手続と生活保護受給者の改定手続への参加を法定化し，最低生活費の算定過程の透明性を高めるため，基準額設定の基本的な方法なども法定化すべきであろう。

4　生活保護法・生活困窮者自立支援法の課題とベーシックインカムの構想

　2013年改正とともに，いわゆる「第2のセーフティネット」として，生活困窮者自立支援法が制定された（2015年施行）。同事業については，自立相談支援事業と住宅確保給付金の支給事業のほかは任意事業のため，任意事業は約3割の自治体で実施されていないなど，[44]その実施について大きな地域格差が生じている。同法を改正し，各事業に対する国・自治体の責任と利用者の権利性を明確にするとともに，必要な予算を投入し，全国共通の各事業の基準を定め，当事者の主体性を認めた制度運用を行っていく必要がある。具体的には，生活困窮者自立相談事業の相談窓口での生活保護申請への助言義務を明記すること，住宅確保給付金の引上げ，就労支援事業への最低賃金の適用などが必要である。

欧米諸国では，就労（努力）と公的扶助とを結びつける「ワークフェア（Workfare）」と呼ばれる政策が展開され，日本でも，生活保護利用者への就労支援が強化されている。しかし，日本の場合，年金制度の不備のゆえに，生活保護利用者の半分以上が就労による経済的自立が困難な高齢者であり，就労促進策には限界がある。

　もともと，生活保護（公的扶助）は，事前の拠出を前提とした社会保険方式をとりえない制度である。しかし，「社会保険主義」に基づく「貢献」原則の立場から（**序章6参照**），拠出に基づかない公的扶助給付であっても，受給者側には，稼働能力の存在を前提として（生保4条1項），（法的に強制可能な義務とまで言えなくとも）就労に向けた一定の責務があるのではないか（あるいは状況に応じて，多様な意味合いでの自立に向けた積極的な取り組みが規範的に要求されているのではないか）との問題提起をする見解もある。[45] この見解は，生活保護法上の被保護者の生活上の義務の規定（生保60条）も「貢献」の具体化と捉える。[46] 生活保護制度改革においても，こうした「貢献」原則に裏打ちされた就労支援の強化，指導・指示に従わない場合の保護の廃止を含めた管理の強化が推進されつつある。さらに，医療扶助費が生活保護費の半分を占め，年々増加していることから，医療扶助においても診療時の一部負担金を徴収すべきとの意見も出ている（こちらは「貢献」原則というより，生活保護費の抑制の側面が大きいが）。

　しかし，前者についていえば，生活保護法が，保護の無差別平等原則（生保2条）を採用していることから，就労等に向けた取り組みが規範的に要求されているとまではいいがたい。また，後者に関していえば，生活保護利用者に給付されているのは最低生活費であるから，そもそも医療扶助の自己負担を支払う能力もなく，そのような費用は制度上も考慮されていないこと，病気と貧困の関係が深いからこそ，生活保護利用者には自己負担をなくして医療へのアクセスを保障していることを考えるならば，[47] 妥当な法政策とはいえない。

　一方で，世界的な雇用の非正規化，AI（人工知能）やロボット化による雇用の減少・喪失といった経済・社会状況の変化を背景に，就労と給付との関連を切断し，資産調査なしに無条件にすべての人に一定額の現金を給付する「ベーシックインカム（Basic Income）」の構想も台頭している。2016年6月には，スイスで導入の是非を問う国民投票が行われ（結果は否決），2017年1月には，フィ

ンランドの一部地域で約2000人の失業者を対象としたベーシックインカムの実証実験がはじまっている。年金制度における最低保障年金の構想（**第1章第4節参照**）は，ある意味で，高齢者を対象としたベーシックインカム構想といえなくもない。ただし，すべての人を対象としたベーシックインカム構想は，日本では，財源問題など課題が多いためか現在までのところ政策レベルでの検討はされていない。

1) この覚書は「public assistance」という標題であり，本来であれば「公的扶助」と訳されるところ，「社会救済」と訳された。このことは，当時は「公的」という概念が日本語に存在しなかったことを意味する。この点に関しては，伊藤・権利150頁参照。
2) もっとも，過去最多の受給者数（204万6000人）であった1951年当時の日本の人口は，8457万人で，保護率は2.4％あるから，保護率（現在は1.7％）でみれば，過去最高とはいえない（当時の保護率の水準であれば，生活保護受給者数は，現在の約1.5倍の300万人超に達する計算となる）。
3) 生活保護問題対策全国会議や全国生活保護裁判連絡会などの60団体は，2011年11月9日に，連名で「利用者数の増加でなく貧困の拡大が問題である――『生活保護利用者過去最多』に当たっての見解」を公表し，同様の認識を示している。
4) 稲葉剛『生活保護から考える』（岩波書店，2013年）76-77頁参照。
5) 小野市の条例の問題点に関しては，安田浩一「小野市『適正化条例』と民意」賃社1585号（2013年）4頁以下参照。
6) 障害者福祉における「自立」概念の変遷については，伊藤周平「障害者の自立と自律権」季刊社会保障研究21巻2号（1993年）150頁参照。また，法の目的とする「自立」の多面的意味を指摘するものとして，前田雅子「障害者・生活困窮者――自立支援の対象と公法」公法研究75号（2013年）206-207頁参照。
7) 加藤ほか〔第7版〕377頁（前田雅子執筆）参照。
8) 同様の指摘に，前田雅子「個人の自立を支援する行政の法的統制――生活保護法上の自立とその助長」法と政治67巻3号（2016年）参照。
9) 於保不二雄・中川淳編『新版・注釈民法（25）親族（5）〔改訂版〕』（有斐閣，2004年）734頁（床谷文雄執筆）参照。
10) 『生活保護手帳別冊問答集2018』（中央法規，2018年）144頁参照。
11) 山本忠「生活保護と扶養義務」総合社会福祉研究42号（2013年）24頁参照。
12) 小山進次郎『改訂増補・生活保護法の解釈と運用（復刻版）』（全国社会福祉協議会，1975年）819頁参照。
13) 阿部236頁参照。
14) 同様の指摘に，加藤ほか〔第7版〕389頁（前田雅子執筆）参照。
15) 前田雅子「厚生労働大臣の定める保護基準と保護実施機関による最低限度の生活の判断権限」佐藤幸治・泉徳治編『行政訴訟の活性化と国民の権利重視の行政へ』（日本評論社，2017年）326-327頁参照。

16) 前田・前掲注15) 331頁参照。
17) 桜井啓太「2018年度からの生活保護基準見直し——子どものいる世帯への影響を中心に」賃社1700号（2018年）32頁参照。
18) 同様の指摘に、尾藤廣喜「相次ぐ生活保護基準の引き下げにどう対抗するか」世界915号（2018年）39頁参照。
19) 同様の指摘に、豊島明子「老齢加算訴訟——生存権の具体的実現に係る裁量統制の課題」公法研究77号（2015年）135-136頁参照。
20) 豊島・前掲注19) 131頁参照。
21) 山本龍彦「『生存権』の財政統制機能に関する覚書」法学研究91巻1号（2018年）128頁参照。
22) 同判決の意義については、縄田浩孝「老齢加算廃止に至る厚労大臣の判断過程のずさんさを明らかにした判決」賃社1529＝1530号（2011年）36頁以下参照。
23) 豊島・前掲注19) 133頁参照。
24) 豊島明子「生活保護基準と行政裁量」社会保障法33号（2018年）47頁参照。
25) 常岡孝好「生活保護基準改定の合理性と必要即応の原則に基づく特別基準設定申請権(1)——須藤裁判官の意見を踏まえて」自治研究90巻2＝3号（2014年）50頁参照。
26) 本田良一「戦後最大の生活保護基準の引き下げはどう決定されたのか——厚労省内部資料から見えた舞台裏」世界894号（2017年）232頁参照。
27) 尾藤廣喜「社会保障解体を導く生活保護基準『引き下げ』」世界840号（2013年）41頁参照。
28) 山下慎一「生活保護法56条の解釈に関する一試論」賃社1591＝1592号（2013年）34頁参照。
29) 池田和彦「消費者物価指数と生活保護基準・その2」賃社1580号（2013年）8頁参照。
30) 白井康彦『生活保護削減のための物価偽造を糺す！——ここまでするのか！厚労省』（あけび書房、2014年）第7章参照。
31) たとえば、単身世帯の場合、国の定める最低居住面積は25平方メートルだが、この基準に達していない住居に居住している生活保護受給の単身世帯は5割を超える。
32) 吉永純「生活保護費引下げ『三重苦』をもたらす厚労省社会・援護局保護課『住宅扶助基準及び冬季加算等の見直しについて』の検討」季刊公的扶助研究237号（2015年）34頁参照。
33) 小山・前掲注12) 163頁参照。
34) 同様の指摘に、石橋130頁参照。
35) 加藤ほか〔第7版〕411頁（前田雅子執筆）参照。
36) 理由付記の機能について、最高裁判決が示す恣意抑制機能ないし慎重配慮確保機能、不服申立便宜機能に加え、相手方に対する説得機能、決定過程公開機能をあげる学説もある。塩野Ⅰ〔第6版〕296頁参照。
37) 同様の指摘に、加藤ほか〔第7版〕416頁（前田雅子執筆）参照。
38) 村田悠輔「行政不服審査法改正の概要と生活保護争訟への影響」賃社1668号（2016年）7頁参照。
39) 阿部24頁参照。
40) 副田義也『生活保護制度の社会史〔増補版〕』（東京大学出版会、2014年）21頁参照。
41) 山下慎一「生活保護基準の設定に対する法的コントロール」季刊社会保障研究50巻4

号（2015年）394-395頁参照。
42）　同様の指摘に，山本・前掲注21）137頁参照。
43）　学説では，保護基準を法定化すべきとの説が有力といえる。さしあたり，木下・前掲序章注13）154頁参照。阿部258頁参照。また，日本弁護士連合会の「生活保護法改正要綱案〔改訂版〕」(2019年2月）も，法律の別表として「生活保障給付の基準」を置くことを提案している。
44）　石橋143頁参照。
45）　菊池・社会保障法〔第2版〕329頁参照。
46）　菊池・将来構想199頁参照。
47）　吉永純『生活保護「改革」と生存権の保障——基準引下げ，法改正，生活困窮者自立支援法』(明石書店，2015年）246頁参照。

終章　社会保障の法政策的課題
──給付引き下げ・負担増の中の生存権保障の課題

　最終章の本章では，これまでの考察を踏まえ，社会保障全般にわたる給付水準の引き下げと費用負担の引き上げによる生存権侵害に歯止めをかけるため，生存権（それを具体化した社会保障の権利）保障の観点から，社会保障の法政策の方向性と課題を提示する。

第1節　社会保障の権利

1　社会保障の権利の意義と内容

　まず，生存権を具体化した社会保障の権利について，その内容と特徴を概観しておく。[1]

　憲法25条1項に規定されている生存権は，個々の社会保障立法に基づいて行われる社会保障の給付の実施により，社会保障の権利，とりわけ社会保障給付の受給権として具体化することとなる。憲法学の通説である抽象的権利説に立てば，個々の法律により社会保障の権利として具体化された権利（抽象的権利から具体的権利に化している）は，それが侵害された場合に，裁判所に救済を求めることができる法的権利と解することができる。

　社会保障の権利の中核は，社会保障の給付を受ける権利（受給権）であるが，それにとどまらず，給付を求める申請権，申請からはじまる一連の給付手続の過程が適正に進められることを求める手続的権利，とくに福祉サービスの提供過程で適切な処遇を受ける権利，制度の管理・運営への参加の権利，権利侵害があった場合に法的に権利の回復を求めることができる争訟権（不服申立ての権利と訴訟の権利）などが含まれる複合的権利（それゆえに，憲法に規定されている生存権も複合的権利）といえる。[2]

241

ここでは，社会保障の権利として，①社会保障給付の受給権（以下「社会保障受給権」という），②給付を求める申請権や手続的権利，とくに福祉サービス提供における処遇過程の権利，③制度の管理・運営への当事者の参加権，④保険料など費用負担の減免を求める権利（免除権），⑤権利侵害があった場合に救済を求める争訟権に分類して検討する。

2 社会保障受給権

(1) 社会保障受給権の法的性格

社会保障受給権は，社会保障の権利の中核をなす実体的権利といえるが，その法的性格は，社会保障の給付ごとに異なっている。

労働保険（労災保険と雇用保険）や年金保険では，法定の受給要件を満たしても，受給権は抽象的なものにとどまり，保険者である政府の決定（裁定）をまって，具体的請求権が発生するとの考え方がとられている。この場合の決定は，行政処分（確認行為）と解されており，不服がある場合には，当該処分の取消訴訟等を提起することとなる。典型的には，年金給付など現金（金銭）給付を受給する場合に該当する。

これに対して，医療保険の場合は，主たる給付である「療養の給付」（健保63条1項，国保36条1項）は現物給付であることから，保険医療機関への被保険者証の提示によりなされ，基本的には，行政庁などによる給付決定などの行為は必要とされない。ただし，介護保険の場合は，保険者の要介護・要支援認定（行政処分）を前提として，指定事業者・施設が要介護者・要支援者との契約と介護サービス計画に基づいて介護サービスを提供する。これは，介護保険の給付が金銭（現金給付）であることに基づく（第3章第2節参照）。

生活保護の場合は，法の規定に基づき生活保護を受ける権利が法的権利であることは，朝日訴訟判決（最大判1967年5月24日民集21巻5号1043頁）で最高裁も認めている。ただし，その具体的な受給権は，保護実施機関の保護決定をまって申請時に遡及して発生し，この決定は形成的行為（設権行為）としての性格を有すると解されている。

社会福祉法制の分野では，サービス提供に関して，行政庁への権限付与の規定（「できる」規定）となっているものがあり（老福10条の4など），この規定を根

拠にして，利用者の福祉サービス受給権を観念することは難しい。一方で，義務付け規定（「しなければならない」という規定）の場合には，従来の措置制度のもとでも，学説の多くは，一定の行政裁量をともなわざるをえないことは認めつつ，申請権（たとえば，保育所や特別養護老人ホームの入所申込みなど）や給付を受ける権利を肯定してきた。しかし，行政解釈や一部の裁判例（東京高判1992年11月30日判例集未登載）は，義務付け規定の形であっても，給付を受ける利益の法的権利性を否定し，単なる反射的利益に過ぎないという立場であった。

高齢者福祉分野では，介護保険制度の導入（2000年）による措置制度から契約制度への転換が，利用者の福祉サービス受給権（選択権）を認めるものとの積極的な評価がなされた。しかし，要介護者の介護保険給付受給権は，直接的な介護サービス提供を受ける権利（利用の権利）ではなく，要介護認定を経て，要介護度に応じた介護サービス費用の償還給付を受ける権利にとどまる。[3] 介護サービス提供を受ける権利は，あくまでも施設・事業者との契約に基づく権利であり，社会保障給付として提供されるものではない。これは，介護保険と同じ個人給付・直接契約方式を採用している障害者総合支援法や子ども・子育て支援新制度においても同様である（**第4章第2節**，**第5章第3節**参照）。

(2) **受給権の保護と受給権の消滅**

社会保障給付は，受給者（被保障者）の生活保障を目的とするため，適法に受けた給付が，完全かつ確実に受給者に帰属するように，受給権保護規定が置かれている。具体的には，①受給権の譲渡，担保提供の禁止および受給権・支給金品の差押禁止（生保58条・59条，国年24条，健保61条，介保25条，障害総合13条，児手15条，児福57条の5第2項など），②租税その他公課禁止（生保57条，国年25条，健保62条，介保26条，障害総合14条，児手16条，児福57条の5第1項など）などがある。

ただし，医療福祉機構等による年金担保融資や国税滞納処分による老齢年金等の差押（国年24条，厚年41条1項），国民健康保険および介護保険の保険料滞納者に対する未納保険料と一時差止めに係る現金給付との相殺（国保63条の2第3項，介保67条3項）といった例外がある。その意味で，公租公課が禁止されている障害年金・遺族年金からの介護保険料等の源泉徴収は違法の余地がある（**第3章第3節**参照）。

社会保障給付の受給権は，受給権者本人が死亡したとき，時効が成立した

き，支給要件に該当しなくなったとき，失権事由に該当したときに消滅する。受給権者の死亡の場合，受給権は相続財産性が認められないという意味で，一身専属の権利といえる（民法896条ただし書）。判例でも，生活保護受給権の相続財産性が否定され（前記朝日訴訟最高裁判決），年金についても，未支給年金の相続財産性が否定されている（最判1995年11月7日民集49巻9号2829頁）。ただし，受給権者が死亡した場合に，受給権者が支給を受けることができたはずの給付で支給しないままになっている給付については，いわゆる未支給の給付として，一定の親族に支給する形で処理がなされることがある（国年19条，厚年37条）。未支給の給付は，相続とは異なるルールが採用されている。

(3) 併給調整と保険給付の制限

一方で，社会保障受給権には，いくつかの給付制限事由が規定されている。

第1に，給付を受けるべき者に違法行為などがある場合，制裁措置として給付制限が行われる。保険事故が故意の犯罪行為，故意または重大な過失による場合，不正受給の場合，療養上の指示・受診命令不服従などの場合などである（介保64条など）。

第2に，社会保険等の給付の受給権が同一人に重複して発生する場合，一方を支給し，他方の全部または一部の給付が支給停止または不支給となる併給制限（併給調整）が行われる（国年20条，厚年38条など）。同一人に2つ以上の給付事由が発生する場合，それによって通常所得の喪失が倍加されるわけではないとの理由による[4]。併給制限については，とくに公的年金制度において規定があるが，公的年金が支給される場合には，社会手当である児童扶養手当が支給されないなどの併給制限もある。この併給制限条項には合理性があり，遺族厚生年金受給者について児童扶養手当の受給資格の喪失を適法とした裁判例がある（金沢地判2011年4月22日賃社1560号55頁）。

第3に，一定額以上の所得がある場合に，減額，支給停止または不支給とする所得制限がある。所得制限には，いったん受給権を発生させたうえで支給停止する場合もあるが（国年36条の3），多くは，受給権自体を発生させないものである（児手5条1項など）。

第4に，第三者の加害行為による負傷・障害・死亡の場合，被害者側が社会保険の給付より先に加害者から損害賠償を受けると，その賠償額の限度で，保

険者が同一事由に基づく保険給付を行う責任を免れる給付免責がある(国年22条2項など)。

なお,社会保険の保険料滞納は,年金保険については,受給資格や受給額に反映されるにとどまるが,医療保険・介護保険については,保険給付の全部または一部の一時差止め(国保63条の2第1項・2項,介保67条1項・2項),被保険者証の返還と資格証明書発行による償還払化(国保9条3項以下)などの給付制限(実質的な制裁措置)がある(第2章第2節参照)。

3 申請権・手続的権利と処遇過程の権利

(1) 申請権の保障

社会保障の給付は,本人・家族等による申請→給付決定→法に定める給付(現物給付もしくは現金給付の支給)という一連の手続きを経てなされる場合が多い。要保障者等の申請を前提とした申請主義である。それゆえ,申請から給付に至る手続過程の全般にわたり,適正な手続きであることが要請される。

社会保障法の領域では,給付や負担を義務付ける権利義務関係の多くが行政処分などを通じて形成される。こうした行政処分などの共通の基本的手続を定めているのが行政手続法である。同法は,行政運営における公正の確保と透明性の向上を図り,国民の権利利益の保護に資することを目的としている(行手1条1項)。

社会保障給付の多くは,前述のように,申請を前提とする申請主義を採用しており,申請は法令に基づいて行われる。行政庁は,当該申請に対して遅滞なく当該申請の審査を開始しなくてはならず(行手7条),行政手続法のもとでは,行政庁による受理拒否はもはや観念しえないとするのが裁判例である(神戸地判2000年7月11日訴月48巻8号1946頁)。通説でも,行政手続法7条は,いわゆる受理という観念を採用していない。少なくとも,受理は,行政手続法上は法的意味をもたないとされる。

申請権とは,申請者みずからの申請にかかる案件が適正の処理されることを要求する権利であり,申請それ自体が,そのような意味での権利行使として位置づけられる。それゆえ,たとえば,申請書を渡さなかったり,申請書を受け取らなかったりする,従来の生活保護行政でみられた,いわゆる水際作戦は,

終章 社会保障の法政策的課題 **245**

行政手続法違反であり，明らかに申請権の侵害となる(第6章第1節参照)。

(2) 手続的権利の保障

社会保障給付の認定や支給決定については，被保険者等の申請権が認められており，行政手続法第2章(「申請に対する処分」)の適用がある。処分庁は，自ら審査基準を定めてこれを公にする義務を負い(行手5条)，申請拒否処分をする場合には，理由を提示する義務がある(同8条)。申請一部拒否処分の場合も理由を提示する必要があり，支援費制度のもとだが，身体障害者福祉法に基づく居宅生活支援費の申請(月165時間)の一部拒否処分(支給量を月125時間とする処分)について，これに理由を付記しなかったことは，行政手続法8条に違反するとした裁判例がある(福島地判2007年9月18日賃社1456号54頁)。また，通所リハビリ事業者の指定の取消処分が，行政手続法14条1項の要求する理由提示要件を欠くとして違法とされた事例もある(名古屋高判2013年4月26日判例自治374号43頁)。申請者には，申請権とともに行政手続法所要の手続的権利が保障されているといえる。

一方で，個人給付・直接契約方式をとる社会福祉法制では，支給決定の取消しなど不利益処分については，受給者の権利利益を保護するため事前にその意見を聴くという手続的保障が法定されていない。サービス費用の支給という金銭(現金)給付を制限する不利益処分であるため，行政手続法上の聴聞等の適用もない(行手13条2項4号)。

施設入所の措置の解除などの不利益処分については，行政手続法を一部除外したうえで，社会福祉の特色に照らした独自の手続きが法定化されている。生活保護法上の保護決定処分や社会福祉各法上の措置など，行政手続法の意見陳述のための手続きを適用除外としているものがあり(生保29条の2，児福33条の5，身障19条など)，それに代わって，弁明の機会の付与(生保62条4項)，理由説明・意見聴取(児福33条の4，身障18条の3など)といった手続きが規定されている。個別のソーシャルワークを尊重する趣旨であるが，理由説明・意見聴取など，行政手続法上の聴聞等に比べ手続きが簡略化されており，十分な手続的保障がなされているかには疑問があるとの指摘がある[8]。ただし，保育の実施の解除(保育所退所処分)については，2012年の児童福祉法改正によって，行政手続法所要の聴聞手続が必要となったことは前述のとおりである(第5章第2節参照)。

日本の社会保障の法制度や給付要件は，きわめて複雑で，制度内容も十分に周知されているとはいいがたい。それゆえ，給付主体（保険者や行政機関など）の側には，要保障者が申請の判断ができるだけの情報を提供（説明，広報，助言）する広報・周知徹底義務があるといえる。ただし，行政のこれらの広報，周知徹底義務は，法的義務ではなく，法的強制のともなわない広報・周知徹底の責務が認められているにすぎないとするのが判例である（児童扶養手当の支給に関して，大阪高判1993年10月5日訴月40巻8号1927頁）。

(3) 処遇過程の権利

　さらに，社会保障の給付過程，とくに福祉サービスの提供（処遇）過程において，サービス利用者は，プライバシーの尊重，危害・苦役・収奪からの保護，自己決定の権利など，憲法13条の趣旨に基づき，個人の尊厳にふさわしい処遇を受ける権利がある。

　福祉サービスの利用者は，介護が必要であったり，施設に入所していたりすることで，一般の市民に比べて権利の行使が制約されやすい。その制約を緩和，除去して，実質的に利用者の自由権の回復を図るためには，それにふさわしい適切な処遇が保障されている必要があり，利用者には，そうした適切な処遇を求める権利があると解される。

　イギリスなどでは，これらの権利を保障するために，施設入所者等の権利に関する規則が制定されている。日本でも，個別の法令において，必要最小限度の指導・指示および被保護者の自由の尊重（生保27条），強制入所の禁止（同30条2項），親権者または後見人の意に反する入所措置等の禁止（児福27条4項），児童保護のための禁止行為（児福34条），介護過程における身体拘束等の禁止（指定介護老人福祉施設の人員，設備及び運営に関する基準11条）などが定められている。虐待の早期発見や防止に関しても，児童虐待の防止等に関する法律（児童虐待防止法）のほか，高齢者虐待の防止，高齢者の養護者に対する支援等に関する法律（高齢者虐待防止法），障害者虐待の防止，障害者の養護者に対する支援等に関する法律（障害者虐待防止法）がそれぞれ制定されている。

　しかし，児童や高齢者，障害者の自由権やプライバシーの保護など処遇過程の権利を体系的に明文化した規定はなく，また，現場では人手不足などで適切な処遇そのものができないなど，処遇過程における権利の保障は不十分なまま

にとどまっている。

4　当事者の参加の権利

　社会保障の給付主体(とくに行政機関)による恣意的な裁量行使を事前に抑制するためには，以上のような手続的権利の保障に加えて，社会保障の管理・運営，さらには政策決定過程への受給者など当事者の参加の権利が保障される必要がある。社会保障給付の受給者の多くは，生活に困窮していたり，高齢で傷病を抱えていたり，障害があったりして，政治プロセスへの参加が容易でないことを考えるならば，当事者参加の制度化や参加権の保障は，民主主義的側面からも重要である。

　社会保険については，従来から，その長所として，保険者自治の側面が強調されてきた。すなわち，社会保険には，負担と受益が保険集団の構成員に限定された政治システムという側面があり，制度運営への参加と民主的決定を通じて，保険集団内の自治が果たされるとされ，社会保険の場合は，保険料拠出を前提に自らの関与権をより主張しやすいという議論である。実定法でも，被保険者の代表が制度の管理・運営に参加する仕組みが設けられている。医療保険では，健康保険組合の代議員・理事の被保険者からの選出(健保21条2項)，全国健康保険協会の運営委員会(同7条の18～7条の20)，評議会(同7条の21)，国民健康保険運営協議会(国保11条)，国民健康保険審査会への被保険者代表の参加(国保93条)などが法定されており，年金保険でも，年金積立金管理運営法人の役員として被保険者の利益を代表する者による公的年金積立金の運用方針決定等への参加がある。また，介護保険法では，市町村介護保険事業計画の策定への被保険者の意見反映(介保117条9項)や介護保険審査会への被保険者代表の参加(介保185条)の規定がある。

　これに対して，生活保護法や社会福祉各法には，受給者や利用者の管理・運営・政策決定過程への参加を制度化した規定はなく，生活保護法には，保護基準の改定に際して，意見を聴く諮問機関の定めすらない(**第6章第4節**参照)。公的扶助・社会福祉の領域では当事者の参加の権利はまったく認められていないといっても過言ではない。

5 免除権

社会保障の適正な運営を確保するため，社会保障各法では，費用負担の義務が課されている。社会保険方式の制度では，被保険者等に保険料負担義務が課される。被用者を対象とする社会保険では，被保険者本人及びその事業主に課され（厚年82条1項，健保161条1項など），自営業者などを対象とする社会保険では，被保険者本人（もしくは世帯主）に課せられる（国保79条1項）。しかし，強制加入制度を採用している社会保険では，保険料負担が困難な者も加入者となるため，所得がないときには保険料負担義務などを免除される権利（免除権）が認められる必要がある。給付の際の一部負担金や利用者負担も同様である。

社会保障法における負担形式は，受給者の所得などを基準に費用負担を決定する応能負担の方式と，受給者が得る財・サービスの量を基準に負担額を決定する応益負担の方式がある。憲法からは，法原則として，応能負担原則が抽出されるとされており[9]，とくに憲法25条を基本理念とする社会保障分野における費用負担は，応能負担が基本となる。

社会保険料では，健康保険や厚生年金保険など被用者保険の保険料は，標準報酬に応じた定率負担となっているが，国民健康保険料や介護保険料の場合は，所得がなくても賦課される応益負担の部分が存在する。国民年金保険料には，所得が低い場合には免除（法定免除および申請免除）の規定（国年89条・90条）があるが，保険料免除の場合は，国庫負担を除いて給付に反映されない。これに対して，国民健康保険料や介護保険料，後期高齢者医療保険料については，軽減の規定はあるものの（最大で7割軽減），所得なしでも保険料は免除されない。保険料免除は，災害など突発的な事由に限られており，恒常的な生活困窮者は対象になっていない（第2章第2・3節，第3章第3節参照）。また，所得税のような累進制が採用されておらず，保険料負担に上限が存在し（厚生年金保険料について標準報酬月額の上限31級で62万円。厚年20条），高所得者の保険料負担は軽減されている。一方で，逆進性の強い保険料負担は，低所得者の家計に重くのしかかり，その生活を圧迫している（序章参照）。

社会福祉の利用者負担は，社会保険化された高齢者福祉（介護保険）を除き，応能負担が原則となっているが，医療保険の一部負担金や介護保険の利用者負担は，定率負担（応益負担）が原則となっている（健保74条等）。国民健康保険の

一部負担金には、保険者が「特別の理由がある」被保険者で、一部負担金を支払うことが困難であると認める者に対して、一部負担金の減免、徴収猶予ができる制度が存在する（国保44条）。ただし、一部負担金の減免等の理由となる収入の減少は、保険料免除の場合と同様、災害や失業など一時的なものに限定されるとされており、いずれも免除権の観点から課題が残る。

現在の社会保障改革では、医療・介護の給付費抑制のために、とくに高齢者について医療・介護の負担割合が1割から2割、3割に引き上げられてきている。しかし、要保障者が医療受診や介護を受けることを躊躇させるような負担増、さらには健康で文化的な最低限度の生活を営むことを脅かすような負担増は、免除権の侵害であり、憲法25条違反の疑いがある（第3章第4節参照）。

6 争訟権

(1) 不服申立権

以上のような社会保障給付受給権や手続的権利などが現実に保障されるためには、その権利侵害があった場合に、救済を求めて不服を申立てや訴訟を提起することができる権利、すなわち争訟権が保障されていなければならない。社会保障給付の多くは、行政機関（行政庁）の行政処分（決定）を通じて支給されることが多いので、権利侵害があった場合の救済も、行政不服申立てや行政訴訟の形態をとり、行政上の争訟権の保障が必要となる。

行政上の不服申立ての一般法としては、行政不服審査法がある。同法は、2014年に大幅に改正され（2016年4月施行）、従来の異議申立ては廃止されて審査請求に一本化された（行審2条）。また、公正な審理の実現のため、審理員という職が新設され（同9条2項1号）、弁明書提出が義務化され（同29条2項）、審理の迅速化のため、標準審理期間が新設される（同16条）などの改正が行われた。

社会保険については、給付に関する紛争を簡易・迅速に処理するため、法律により不服申立てのための第三者的機関が設けられている。健康保険、厚生年金、国民年金などに関する審査請求については、各地方社会保険事務所に置かれている社会保険審査官が、再審査請求については厚生労働大臣所管のもとに置かれている社会保険審査会が取り扱っている。国民健康保険の不服申立ての審査は、都道府県ごとに設置された国民健康保険審査会が行う（国保92条）。介

護保険法でも，特別の不服審査機関として，都道府県に介護保険審査会が置かれている（介保184条）。市町村が行う要介護認定や保険給付に関する処分，および保険料の賦課徴収などに関する処分に不服がある者は，同審査会に審査請求をすることができる（同183条）。

また，障害者総合支援法は，市町村の介護給付費または地域相談支援給付費等に係る処分に不服がある者は，都道府県知事に対して審査請求をすることができるとし（障害総合97条），介護保険と異なり，都道府県知事が裁決権限を有する仕組みをとっている。都道府県知事は，その審査請求の事件を取り扱わせるため，外部の学識経験者からなる障害者介護給付費等不服審査会を設置できる（同98条）。

(2) 訴訟の権利

最終的な権利救済の手段としては，権利侵害を受けた当事者（受給者）が国・地方公共団体を被告として裁判所へ行政訴訟を提起することとなる。裁判を受ける権利については，憲法上も認められている（憲法32条）。

行政訴訟の一般法として，行政事件訴訟法があり，社会保障関係の紛争については，不支給決定などの処分の取消しを求める取消訴訟が中心となる（行訴3条2項）。2004年の行政事件訴訟法の改正により，義務付け訴訟および仮の義務付けが法定され（行訴3条6項），社会保障給付の申請（支給）拒否処分を争う場合には，拒否処分の取消訴訟とともに給付決定の義務付け訴訟（同37条の3）を提起し，仮の義務付け（同37条の5）も申し立てることが可能となっている。実際に，障害児の保育所入所決定の義務付けが認められた事例がある（第5章第3節参照）。障害児の就学をめぐっても，市立養護学校への就学を拒否された児童の就学を市に対して命ずる決定（仮の義務付け決定）が行われた事例（大阪地決2007年8月10日賃社1451号38頁）や四肢に障害のある児童が就学先の中学校として養護学校ではなく，普通学校を指定するように求めた仮の義務付けの申立てが認容された事例（奈良地決2009年6月26日賃社1504号47頁）がある。また，近年では，生活保護分野で，保護開始の義務付け訴訟を提起し（仮の義務付けの申し立て），これらを認容する例が相次ぎ，有効な救済手段となっている（第6章第6節参照）。

もっとも，社会保障各法では，行政訴訟の前に不服申立て（審査請求）を経る

終章　社会保障の法政策的課題　251

審査請求前置が採用されているものが多い（国年101条の2，国保103条など）。介護保険でも，障害者総合支援法でも審査請求前置がとられている（介保196条，障害総合105条）。しかし，審査請求前置については，その合理性に疑問がもたれており，前述の行政不服審査法の改正（2016年4月施行）により，国民の裁判を受ける権利を不当に制限しないようにするとの趣旨から，大幅に見直しが行われた。[10] すなわち，一部の審査請求前置を廃止し，健康保険法や国民年金法，労働保険にみられた二重前置（再審査請求までを経てからでないと行政訴訟が提起できない仕組み）はすべて廃止された。社会福祉分野では，子ども・子育て支援法の保育必要性等の支給認定の処分に対する審査請求と審査請求前置の規定が削除され，支給認定に不服のある保護者は，審査請求を経ずに訴訟を提起できるようになった。しかし，介護保険や障害者総合支援法の審査請求前置の規定は前述のように，残されている。

第2節　社会保険の変容と生存権保障からみた社会保険の法政策的課題

1　社会保険の変容と社会保障改革による制度不信の拡大

(1)　社会保険への公費投入・財政調整による拠出と給付の牽連性の解体

戦後の日本の社会保険は，皆保険・皆年金体制の下に，被用者保険（厚生年金や健康保険）と自営業者を対象とする非被用者保険（国民年金・国民健康保険）の二本立てで制度設計がなされてきた。しかし，非正規労働者の増大など社会経済状況の変化は，国民年金や国民健康保険の加入者を自営業者中心から大きく変容させた。たとえば，国民健康保険加入者の半数以上が，保険料負担能力の低い無職者で占められるようになり，社会保険のリスク分散の仕組みが十分機能しなくなった。

その結果，被保険者の保険料だけでは運営が困難となり，公費の投入（国民年金・介護保険・後期高齢者医療制度では給付費の半分が公費）や財政調整（後期高齢者支援金や前期高齢者財政調整制度など）により制度を維持せざるをえない状況となっている（第2章第3節，第3章第3節参照）。

社会保険に公費（税）が投入される根拠として，①強制加入させる見返り，②制度内の低所得者の負担能力の補完，③制度ごとの財政力格差の是正，④国

民の生活保障に対する公的責任の遂行といった理由が挙げられている[11]。しかし，実態としては，財源不足に対処するために，いわばなし崩し的に公費投入が拡大されている側面があり，租税と社会保険料が明確に区別されているともいいがたい。こうした社会保険制度への公費投入や財政調整の結果，社会保険における拠出と給付の「牽連性」（最大判2006年3月1日民集60巻2号587頁）があいまいとなり，さらには社会保険料と租税との相違がなくなってきている。

とくに，後期高齢者支援金の財源は，各医療保険の加入者（被保険者）から徴収されている特定保険料であるが，各医療保険加入者は，後期高齢者医療制度の被保険者ではないのだから保険料納付義務はなく，後期高齢者医療の給付がなされることもない。行政解釈は「社会連帯に基づき負担する負担金であり，また，受益者負担金という性格もある」という説明をしているが[12]，受益（給付）と負担（拠出）の間に制度的な牽連性がない以上，受益者負担金という説明は困難であり，租税的性格の強い負担金というしかない[13]。その意味で，後期高齢者医療制度の被保険者でない各医療保険加入者から徴収されるのは負担金であり，「特定保険料」という言葉は適切ではない。

(2) 制度不信の拡大と切り崩される連帯意識

こうした社会保険の変容により拠出と給付の牽連性という保険方式の基盤が崩れつつあるにもかかわらず，現在の社会保障改革は，社会保険の「保険原理」（その裏返しとしての「排除原理」）の強化を進めている。その結果，低所得のゆえに健康を損ない医療・介護保障を必要とする人，また年金による所得保障を必要とする人など，本来，制度を最も必要とする人が保険料滞納・未納もしくは利用者負担増などの理由により，年金・医療・介護保険の制度から排除され，それらの人の生活困窮と生活不安を増幅させている。同時に，国民の社会保険に対する制度不信を拡大し，多岐にわたる制度間格差（健康保険と国民健康保険など）とあいまって，「社会保険主義」の論者が社会保険の基盤と位置づける「社会連帯」を切り崩す結果を招いている。

序章でみたように，社会保険を「助け合い」の仕組みとする行政解釈は，社会保険料負担の意義として，制度への参加・連帯意識の強まりを強調する。学説でも，社会保険を「貢献による連帯」と位置づけ，拠出と給付の牽連性に，その権利の淵源を求める解釈もある[14]。

しかし，社会保障改革による給付抑制と負担増により，中でも，介護保険については，要支援者の保険給付外しなど徹底した給付抑制が進められ，社会保険の「保険原理」すら崩し，保険事故に対して給付を拒否する「国家的詐欺」とまで揶揄されている（第3章第6節参照）。先の学説でも，介護保険は，まさに「貢献による連帯」に依拠しているとされ，介護保険料に関する最高裁判決（2006年3月28日判時1930号80頁）も「共同連帯の精神」（介保1条）を根拠として，低所得者への保険料賦課を合憲としているが（第3章第3節参照），介護保険料を徴収されている人が，制度への参加意識や連帯意識を持っているだろうか。とくに低年金の高齢者は，高い保険料を少ない年金から天引きされているという収奪の意識しか持っていないだろう。高い保険料を払いながらも，さらには要介護認定により介護が必要と認定されても，1割（もしくは2割・3割）の自己負担や給付上限のために，必要な介護サービスが利用できない要介護者も多く，制度に対する不信感のみが拡大している。年金制度についても，事前の拠出を前提とした既裁定年金が，マクロ経済スライドにより引き下げられており，同様の制度不信が拡大している。

(3) 社会保障の権利としての社会保険の権利

　そもそも，社会保障の権利（とくに給付受給権）の淵源は，個々人の要保障事由の発生にある。社会保険方式は，そうした要保障事由を保険事故と捉え，拠出を前提に，要保障者に給付を行う仕組みではあるが，あくまでも社会保障実現（要保障者の生活保障の実現）の手段にすぎない。近年になって，介護保険法など「連帯」の理念が法律に明記されるようになったが，たとえば，国民健康保険法1条は，旧法にあった「相互扶助の精神」（行政解釈にいう「共同連帯」に近い）の文言を削除し，「社会保障及び国民保健の向上に寄与することを目的とする」と規定し，国民健康保険はあくまでも社会保障制度のひとつであることを明示している。貧困の拡大が社会問題化し，社会からの孤立を含む「社会的排除」が問題視されている現在，社会保険の「保険原理」の強化は，低所得者などの「社会的排除」を合理化する装置となり，社会保障機能を弱体化させている[16]。

　社会保険の権利も，生存権の具体化としての社会保障の権利のひとつである以上，社会保険の「保険原理」ではなく「社会原理」の強化こそが求められる。拠出に基づかない受給権の存在こそが，社会保障の権利としての社会保険の権

利の最大の特徴であり，民間保険との相違といえる。社会保険はリスク分散のために，強制加入の仕組みをとり，保険料負担能力のない(もしくは乏しい)人も被保険者として包摂するがゆえに，社会保険料の減免制度が存在する。保険料減免の場合には，拠出に基づかない給付受給権が発生する。また，社会保険立法にも無拠出制の給付，たとえば，20歳前障害者の場合の障害基礎年金など拠出に基づかない給付が存在している。

前述の行政解釈や「貢献による連帯」に社会保険の権利の淵源を求める学説は，憲法の生存権規定を看過し，社会保険の本質を見誤り社会保険を民間保険と同一視する解釈といえ妥当とはいえない。何よりも，社会保障改革による給付抑制と負担増の結果として，国民の社会保険(とくに年金保険)への制度不信が拡大する中，これらの行政解釈や「社会保険主義」の学説自体が実態にそぐわないものになりつつある。

2 受給権保障からみた社会保険の法政策的課題

では，生存権保障の観点から，どのような社会保険の制度設計や法政策が望ましいか。

第1に，給付受給権の保障という観点からは，現在の社会保障改革による給付抑制策は，受給者の生存権侵害のみならず制度に対する不信を拡大していることから，政策転換が求められる。

同時に，国民健康保険料・介護保険料の保険料滞納の場合の給付制限(制裁措置)の緩和もしくは廃止が必要となる。医療保険・介護保険では，保険料滞納の場合の給付制限(制裁措置)が，必要な人が医療や介護を受けられない事態を招く可能性が高く，実際に，生存権侵害に当たる事例があることから，必要最小限の範囲にとどめられるべきである。とくに，「保険原理」の強化が顕著にみられる介護保険法の給付制限は，必要最小限の範囲を超えており早急に是正が必要なことは前述したとおりである(第3章第2節参照)。

年金保険については，高齢期の基礎所得保障という目的を有する国民年金(基礎年金)について，逆進的な保険料負担を強いつつ，「負担なくして給付なし」の保険原理を貫く現行の社会保険方式を堅持することに合理性はない。高齢期の所得喪失は，だれもが直面する普遍的なリスクであり，高齢期の基礎所

得保障については，年金受給権を普遍的に保障する税方式による所得保障(最低保障年金)が最も合理的である(第1章第4節参照)。年金制度には，退職等による現役期から高齢期への移行に起因する所得の激減を防止し，高齢期の所得を安定させる目的もあり，こうした現役期の生活水準の一定程度の所得保障部分(現行制度では，基礎年金に上乗せされる厚生年金部分)については，所得比例の年金給付を行う社会保険方式が妥当であろう。

医療保険については，制度設計としては，社会保険がリスク分散という機能を有していることを考えるならば，全国単一の社会保険集団を形成するのが合理的かつ効率的である[17]。この点，後期高齢者医療制度は，医療が必要となるリスクが高い高齢者集団のみで保険集団を構成しており(第2号被保険者について特定疾病を給付要件とする介護保険も実質的には高齢者集団のみの保険集団という)，高齢者医療費の高さを際立たせ，世代間の連帯ではなく分断を強めており，リスク分散の機能が働かず制度設計としては合理性に欠ける制度である[18]。現在，後期高齢者医療制度と国民健康保険が都道府県単位化されているが，将来的には，政府が保険者となり，年齢・職業で区別することなく，すべての国民を適用対象とする医療保険制度を構築すべきであろう(第2章第6節参照)。

介護保険については，社会保険方式で介護保障を行うことの破綻が明らかになっている以上，訪問看護や老人保健施設の給付などは医療保険の給付にもどしたうえで，高齢者や障害者への福祉サービスの提供は，公費負担により自治体責任(現物給付)で行う仕組みとすべきである。具体的には，現在の個人給付・直接契約方式を廃止し，市町村と高齢者・障害者との契約という形で，市町村が直接的な福祉サービス提供の義務を負う方式にする必要がある(第3章第5節参照)。

3 免除権保障からみた社会保険の法政策的課題
(1) 社会保険料負担の減免

第2に，免除権保障の観点から，社会保険料および給付の際の一部負担金・利用者負担の減免制度の拡充，もしくは無償化が課題となる。

社会保険料負担については，国民年金は，低所得者・生活困窮者も被保険者にしたうえで，保険料の納付が困難と認められる者に対して，保険料の免除(法

定免除・申請免除）という仕組みを採用している。これに対して，国民健康保険や後期高齢者医療制度は，生活保護受給者は保険料負担ができないという前提で，制度の加入者としていない（国保6条6号等）。介護保険法は，65歳以上の高齢者は，生活保護受給者であっても第1号被保険者とし保険料負担義務を課したうえで，介護保険料加算によって保険料負担部分を公費で負担している（第2号被保険者は医療保険加入者が要件とされているので，国民健康保険に加入していない生活保護受給者は介護保険にも加入していない）。

　前述のように，国民健康保険料や介護保険料，後期高齢者医療保険料の場合は，所得がなくても賦課される応益負担の部分が存在する。生活困窮者は生活保護を受給しており，生活保護受給者以外は，ある程度の保険料負担能力があるという前提で制度設計がなされているといってよい。それゆえに，生活困窮者に対して保険料の軽減はあるが，保険料の免除はなく，免除は災害など突発的な事由による所得の喪失・減少などの場合しか認められていない。しかし，生活保護の捕捉率が2割程度であり，生活保護受給者以外にも膨大な生活困窮者が存在すること，高齢者を中心に生活困窮者が増大し（貧困化が進み），生活保護受給者以外は保険料負担が可能であるという制度設計の前提が崩れていることを考えれば，国民健康保険料・介護保険料・後期高齢者医療保険料についても，収入のない人や低所得者・世帯（住民税非課税世帯）の保険料は免除とすべきである。社会保険料についても，憲法の要請する応能負担原則，最低生活費非課税原則は，当然適用されるべきだからである[19]。そのうえで，保険料賦課上限の引き上げ（将来的には撤廃），応益負担部分の廃止，所得に応じた定率負担にするなどの抜本改革が不可欠である。

　当面は，国民健康保険料・介護保険料の2割・5割・7割軽減をさらに8割・9割軽減にまで拡大していくべきだろう。すでに，自治体の独自財源により，7.5割の軽減措置をとっている自治体も存在する。

　なお，現行の生活保護の医療扶助は，医療券などの交付による医療アクセスの制約，スティグマの存在などの問題があり，立法論的には，生活保護受給者も国民健康保険の被保険者とする法改正が望ましい[20]。ただし，その場合も，介護保険料のように，保険料を賦課したうえで保険料負担分を加算で負担する制度設計ではなく，国民年金保険料のように，保険料を免除する仕組みとすべき

であろう。

(2) 一部負担金・利用者負担の無償化

給付の際の医療保険の一部負担金や介護保険の利用者負担は、現行制度では定率負担（応益負担）が原則となっている。前述のように、国民健康保険の一部負担金について減免制度が存在するが、保険料負担と同様、生活保護受給者以外は負担可能という前提で制度設計されており、免除は災害など突発的な事由による場合しか認められていない。しかし、生活困窮者の増大で、こうした制度設計の前提が崩れていることは前述のとおりである。

免除権保障の観点からは、医療保険の一部負担金は、療養の給付という現物給付を基本としていることからも廃止が望ましい。当面は、国民健康保険の一部負担金の免除対象を恒常的な生活困窮者（具体的には住民税非課税世帯）にも拡大するなどの減免制度の拡充が有効であると考えられる。国民健康保険法44条の一部負担金の減免等の理由となる収入の減少は、あくまでも一時的なものであるとしながら、国民健康保険制度の社会保障制度としての性質を考慮すれば、一部負担金の支払いが困難であったことや支払いが困難になった事情および経緯等、考慮すべき被保険者の個別的事情を考慮せずに一定期間の経過をもって、一部負担金の減免の申請を却下した処分は、裁量権の逸脱・濫用があるとして、取り消した裁判例があり（札幌高判2018年8月22日賃社1721＝1722号95頁）、今後の運用の改善の手がかりとなりうる。[21]

そのうえで、まず全国レベルで、乳幼児、70歳以上の高齢者の医療費無料化を実現し、前述のように、将来的には、すべての国民を適用対象とする医療保険制度を構築し、公費負担と事業主負担を増大させることで、収入のない人や生活保護基準以下の低所得者については保険料を免除し、一部負担金（医療費負担）なしの制度を実現すべきと考える。

介護保険については、税方式への転換により、保険料負担はなくなるが、利用者負担についても、後述のように、福祉サービスとして無償化を実現すべきである。

第3節　社会福祉の変容と生存権保障からみた社会福祉・生活保護の法政策的課題

1　社会福祉の変容と課題

　一方，戦後確立した社会福祉法制は，介護保険法，障害者総合支援法，子ども・子育て支援法など一連の立法により，高齢者福祉，障害者福祉，児童福祉の各分野において，社会福祉給付の大半が，要介護者などへの直接的なサービス給付（現物給付）からサービス費用の助成（金銭給付）へと変えられた（個人給付方式）。同時に，利用者の自己決定や選択の尊重という理念に即して，株式会社など多様なサービス供給主体の参入が促進され，利用者が事業者と契約を締結してサービスを利用する仕組みとされた（直接契約方式）。ただし，保育制度では，子ども・子育て支援新制度の導入による個人給付・直接契約方式への転換は，認定こども園や小規模保育事業など一部にとどまり，多くの子どもが利用している保育所については市町村の保育実施義務が残り（児福24条1項），保育所方式が維持されている[22]。

　以上のような社会福祉法制の個人給付・直接契約方式への転換（以下「個人給付化」と総称する）により，社会福祉は大きく変容し，いくつかの課題を抱えることとなった。

　第1に，個人給付化により，市町村が直接サービスを提供（現物給付）する仕組みがなくなり，契約を通じたサービス利用が現実に困難な者に対する措置制度は残されたものの，同制度の形骸化と市町村（公的）責任の後退が顕著となっている。同時に，基盤整備に関する公的責任も後退し，保育所などの不足により，受給権が保障されない待機児童などが生まれている。

　第2に，社会福祉法制の個人給付化は，従来の補助金のような使途制限をなくし，企業参入を促して，供給量の増大を図る狙いがあり，その結果，確かに，介護保険にみられるように，サービス供給量は増大した。しかし，一方で，施設・事業者が人件費抑制を迫られ，しかも職員配置基準などの改善はなされず，むしろ引き下げられたため，介護職員や保育士などの労働条件の悪化と人材確保難，介護や保育などサービスの質の低下をもたらすこととなった。

　第3に，個人給付化により，給付資格の認定の仕組み（介護保険の要介護認定，

障害者総合支援法の支給決定など）が設けられ，個人の申請権が明示され，受給要件や給付内容が法令に詳細に規定されることになった結果，要件や給付内容が画一化・定型化され（社会保険化された介護保険に典型的にみられるが），心身の状況以外の生活環境に起因するニーズの多様性をサービス保障の外に置くこととなった[23]。こうしたサービス保障の射程外に置かれたニーズ充足のための仕組みを整備していくことが政策課題となったが，社会保障改革では，それを住民参加やボランティアによって充足しようとする政策志向がみられ（「地域包括ケアシステム」の構想），厚生労働省も，地域の事業所や住民に，自助・互助，地域包括ケアシステムの構築に沿う価値観や問題関心を共有させ，動員していくことを「規範的統合」と表現し，その必要性を全国担当課長会議の場などで繰り返し強調している。しかし，こうした非現実的な政策は，介護保険の総合事業の破綻にみられるような深刻な状況をもたらしている（第3章第4節参照）。

2 受給権保障からみた社会福祉の法政策的課題

　社会福祉分野については，受給権保障の観点から，不足している保育所や特別養護老人ホームの増設など，公的責任による供給体制の整備と福祉制度の再構築が必要である。

　福祉給付の受給権は，施設など必要な福祉サービスの整備がされていないと保障されない。これは，福祉給付が金銭給付であっても同じである。実際，個人給付化された社会福祉制度のもとでも，給付資格の認定により介護や保育が必要と認定されたにもかかわらず，特別養護老人ホームや保育所が不足し，多くの待機者・待機児童が生まれ，サービスを利用することができないまま放置されている実態がある（第3章第4節，第5章第1節参照）。

　前述のように，社会福祉法制の個人給付化が，介護職員や保育士の労働条件の悪化をもたらしたことを考えれば，企業参入に依存しない公的責任による供給体制の整備が望ましい。しかし，現金（金銭給付）方式をとる介護保険のような法体系では，サービス供給体制に関する事項は給付そのもの（介護サービス費の支給）とは切り離された課題であり，保険者たる市町村に対して介護サービスに関する人的・物的整備の確保義務を負わせることは難しい[24]。それゆえ，介護保険事業計画や子ども・子育て支援事業計画のように，サービス整備の計画

策定を市町村や都道府県に義務付けただけでは，基盤整備が進むとは考えにくい。また，計画の検証がほとんどなされておらず，自治体としては計画を作成すれば，保育所など施設が不足し，待機児童が生じても，何ら責任を負わない仕組みである（それを追認する裁判例として東京高判2017年1月25日賃社1678号64頁参照。**第5章第3節**参照）。もともと，これらの事業計画自体が，提供区域において，都道府県支援計画の目標供給量を超えた場合には，都道府県知事の権限において新規の認可や更新を行わない需給調整の仕組みが導入されており，給付費の増大を抑制するため，あらかじめ，公費がかかる施設（とくに特別養護老人ホームや保育所）の増設を抑制する仕組みといえる。

　その意味で，介護保険については，市町村がサービス提供責任を負う方式にしたうえで，市町村の基盤整備義務および国・都道府県の財政支援義務を法律（総合福祉法）に明記すべきであろう（**第3章第5節**参照）。保育制度についても，児童福祉法に子どもの保育を受ける権利（保育請求権）を明記したうえで，市町村の保育施設の整備義務および国・都道府県の整備にかかる財政支援義務についても明記する必要がある（**第5章第4節**参照）。同時に，市町村に整備計画の策定と検証を義務付け，国・都道府県が整備に必要な財政支援の拡充，たとえば，公立保育所の運営費の国庫補助，特別養護老人ホームの建設補助に対する国庫補助を復活するなどの施策が求められる。保育所など福祉サービスの供給形態は，公立直営が望ましいが，市町村が委託する場合も，社会福祉法人・NPO法人など非営利法人に限定すべきで，医療機関と同様，株式会社の参入は禁止すべきである。

　何よりも，公的責任によるサービスの現物給付は，受給者の「健康で文化的な最低限度の生活」の実現，すなわち生存権保障に欠かせず，市町村責任方式への転換・拡充は，福祉行政における責任主体としての市町村の能力の向上，ひいては措置方式の充実と権利性の確立にもつながる。各市町村は福祉担当のケースワーカーや公務員ヘルパーを配属し，専門性の強化をはかり，国は自治体へ必要な財政支援を行っていく必要がある。

3　手続的保障・処遇過程の権利保障からみた社会福祉・生活保護の法政策的課題

　手続的権利に関しては，前述のように，社会福祉の給付の多くがサービス費用の支給という金銭給付に変えられたため，不利益処分に関する事前の手続的保障が欠落することになった。利用者の手続的権利の保障という観点からすれば，市町村責任による現物給付方式に戻し，不利益処分に関する手続的保障を確実にすべきである。現行法では，行政手続法の適用を一部除外したうえで，独自の手続きが法定化されているが，社会福祉・生活保護の不利益処分については，行政手続法を全面適用し，保護廃止や措置解除についても，行政手続法所要の聴聞手続等を必要とする仕組みとするのが望ましい。

　同時に，施設入所者を含め福祉サービスの利用者について，適切な処遇を受ける権利を明記した体系的な法の制定が求められる。適切な処遇が可能となるような人員配置基準の引き上げ，そのための公定価格などの引き上げといった財政支援，国レベルでの最低基準の設定，企業参入の制限など規制強化なども課題となる。

　また，生活保護など申請主義を採用している制度では，受給権保障の前提として，申請権が適切に行使されるように，必要な情報提供がなされることが不可欠である。ドイツでは，1976年に施行された社会法典第1編13条から15条にかけて，給付主体の広報義務や説明義務，受給者の説明を求める権利が社会保障給付の原則として立法化されており，他のヨーロッパ諸国でも，行政機関の情報提供義務が法定化されている。韓国でも，2014年12月に「社会保障給付の利用・提供及び受給権者の発掘に関する法律」が制定され，受給漏れ層の縮小に取り組んでいる。日本でも，社会保障給付についての行政機関の情報提供義務と説明等を求める国民の権利の法定化が望まれる。とくに生活保護については，判例も「憲法25条に定められた国民の基本的人権である生存権を保障し，要保護者の生命を守る制度であって，要保護状態にあるのに保護を受けられないと，その生命が危険にさらされることになるのであるから，他の行政手続にもまして，利用できる制度を利用できないことにならないように対処する義務がある」としたうえで，実施機関に「生活保護制度を利用できるかについて，相談する者に対し，その状況を把握したうえで，利用できる制度の仕組につい

て十分な説明をし，適切な助言を行う助言・教示義務，必要に応じて保護申請の意思の確認の措置を採る申請意思確認義務，申請を援助指導する申請援助義務（助言・確認・援助義務）が存する」としている（神戸地判2013年3月22日賃社1590号54頁）。こうした判例法理の展開も踏まえ[26]，生活保護法施行規則1条2項は，保護実施機関の申請援助義務を明記しているが，早急に，生活保護法本体に保護実施機関の制度の説明・教示義務，申請・相談等に対する助言・援助義務を明記することが求められる。同時に，不十分，不正確な教示・説明があったときは，損害賠償を請求できる規定も設けるべきであろう。

4 参加権保障からみた社会福祉・生活保護の法政策的課題

　参加権の保障の観点からは，社会福祉・生活保護制度の管理・運営・政策決定過程への当事者の参加を制度化すべきである。

　この点，障害者自立支援法違憲訴訟において，障害当事者が訴えた「私たち抜きで，私たちのことを決めないで」という政策決定過程への当事者参加を求めるスローガンは示唆に富む。前述のように，障害者自立支援法違憲訴訟の基本合意に基づいて，障害当事者が参加した障がい者制度改革推進本部総合福祉部会が，2011年8月に，障害者自立支援法に代わる新法の構想をまとめた「骨格提言」は，政策化には至らなかったが，障害程度区分（現在の障害支援区分）の廃止や福祉サービスの無償化など，当事者の立場から，注目すべき提言が含まれており，当事者の政策決定過程への参加が，制度設計を促した事例であった（第4章第1節参照）。当面は，政府審議会などへの当事者参加の拡充が求められる。

　生活保護に関しては，保護基準の改定にあたって国の財政事情が過大考慮され，しかも，2013年の保護基準の改定でみられたように，政権与党の選挙公約を考慮し，物価下落を偽装したデータに基づいて保護基準の引き下げが断行されたことを考えるならば（第6章第3節参照），恣意的改定を抑制するため，保護基準の改定過程への生活保護受給者など当事者の参加の制度化が早急に求められる。法治主義を徹底するためには保護基準の法定化が望ましいが，保護基準改定の専門性を考慮し，厚生労働大臣（行政裁量）が決定する形にしつつも，専門家・受給者もしくは当事者団体の代表などからなる第三者機関を設置して，

同機関で毎年の保護基準の改定案を決定し,厚生労働大臣がその決定を尊重し(事実上の義務付け),保護基準を改定する方式が有効と考える[27]。また,最低生活費の算定過程の透明性を高めるため,基準額設定の基本的な方法も法定化し,公表すべきである(**第6章第6節参照**)。

　近年,行政計画への当事者参加が強調されるようになっている。たとえば,子ども・子育て支援事業計画を策定する地方版子ども・子育て会議に,積極的に,保護者代表や保育関係者など当事者が参加し,子ども・子育て支援事業計画に現場の意見を反映させていくべきだといわれる。しかし,制度の内容が複雑で,十分な理解ができていない会議構成員が多く(国の子ども・子育て会議ですら新制度の内容をよく理解していない委員も散見される),少なくない市町村では,コンサルタント会社に依頼して,事業計画案を策定し,地方版子ども・子育て会議は,その事務局案を単に追認する機関と化しており,実質的には,参加の権利は形骸化している。介護保険事業計画についても同様である。制度理解のための情報提供とわかりやすい説明が,市町村など実施主体・保険者の側に求められるのだが,介護保険法・障害者総合支援法にしても,子ども・子育て支援新制度にしても,社会保険化・個人給付化された社会福祉法制は複雑で,行政の担当者ですら十分に理解しているとはいいがたい。参加権保障の前提として,制度はシンプルでわかりやすいものでなければならないともいえ,この点からも,個人給付方式から市町村責任・現物給付方式への転換が求められる。

5　免除権保障からみた社会福祉の法政策的課題

　免除権保障の観点からは,社会福祉の利用者負担の廃止,すなわち無償化が課題となる。

　前述のように,社会福祉における利用者負担は応能負担を原則としているが,個人給付化された社会福祉給付では,利用者が利用者負担分を施設・事業者に直接支払い,利用者負担分を控除した給付費を施設・事業者が代理受領する仕組みがとられている。障害者総合支援法では,指定事業者・施設に支払うこととされ,利用者負担の月額上限額を,障害者等の家計の負担能力に応じて政令で定め,その負担額を利用者が施設・事業者に支払う。障害福祉サービ

ス・補装具の利用については，住民税非課税世帯は負担上限額がゼロとされ負担がなくなったが，月額上限額ゼロから引き上げられれば，利用者負担が生じることになる（第4章第1節参照）。

これに対して，子ども・子育て支援新制度のもとでの幼児教育・保育の無償化は，子ども・子育て支援給付に子育てのための施設等利用給付が新設され，施設等の利用があった場合に，保育料相当分が施設等利用費として，保護者に支給される仕組みで，保育料（利用者負担）の公費補助方式である。認可外保育施設などの特定子ども・子育て支援施設等の利用に対しては，全額補助ではなく，認可施設等の利用者負担額（月額2万7000円）を上限として支給される。また，0～2歳児の保育については，住民税非課税世帯のみを無償化の対象としており，年齢による格差が生じている（第5章第4節参照）。

福祉サービスの利用者は，障害などのため，日常生活において介護や支援を必要とし，「健康で文化的な最低限度の生活」を営むうえで，まさに生存権実現のためには，介護や生活支援などの福祉サービスの利用は不可欠である。利用者負担の存在により，支援を必要とする人がサービスの利用をあきらめたり，必要量を減らしたり，食費など最低生活費を削って負担にあてたりすることになれば，「健康で文化的な最低限度の生活」を維持できなくなる。そうした生存権侵害を防ぐため，また福祉の財政責任を確保する意味でも，福祉サービスにかかる費用については，国・自治体が公費で負担すべきであり，利用者負担を課すべきではない。例外的に負担を課す場合でも，利用者の負担能力を超えた過大な負担とならないような配慮が求められる[28]。これは憲法の規範的要求といえる。現在の金銭給付の福祉給付については，現物給付方式に戻したうえで，無償化を実現すべきと考える。

6　争訟権保障からみた社会福祉・生活保護の法政策的課題

権利救済のための争訟権保障の観点からは，審査請求や裁判の費用の軽減，審査請求前置の廃止，行政訴訟における国・自治体敗訴の場合の上訴権の制限などが課題となる。

社会福祉・生活保護給付の受給者は，多くの場合，生活に困窮していたり，老齢であったり，疾病を抱えていたりで，費用と労力のかかる行政訴訟に訴え

ることに困難を伴う。しかも,ドイツのように社会裁判所を持たない日本では,裁判官自身が,行政官に比べて社会保障の専門知識を持ち合わせておらず,行政訴訟における原告勝訴の可能性はきわめて低い。また,社会保障の要件や内容も複雑であり,提訴など争訟権の行使には弁護士など専門家の支援が不可欠となる。近年の生活保護基準・年金給付の引き下げ違憲訴訟では,前述のように,原告・弁護団の広がりがみられ,支援団体が結成されているものの(**序章**参照),多くの団体は財政基盤が弱い。安定的な専門家の支援を得るため,当事者に対する公的な財政支援の制度化が必要である。具体的には,法テラスにおける法律扶助事業を社会保障行政訴訟にまで拡大すること,低所得者の裁判費用と弁護士費用,弁護士への相談費用を国庫からの援助により無償化すること,社会保障行政訴訟において,被告である国・自治体が敗訴した場合には,弁護士費用を含む裁判費用を,国・自治体が負担する片面的敗訴者負担制度の導入といった政策的対応が考えられる。

 とくに,公的扶助たる生活保護については,裁判費用を生活保護の扶助に裁判扶助を新設して,保護受給者が経済的負担なく訴訟が提起できるような仕組みが必要である。また,国・自治体敗訴の場合には,「健康で文化的な最低限度の生活」を早急に保障する必要性,緊急性をかんがみ,上訴権を制限する法改正を行うべきである。[29]

 審査請求についても,裁判費用ほどでないにしても,ある程度の費用がかかるため,審査請求人の経済的負担の軽減がはかられる必要がある。たとえば,介護保険法194条2項は,介護保険審査会に出頭した関係人または診断その他の調査をした医師などに対し,政令その他で定めるところにより,旅費,日当・宿泊費を支給する旨の規定があるが,審査請求人にも同様の規定を設けるべきである。また,審査請求に対する裁決の迅速化を図るために,裁決期間を法定するとともに,教示制度を拡充する必要がある。さらに,簡易・迅速な手段による行政不服審査での救済の実効性を高めるために,行政事件訴訟法で法定化された義務付け判決と同様の義務付け裁決の法制化が望ましい。

 社会保障立法に多くみられる審査請求前置については,前述のように,国民の裁判を受ける権利を不当に制限すべきでないとの趣旨から,行政不服審査法の改正が行われ,子ども・子育て支援法の審査請求前置の規定は削除された。

同様の趣旨から，生活保護法・介護保険法・障害者総合支援法の審査請求前置も廃止すべきであろう。とくに生活保護の場合は，緊急性の高い事案が多くあることを考えれば，早急に法改正し，審査請求前置を廃止すべきである（第6章第6節参照）。

第4節　課題と展望――生存権保障の観点から

1　社会保障財源としての消費税

(1)　社会保障の財源問題

日本の社会保障は，高齢化の進展に伴い，年金・医療を中心に，財政規模が拡大している。2019年度予算でみると，一般会計の総額は101兆4564億円（対前年度予算比3兆7437億円，3.8%増）ではじめて100兆円を超え，政府全体の社会保障関係費も34兆587億円（同1兆704億円，3.2%増）で過去最高となり増え続けている。この増大する社会保障費用をどう賄うのか，その財源をどこに求めるのかが一般に社会保障の財源問題といわれる。

日本では，1989年に導入された消費税が，その導入当初から，社会保障の主要な財源と位置づけられ，社会保障の充実のためと称して，税率の引き上げが行われてきた（3%→5%→8%）。そして，この間，財務省を中心に，マスコミを動員して，増え続ける社会保障費を賄う税財源は消費税しかないという宣伝が執拗に繰り返されてきた。そのため，多くの国民が「社会保障財源＝消費税」という呪縛にとらわれ，そう思い込まされてきたし，今でもそうである。

一方で，**序章**でみたように，財政不足や国の歳入不足を理由に，社会保障に必要な予算が確保されず，必要な予算まで削減されている。社会保障法学説でも，少子・高齢化の進行などを背景に，社会保障の財政的な制約を所与のものととらえ，国による生存権保障よりも国の財政事情の方を優先させる「財政至上主義」ともいうべき見解が散見される。

しかし，そもそも，社会保障は，国民生活に必要な制度であり，国や自治体の予算が優先的に配分されるべき性格のものである。財政規模や費用が増大し続けていても，国民生活に必要な予算である以上，大部分の予算が社会保障に充てられることは，異常でも偏重でもなく，きわめて正常な財政の姿といえ

る。それゆえ，国の財政が苦しいから，社会保障を削減しなければならないとは当然にはならない。とくに「健康で文化的な最低限度の生活」水準を定める生活保護基準については，そもそも，国の財政事情が苦しいからといって無制約の引き下げが許容されるものではない。朝日訴訟第1審判決（東京地判1960年10月19日行集11巻10号2921頁）のいうように，「最低限度の水準は決して予算の有無によって決定されるものではなく，むしろこれを指導支配すべきもの」なのである。給付水準の引き下げなどの政策が生存権侵害をもたらしている現状を踏まえれば，財政的側面から社会保障の給付水準の引き下げや費用負担の引き上げを正当化する財政至上主義は憲法解釈としても妥当とはいえない。

　以上のことから，先の社会保障の財源問題は，財政赤字のもとで，社会保障の財源は本当に確保できないのか，消費税のみに社会保障の財源を求めることが妥当なのかという問題設定に置き換えることができる。

(2) 社会保障・税一体改革と消費税の「社会保障財源化」

　まず，消費税の社会保障財源化の問題を考察する。消費税の社会保障財源化が明確に打ち出されたのは，2012年の当時の民主党政権のもとでの「社会保障・税一体改革」（以下「一体改革」という）であった。同年2月に閣議決定された「社会保障・税一体改革大綱」では「消費税収（国分）は法律上，全額社会保障4経費（制度として確立された年金，医療及び介護の社会保障給付並びに少子化に対処するための施策に要する費用）に充てることを明確にし，社会保障目的税化するとともに，会計上も予算等において使途を明確化することで社会保障財源化する」と明記された。これを受け，同年3月に，消費税率の引き上げなどを内容とする消費税法等改正2法案（社会保障の安定財源の確保等を図る税制の抜本的な改革を行うための消費税法の一部を改正する等の法律案，社会保障の安定財源の確保等を図る税制の抜本的な改革を行うための地方税法及び地方交付税法の一部を改正する法律案）が国会に提出され，6月には，民主党と自民党・公明党の3党による協議が行われて法案の修正がなされ，8月に成立した。

　これらの一連の立法により，消費税の使途が法定化された。すなわち，改正消費税法には「消費税の収入については，地方交付税法の定めるところによるほか，毎年制度として確立された年金，医療及び介護の社会保障給付並びに少子化に対処するための施策に充てるものとする」（1条2項）と定められ，とも

に成立した社会保障制度改革推進法にも「社会保障給付に要する費用に係る国及び地方公共団体の負担の主な財源には，消費税及び地方消費税の収入を充てるものとする」（2条4項）と明記された。

一体改革が，消費税の社会保障財源化と称しているのは，消費税の使途を法律に明記するとともに，消費税（国分）の使途を「社会保障4経費」（年金，医療，介護，少子化対策）に限定したことをさしている。つまり，社会保障の財源を消費税以外の歳入から切断し，消費税の増税なしには社会保障は一切充実しないとした点に，一体改革の本質がある。[31]

これら改正消費税法に基づいて，2014年4月に消費税率が8％に引き上げられた。その内訳は，国の消費税6.3％，地方消費税1.7％で，消費税の22.3％が地方交付税の原資となるので，8％の実質配分は国4.9％，地方3.1％となっている。また，2019年10月からの消費税率10％の内訳は国の消費税7.8％，地方消費税2.2％で，消費税の19.5％が地方交付税の原資となるので，実質配分は国6.28％，地方3.72％となっている（8％の軽減税率の内訳は，消費税6.24％，地方消費税1.76％）。

しかし，財務会計制度では，特別会計を設置して消費税と「社会保障4経費」を他の歳入・歳出から区分して経理することはしていない。法律で使途を限定しても，財務会計上はそうなっておらず，消費税は一般財源と変わらない。地方税法も，地方消費税の使途を明記しているが（72条の116第1・2項），地方消費税も一般財源に区分されており，自治体に交付される地方交付税も使途を特定しない一般財源である。つまり，消費税の社会保障財源化といっても，地方消費税を含め消費税は一般財源であり，消費税増税による増収分の大半は，法人税や所得税の減税などによる税収減の穴埋めに使われたこととなる。

(3) **消費税の増税と法人税の減税**

実際，消費税の増税にあわせるかのように，法人税の減税が行われてきた。2012年より，法人税率は30％から25.5％に引き下げられ（法人実効税率は35.64％に），安倍政権になると，成長戦略の一環として法人税減税が加速する。まず東日本大震災復興のための特別法人税が1年前倒しして2014年3月末で廃止され（約8000億円の減収），ついで，2015年度には，法人実効税率がさらに32.11％にまで引き下げられた。そして，2016年度には，消費税率を10％に引き上げる

際に，酒類と外食を除く飲食料品，新聞（定期購読契約が締結され週2回以上発行されているもの）について税率を8％に据え置く軽減税率（正確には「税率据え置き」というべきだが）の導入が決定されると同時に，法人実効税率が29.97％と，ついに20％台にまで引き下げられた。2018年には，法人税率も23.2％となっている。

　ここで，法人税の実効税率とは，法人税，法人住民税，法人事業税のほか，地方法人特別税，地方法人税を含む，企業など法人が負担している税額総額の法人所得に対する比率をいう。従来は40％近くあった日本の税率が，主要国にくらべ高いことが指摘され，このことが法人税率の引き下げの論拠とされてきた。しかし，法人税の実効税率は，計算上の表面的な税率を示したもので，実際の負担率を意味するものではない。日本の税制では，研究開発減税をはじめ多くの減税措置（租税特別措置）があり，これらを利用できる大企業（資本金10億円以上の企業。以下同じ）の実際の税負担率は，表面上の税率よりはるかに低くなっている。[32]

　こうみてくると，法人税減税は消費税増税とセットであることがわかる。法人税収と消費税収の推移のデータをみても，地方分を含めた法人3税の税収の税率引き下げなどによる累計減収額は，1990年度から2018年度までで291兆円に達する。1989年度から2018年度までの消費税収の累計額は，地方消費税を含めて372兆円となっており，消費税の増収分の8割は法人税の減税の穴埋めに使われたこととなる。また，1992年度から2018年度までの所得税・住民税の累計減収額は270兆円にものぼる（図表終－1）。

　しかし，法人税を減税しても，減税分の利益の大半は，株主への配当や役員報酬，企業の内部留保となり，労働者の賃金には回ってきていない。労働者の賃金は，1998年から下がり始め，それと並行して日本の経済成長も停滞している。経済のグローバル化に対応して国際競争力をつけるためと称して，人件費の削減が徹底して行われ，労働者の賃金が上がらない構造ができあがったといえる。労働組合の組織率が17％と低下し，組合の交渉能力が弱体化したことも影響している。一方で，大企業の内部留保は450兆円と最高額を更新している（2019年1～3月期の法人企業統計）。大企業や高所得者の税負担（法人税・所得税）が軽減され，その減った分が中低所得者の家計負担（消費税）に転嫁されたとも

図表終-1 消費税収の推移と,法人3税,所得税・住民税の減収額の推移

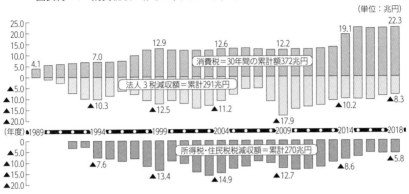

注：16年度までは決算額,17年度は決算見込み額,18年度は当初予算額。消費税分は地方分（消費譲与税,地方消費税）を含む。法人3税は,法人税,法人住民税,法人事業税のほか,地方法人税,地方法人特別税,復興特別法人税などを含む（ピーク時の89年度減収額）。所得税・住民税は,所得税・個人住民税のほか,復興特別所得税を含む（ピーク時の91年度減収額）。
出所：菅隆徳「消費税は上げずに,法人税増税を」税制研究75号（2019年）59頁・図2。

いえる。

(4) 社会保障財源としての消費税の問題点

何よりも，消費税は税制度として根本的な欠陥があり，以下のような問題を抱えている。[33]

第1に，日本の消費税は，一部の例外を除いてほぼすべての商品やサービスの流通過程にかかるため，家計支出に占める消費支出（とくに食料品など生活必需品）の割合が高い低所得者ほど負担が重くなる逆進性の強い税である。こうした消費税の逆進性は，すでに多くの論者によって指摘されているが，高所得者ほど，株式投資や預貯金などの金融所得が多いため，所得比でみた消費税の逆進性はいっそう強まる傾向がある。

第2に，消費税は，法人税や所得税のように利益に課税する税ではなく，事業の付加価値に課税する税のため，年商1000万円（消費税の免税点）以上の事業者であれば，事業が赤字であっても納税額が発生し（法人税は事業が赤字であれば課税されず，日本の企業の約7割は法人税を納付していない），滞納が生じやすい。実際，消費税は，国税のあらゆる品目の中で最も滞納が多い。

第3に，消費税は，輸出還付金などで輸出大企業に恩恵を与える一方で，間接的ながら雇用破壊税としての性質も有しており，格差や貧困を拡大する。後

者についてみると，企業は，正社員を減らし，必要な労働力を派遣や請負などに置き換えれば，それらの経費は，消費税の「仕入れ税額の控除」の対象となるため（正社員への給与は対象外），消費税の納税額が少なくなる。そのため，消費税の増税は，企業による正社員のリストラや非正規化・外注化を促進しやすい。実際，消費税率が5％に引き上げられた1997年以降，それに呼応するかのように，労働法制の規制緩和が進み，非正規労働者や派遣労働者が激増した。

以上のように，消費税は，貧困と格差を拡大する特徴をもつ不公平税制といってよい。そして，社会保障財源の主要財源を消費税に求めるかぎり，貧困や格差の拡大に対処するために，社会保障支出の増大が不可避となり消費税を増税し続けなければならなくなる。増税ができなければ，社会保障を削減し，貧困と格差の拡大を放置するしかない。逆進性の強さから消費税増税には国民の根強い反対があるため，政治的に難しく，社会保障の削減につながりやすい。消費税は，社会保障の財源として最もふさわしくないのである。

そもそも，一般歳出予算には「ノン・アフェクタシオンの原則」があり，特定の歳出と特定の財源を結び付けてはならないことになっている[34]。一体改革の消費税の社会保障財源化は，この原則に反するし，社会保障の費用（一体改革では，年金，医療・介護，子育て支援の社会保障4経費）すべてを消費税収で賄うことなどとうてい不可能であり，そうしている国など存在しない。社会保障費は，あらゆる税収で賄われるのが当然だからである。

2 税・社会保障による所得再分配の機能不全

こうした日本の不公平税制と税政策は，前述のような，国による生存権保障よりも国の財政事情の方を優先させる「財政至上主義」と社会保険の優位性と保険原理の強化を志向する「社会保険主義」とあいまって，税・社会保障による所得再分配の機能不全を引き起こし，貧困を拡大し，生存権侵害の状況を深刻化させている。

所得再分配は，税・社会保障の持つ重要な機能で，累進課税によって所得の高い人により多くの負担を求め，これを財源に，たとえば，生活保護のように，生活困窮者に対して必要な生活費を支給することで，高所得者から生活困窮者（低所得者）に対して所得が再分配される（垂直的再分配ともいわれる）。医療保険

でも，所得に応じた保険料負担を求め，必要に応じて医療を提供することで，所得の再分配が行われている。

ところが，日本では，所得税や法人税の累進性が緩和され，社会保険の「保険原理」が強化され，負担能力の低い人への保険料賦課が正当化されてきたため，税・社会保障による所得再分配が機能不全に陥っている。税・社会保障による貧困削減効果は，日本はOECD（経済協力開発機構）加盟国中で最低水準である。そればかりか，同加盟国において，日本は，政府による再分配（就労等による所得から税・保険料負担を引いて，社会保障給付を足した数値）の前後を比較すると，再分配後で，子どもの貧困率が高くなる唯一の国となっている。以上のことは，税や社会保険料，さらに利用者負担が免除されるべき所得水準の人に対しても課税や保険料賦課がなされ，医療・介護の自己負担が強いられ，それらの人に対する社会保障給付（年金・手当）がきわめて少ないことを意味する。

税・社会保障による所得再分配を機能させ，貧困の拡大を防ぐには，本章で提言した社会保障の制度的改変，法政策的対応とともに，生存権保障の観点から，社会保障の財源確保のための税制改革が必要となる。

3 生存権保障からみた税制改革と社会保険改革の方向

(1) 税制改革の方向

税制の基本原則は，負担能力（税法では「担税力」といわれる）に応じた負担，すなわち「応能負担原則」にある。この原則は，憲法25条の生存権規定から導き出される規範的要請である。同時に，国民が「健康で文化的な最低限度の生活を営む権利」（憲法25条1項）を公権力が侵害してはならない，つまり，最低生活費に食い込むような課税や保険料の賦課は行ってはならないという「最低生活費非課税原則」もそこから導き出される基本原則である。これらの原則に従えば，社会保障の主要な税財源は，逆進性の強い消費税ではなく，累進性の強い所得税や法人税などに求めるべきとなり，所得税や法人税の累進性を強化し，大企業や富裕層への課税を強化する税制改革が必要となる。

所得税については，所得税率は1986年まで15段階，最高税率70％（住民税の最高税率18％）であったが，現在は，7段階，最高税率55％（住民税10％）と累進性が大きく緩和されている。少なくとも，最高税率の水準を1986年水準にまで

戻せば，相当の税収増になるはずである。同時に，分離課税の総合課税化によって累進課税の対象外の所得を累進課税の対象とする必要がある。少なくとも，バブル崩壊後に経済対策として進められた配当所得などに対する低い税率，損益通算のあり方は早急に是正されるべきだろう。また，日本では，基礎控除がきわめて低額であるため，生活保護の最低生活費に及ばない収入の人でも納税義務を負わされる。「最低生活費非課税原則」からも，基礎控除の額は現在より引き上げられる必要がある。

　法人税については，引き下げられてきた税率をもとに戻し，引き上げも検討すべきだろう。現在，法人税率は23.2％ (2018年) で，所得が増えても同じ一律の税率である比例税率になっているが，これを所得税と同じ累進税率 (所得が増えると税率も増える方式) とすれば，法人税収は現在より19兆円も増加し，一方で，資本金5000万円以下の中小企業は減税となるとの指摘もある[36]。さらに，前述の大企業に集中する租税特別措置により1兆5361億円，法人税法の減税措置で4兆2612億円，合計で5兆7973億円もの減税がなされている (2014年度。「租税特別措置の適用実態調査」による)。こうした租税特別措置の見直し，法人株主の受取配当の全部または一部が「益金」から除かれて課税されない仕組み (益金不算入，外国子会社から受け取る配当も95％は益金不算入の扱い) を改めるなど，法人税の課税ベース (課税対象額) を拡大することで税収増が可能となる。

　加えて，企業の内部留保への課税，資産課税の強化，タックスヘイブンに対する規制と課税の強化などが検討されるべきであろう。消費税を増税しなくても，現在の不公平税制を是正することにより，2017年度の増収は，国税で27兆3343億円，地方税で10兆6967億円，合計38兆310億円にのぼるとの試算もある[37]。

(2) 社会保険改革の方向

　税収以外の社会保障財源では，**序章**でみたように，社会保険料が大きな比重を占める。

　社会保険料に関しては，生存権保障の観点からは，保険料の減免制度の拡充などが必要なことは前述したとおりである。そのうえで，保険料による財源の拡大をはかるため，応能負担原則に沿って，標準報酬の上限の引き上げ・段階区分の見直しを行い，相対的に負担が軽くなっている高所得者の負担を強化すべきである。厚生年金の標準報酬月額の上限を，現行の62万円から健康保険と

同じ139万円に引き上げるだけで，1.6兆円の保険料増収が見込めるとされている[38]。ただし，年金の場合，保険料に比例して受給年金額も上がるので，保険料が増えた場合の年金額の増え方のカーブを段階的に緩やかにしていく仕組みを導入すべきであろう。また，保険料率の引き上げを行う場合には，労使折半となっている現在の労使の負担割合の見直しを同時に行い，事業主負担の引き上げで増収をはかることも検討されてよい。

なお，社会保障財源については，税財源よりも，社会保険料のほうが，租税法律主義ほど厳格な規定がされておらず即応性が極めて高く，また財源調達能力の点で優れているとして，社会保険料を中心に確保していくことが望ましいとの見解もある[39]。しかし，財源調達能力や財政安定性があるということは裏をかえせば，社会保険料に対する租税法律主義のような法的統制が十分とはいえず（第2号被保険者に対する介護保険料など。**第3章第3節**参照），社会保険料が低所得の被保険者にも賦課徴収され逆進性が強いことを意味している。このことは，現行の消費税が食料品など生活必需品にも課税される一般消費税が，景気変動に影響されず，安定した財源が確保できるという議論と共通する。

税の徴収・分配は，政治の問題であり，社会保険主義の論者が，社会保険料の方が国民の理解を得やすいというのは，いわば国民の増税（とくに消費税）への強い抵抗（租税抵抗）に直面し，社会保険料の方が，拠出に対する給付が期待できるので，保険料の引き上げが比較的容易との理由による。しかし，拠出と給付の対応関係は崩れ，社会保険制度に対する信頼は揺らぎつつあることは前述したとおりである。社会保険料の財源調達能力が税よりも高いことは事実としても，少なくとも，応能負担原則に基づいた社会保険料負担の抜本的見直しを行うことが先決であり，その上での社会保険料の引き上げがなされるべきであろう。

4　残された課題——岐路に立つ社会保障と生存権保障

医療・福祉分野では，憲法25条の生存権規定のみならず，国際人権規約「経済的，社会的及び文化的権利に関する国際規約」（以下「社会権規約」という）12条等に規定されている健康権（right to health）に基づいた制度構築を求める有効性が指摘されている[40]。健康権については，国連の社会権規約委員会（**第1章**

第3節参照)の「一般的な意見14」に詳細な規定があり,人々の健康に関する自由や自己決定権を重視し,同時に医療や福祉制度・資源へのアクセス保障や健康権の後退禁止など,国が取り組まなければならない義務が規定されている。同委員会は,日本政府および司法に対して,社会権規約に裁判規範性を持たせることを再三にわたり求めている。社会保障改革,とくに医療・介護制度改革による生存権保障に歯止めをかける健康権の規範理論化は今後の課題としたい。

社会保障改革による制度の劣化と生存権侵害をこのまま許容して,貧困と格差が極限まで拡大する不安定な社会にするのか,それとも,社会保障改革による生存権侵害に歯止めをかけ,社会保障を充実する法政策へと転換し,誰もが安心して暮らせる社会を実現するのか,日本の社会保障の法政策,そして生存権保障は,まさに岐路に立っている。

1) 詳しくは,伊藤・しくみと法 38-50頁参照。なお,近年の社会保障法の教科書には,総論部分に,「社会保障の権利」の項目が独立して置かれていないものがあり,社会保障の権利論の議論が低調であることをうかがわせる。たとえば,笠木映里・嵩さやか・中野妙子・渡邊絹子『社会保障法』(信山社,2018年)参照。
2) 小川政亮『権利としての社会保障』(勁草書房,1964年)122頁以下は,こうした社会保障給付受給者の権利実現のための手続的権利や争訟権などを「自己貫徹的権利」と呼んでいる。その先見性を指摘するものに,井上英夫「人権としての社会保障と小川権利論」法律時報79巻4号(2007年)73頁参照。
3) 介護保険の給付受給権の本質について詳しくは,伊藤・介護保険法 80頁参照。
4) 西村〔第3版〕314頁参照。
5) 宇賀克也『行政手続法3法の解説〔第2次改訂版〕』(学陽書房,2016年)97頁参照。
6) 塩野Ⅰ〔第6版〕320頁参照。
7) 小早川光郎『行政法講義・下Ⅰ』(弘文堂,2002年)41頁参照。
8) 前田雅子「社会保障における行政手続の現状と課題」ジュリスト1304号(2006年)21頁参照。
9) 北野〔第7版〕112-113頁参照。
10) 不服申立前置の見直しの背景,経緯について詳しくは,宇賀克也『解説・行政不服審査法関連3法』(弘文堂,2015年)216頁以下参照。
11) 堀・総論〔第2版〕54-55頁参照。
12) 土佐和男『高齢者の医療の確保に関する法律の解説』(法研,2008年)391頁参照。
13) 同様の指摘に,碓井 275頁参照。
14) 伊奈川秀和『社会保障法における連帯概念』(信山社,2015年)45-53頁参照。
15) 伊奈川秀和『〈概観〉社会福祉法』(信山社,2018年)17頁参照。
16) 阿部和光「社会保険の適用範囲(権利主体)」河野正輝・良永彌太郎・阿部和光・石橋

敏郎編『社会保険改革の法理と将来像』（法律文化社，2010年）42-43頁参照。
17) 同様の指摘に，阿部・前掲注16) 43頁参照。
18) 同様の指摘に，倉田聡『社会保険の構造分析──社会保障における「連帯」のかたち』（北海道大学出版会，2009年）297頁参照。
19) 北野〔第7版〕115頁参照。
20) 同様の提言をする学説は多い。さしあたり，阿部 22頁，225頁参照。
21) 同判決について詳しくは，川崎航史郎「低所得者への医療保障と一部負担金減免制度」賃社1721＝1722号（2019年）64頁以下参照。
22) 伊奈川・前掲注15) 47頁は，私立保育所と違い公立保育所の場合には，保育の実施義務を負う市町村ではなく，施設設置者としての地方公共団体と保護者との間の契約関係になるとする。しかし，児童福祉法24条1項の趣旨からすれば，市町村は保育所利用児童に対して保育の実施義務を負うのであり，保育所の運営形態が公立であろうが私立であろうが，義務の主体は市町村であることに変わりなく，そもそも，市町村と施設設置者としての地方公共団体が実態として明確に区別できるのかも疑問である。公立保育所についても保育所方式が維持されているとみるのが妥当であろう。
23) 同様の指摘に，加藤ほか〔第7版〕362頁（前田雅子執筆）参照。
24) 同様の指摘に，石橋 201頁参照。
25) 同様の指摘に，加藤ほか〔第7版〕355頁（前田雅子執筆）参照。
26) 情報提供義務に関する判例については，小久保哲郎「社会保障行政の情報提供義務に関する判例の到達点と活用法」賃社1723号（2019年）9頁以下参照。
27) 同様の指摘に，阿部 258頁参照。
28) 西原道夫編『社会保障法〔第4版〕』（有斐閣，1999年）8頁も，どのような給付がなされようとも，被保障者自身がその財源について重い負担を負っているならば，それは自助の一形態に過ぎないと指摘する。
29) 尾藤廣喜「社会保障裁判の審理上の問題点と改革の展望」社会保障法16号（20001年）161頁参照。
30) 同様の指摘に，横山壽一「社会保障の財源問題をめぐる対抗と展望」医療・福祉問題研究会 179頁参照。
31) 同様の指摘に，梅原英治「消費税は社会保障に使われているか」季刊・自治と分権75号（2019年）55頁参照。
32) 詳しくは，富岡幸雄『税金を払わない巨大企業』（文藝春秋，2014年）第1章参照。
33) 以上の消費税の問題点については，伊藤周平『消費税が社会保障を破壊する』（角川書店，2016年）第5章参照。
34) 植田和弘・諸富徹編『テキストブック・現代財政学』（有斐閣，2016年）22頁参照。
35) 北野〔第7版〕122頁参照。
36) 菅隆徳「消費税は上げずに，法人税増税を」税制研究75号（2019年）55頁参照。
37) 不公平な税制をただす会編『消費税を上げずに社会保障財源38兆円を生む税制』（大月書店，2018年）100-103頁参照。
38) 垣内亮『「安倍増税」は日本を壊す──消費税に頼らない道はここに』（新日本出版社，2019年）150頁参照。
39) 鎌谷勇宏「社会保障の財源論──税財源と社会保険料財源の比較検討」大阪保険医雑

誌610号（2017年）36-37頁参照。
40)　井口克郎「安倍政権下における介護保険制度改革の問題点と対抗軸」医療・福祉問題研究会 121頁参照。

あとがき

　本書は，これまで筆者が執筆してきた論文，裁判所に提出した意見書をもとに，生存権保障の観点から，年金保険，医療保険，介護保険，障害者福祉，児童福祉・保育，生活保護にわたる社会保障の法政策を分析し，課題を検討したものである。それぞれの章のもとになった論文の初出原稿は以下のとおりであるが，個々の論文には大幅な修正を加え，ほとんど書き下ろしに近いものとなっている。

　　序　章　問題の所在——社会保障改革と生存権侵害
　　　　　　（「社会保障制度改革の動向と生存権論の課題」法学論集53巻1号，2018年11月）
　　第1部　保険方式をとる社会保障分野の法政策
　　第1章　年金保険の法政策
　　　　　　（「年金引き下げと年金受給権——制度後退禁止原則と生存権侵害の観点から」賃金と社会保障1719号，2018年12月）
　　第2章　医療保険の法政策
　　　　　　（「医療保障——医療制度改革の動向と課題」賃金と社会保障1711＝1712号，2018年8月）
　　第3章　介護保険の法政策
　　　　　　（「介護保険の構造的問題と社会保険方式の破綻」賃金と社会保障1709号，2018年7月）
　　第2部　「保険化」する社会保障分野の法政策
　　第4章　障害者福祉の法政策
　　　　　　（書き下ろし）
　　第5章　児童福祉・保育の法政策
　　　　　　（「児童福祉——子ども・子育て支援新制度と保育制度改革の課題」賃金と社会保障1737号，2019年9月）
　　第3部　保険方式をとりえない社会保障分野の法政策
　　第6章　生活保護の法政策
　　　　　　（書き下ろし）

終　章　社会保障の法政策的課題——給付引き下げ・負担増の中の生存権保障の課題
（「給付引き下げ・負担増の中の社会保障の法政策と生存権保障の課題」賃金と社会保障1732号，2019年6月）

　本書でも言及したが，2019年6月に，老後30年間に夫婦で約2000万円の蓄えが必要などとした金融庁の審議会報告書をめぐり，国民の間に不安が広がっている。社会保障給付の引き下げや費用負担の増大により，現在の日本では，相当の蓄えがある人でも，医療・介護が必要になれば，医療費など膨大な出費が必要となり，たちまち生活苦に陥る（医療・介護が必要になれば，老後2000万円では足りず，それ以上の蓄えが必要との推計もある）。貧困を防止し，生存権を保障し安心感をもたらすはずの社会保障が，逆に貧困を助長し（生存権を侵害し），生活不安を増幅するという逆説的な現象が生じている。
　一方で，政策転換を求める社会保障裁判が史上最大規模で提起されている。そして，筆者自身が，本書でもふれた年金引き下げ違憲訴訟や生活保護基準引き下げ違憲訴訟にかかわり，前者の訴訟では，原告側の共通意見書を執筆し裁判所に提出した（本書第1章は，この意見書に加筆修正を加えた前述の論文をベースにしている）。同訴訟は，全国44都道府県39の地方裁判所で係争中だが，原告は5279人にのぼり（2019年4月現在），原告側の弁護士も500人を超え，法科大学院出身の若手弁護士の参加が目立つ（筆者が鹿児島大学法科大学院で教鞭をとっていたときの教え子も鹿児島での裁判の弁護団に加わっている）。
　こうした状況の中，生存権論の立場から，裁判遂行や政策転換の規範的指針となるような理論書が必要ではないか，と考えたことが本書執筆の直接的な動機である。同時に，社会保障の研究者が，社会保障改革による生存権侵害という状況に対して十分な批判と対案を示していないのではないか，社会保障法学をはじめ学界において停滞している生存権論・社会保障の権利論に一石を投じたいという問題意識もあった。
　本書が，これらの目的をどこまで達することができたかは，読者の叱責を待つしかないが，本書が多くの人に読まれ，社会保障の充実により，誰もが安心して暮らせる社会を実現するための一助になればと願っている。そして，私自

身，そうした社会を実現するために，今後も研究を続けていきたいと考えている。

　最後に，本書の成立にあたっては，さまざまな形で多くの方々の助言や援助をいただいた。個々にお名前を挙げることはできないが，年金裁判学習会の場や個別の取材に対して，貴重な時間をさいて，お話を聞かせてくださった全日本年金者組合や弁護士の方々，現場で奮闘されている保育士や介護士の方々に，この場をかりて改めて感謝申し上げたい。そして，法律文化社編集部の舟木和久さんには，前著『介護保険法と権利保障』からのお付き合いで，今回も私が持ち込んだ出版企画を出版事情の困難な中で引き受けていただいたうえに，執筆の段階から，内容をアップデイトにするための補足修正を行った校正の段階に至るまで大変お世話になった。厚くお礼を申し上げたい。

　2019年9月

伊藤　周平

判例索引

【最高裁判所】

最判1958年2月12日民集12巻2号190頁……… 64
最大判1967年5月24日民集21巻5号1043頁
　……………………… 7, 207, 220, 242, 244
最判1973年12月20日民集27巻11号1594頁…… 69
最判1978年4月4日判時887号58頁………… 70
最判1978年7月12日民集32巻5号946頁…… 50
最大判1982年7月7日民集36巻7号1235頁… 8
最判1982年12月17日訴月29巻6号1074頁…… 8
最判1985年1月22日民集39巻1号1頁……… 230
最判1986年10月17日判時1219号58頁………… 71
最判1989年3月2日判時1363号68頁………… 8
最判1990年7月20日保情163号23頁………… 170
最判1990年9月6日保情165号34頁………… 170
最判1993年7月19日判例集未登載………… 99
最判1995年11月7日民集49巻9号2829頁
　…………………………………… 28, 244
最判1998年2月10日金判1056号6頁………… 29

最判2001年9月25日判時1768号47頁………… 208
最判2004年1月15日民集58巻1号226頁…… 65
最判2004年3月16日民集58巻3号647頁…… 210
最判2005年7月15日民集59巻6号1661頁… 178
最大判2006年3月1日民集60巻2号587頁
　…………………………… 48, 77, 114, 253
最判2006年3月28日判時1930号80頁… 114, 254
最判2009年11月26日判時2063号3頁……… 169
最判2011年6月7日民集65巻4号2081頁… 230
最判2011年10月25日民集65巻7号2923頁… 72
最判2012年2月28日民集66巻3号1240頁
　……………………………………… 9, 221
最判2012年4月2日民集66巻6号2367頁
　……………………………………… 9, 221
最判2014年7月18日賃社1622号30頁……… 208
最判2014年10月23日判時2245号10頁……… 231

【高等裁判所】

広島高岡山支判1963年9月23日判時362号70頁
　………………………………………… 65
大阪高判1975年11月10日行集26巻10＝11号
　1268頁………………………………… 8
東京高判1979年7月19日判タ397号75頁…… 69
東京高判1981年4月22日行集32巻4号593頁
　………………………………………… 29
仙台高秋田支判1982年7月23日判時1052号
　3頁…………………………………… 77
大阪高判1983年5月27日判時1084号25頁… 70
大阪高決1989年8月10日判時1331号41頁… 166
仙台高判1992年12月22日判タ809号195頁… 65
大阪高判1993年10月5日訴月40巻8号1927頁
　………………………………………… 247
福岡高判1998年10月9日判タ994号66頁… 214
札幌高判1999年12月21日判時1723号37頁… 77
名古屋高金沢支判2000年9月11日判タ1056
　号175頁……………………… 108, 216

大阪高判2001年6月21日判例自治228号72頁
　………………………………………… 99
大阪高判2001年10月19日賃社1326号68頁… 228
大阪高判2003年10月23日賃社1358号10頁… 227
東京高判2004年9月7日判時1905号68頁… 28
大阪高判2006年1月20日判例自治283号35頁
　………………………………………… 163
大阪高判2006年4月20日判例自治282号55頁
　………………………………………… 169
広島高判2006年9月27日賃社1432号49頁… 231
東京高判2008年1月29日判例集未登載…… 169
東京高判2009年9月29日判タ1310号66頁… 72
福岡高那覇支決2010年3月19日賃社1519＝
　1520号103頁………………………… 232
福岡高判2010年6月14日賃社1529＝1530号
　43頁………………………………… 221
福岡高判2011年11月15日判タ1377号104頁… 208
大阪高判2011年12月14日賃社1559号21頁… 145

名古屋高判2013年4月26日判例自治374号43頁
　　……………………………………………… 246
大阪高判2013年6月11日賃社1593号61頁 …… 211
大阪高判2015年9月8日金融法務事情2034
　　号78頁 …………………………………… 146

東京高判2017年1月25日賃社1678号64頁
　　………………………………………… 180, 261
札幌高判2018年8月22日賃社1721＝1722号
　　95頁 ……………………………………… 258
広島高岡山支判2018年12月13日賃社1726号
　　8頁 ………………………………………… 148

【地方裁判所】

東京地判1960年10月19日行集11巻10号2921頁
　　………………………………………… 9, 220, 268
福岡地判1961年2月2日訴月7巻3号666頁
　　……………………………………………… 67
東京地決1966年8月30日判時455号36頁 …… 233
松江地益田支判1975年9月6日判時805号96頁
　　……………………………………………… 164
東京地判1979年4月11日行集30巻4号714頁
　　……………………………………………… 226
秋田地判1979年4月27日判時926号20頁 …… 76
東京地判1980年3月26日行集31巻3号673頁
　　……………………………………………… 12
大阪地判1980年10月29日行集31巻10号2274頁
　　……………………………………………… 8, 10
大阪地判1981年3月23日判時998号11頁 … 67, 68
東京地判1986年9月30日判時1218号93頁 …… 165
横浜地判1990年11月26日判時1395号57頁 …… 74
大阪地判1991年12月10日判時1419号53頁 …… 64
秋田地判1993年4月23日行集44巻4＝5号
　　325頁 ……………………………………… 210
京都地判1993年10月25日判時1497号112頁
　　…………………………………………… 208, 229
旭川地判1998年4月21日判時1641号29頁 …… 77
福岡地判1998年5月26日判時1678号72頁 …… 210
大阪地判1998年9月29日判タ1021号150頁 …… 99
鹿児島地判1999年6月14日判時1717号78頁 … 68
神戸地判2000年7月11日訴月48巻8号1946頁
　　……………………………………………… 245
和歌山地判2002年12月17日第一法規法情報
　　総合データベース28080664 ……………… 26
さいたま地判2004年1月28日判例自治255号
　　78頁 ……………………………………… 165
大阪地判2005年6月28日判例自治962号27頁
　　…………………………………………… 12, 162
東京地決2006年1月25日判時1931号10頁 …… 164

横浜地判2006年5月22日判例自治284号42頁
　　………………………………………… 165, 168
東京地判2006年10月25日判時1956号62頁 …… 164
神戸地決2007年2月27日賃社1442号57頁 …… 169
大阪地決2007年8月10日賃社1451号38頁 …… 251
福島地判2007年9月18日賃社1456号54頁 …… 246
東京地判2007年11月7日判時1996号3頁 …… 72
那覇地決2008年6月25日賃社1519＝1520号
　　94頁 ……………………………………… 233
千葉地判2008年7月25日賃社1477号49頁 …… 162
東京地判2009年1月16日判時2049号10頁 …… 28
奈良地決2009年6月26日賃社1504号47頁 …… 251
横浜地判2009年7月15日賃社1508号42頁 …… 169
名古屋地判2009年11月5日賃社1526号51頁
　　……………………………………………… 167
福岡地小倉支判2011年3月29日賃社1547号
　　42頁 ……………………………………… 229
金沢地判2011年4月22日賃社1560号55頁 …… 244
神戸地判2011年9月16日賃社1558号44頁 …… 230
大津地判2012年3月6日賃社1567＝1568号
　　35頁 ……………………………………… 211
和歌山地判2012年4月25日判時2171号28頁
　　……………………………………………… 145
さいたま地判2013年2月20日判時2196号88頁
　　……………………………………………… 228
神戸地判2013年3月22日賃社1590号54頁 …… 263
大阪地判2013年4月19日判時2226号3頁 …… 210
大阪地判2013年10月31日賃社1603＝1604号
　　81頁 ……………………………………… 211
福岡地判2014年3月11日賃社1615＝1616号
　　112頁 …………………………………… 216
静岡地判2014年10月2日賃社1623号39頁 …… 211
さいたま地決2015年9月29日賃社1648号57頁
　　……………………………………………… 166

さいたま地決2015年12月17日賃社1656号45頁
………………………………………… 166
東京地立川支判2016年7月28日賃社1678号
　61頁 ………………………………… 180
さいたま地判2017年3月1日賃社1681号12頁
………………………………………… 227
岡山地判2018年3月14日賃社1707号7頁 …148
仙台地判2019年5月28日判例集未登載 ……152

■著者紹介

伊藤　周平（いとう　しゅうへい）

1960年生まれ
東京大学大学院修了
労働省(現厚生労働省)，社会保障研究所(現国立社会保障・人口問題研究所)，
　法政大学助教授，九州大学助教授，鹿児島大学法科大学院教授を歴任，
現在，鹿児島大学法文学部教授，専門は社会保障法

＊主な著書
『介護保険法と権利保障』(法律文化社，2008年，日本社会福祉学会学術賞受賞)
『後期高齢者医療制度──高齢者からはじまる社会保障の崩壊』(平凡社新書，平凡社，
　2008年)
『保育制度改革と児童福祉法のゆくえ』(かもがわ出版，2010年)
『消費税が社会保障を破壊する』(角川新書，角川書店，2016年)
『社会保障のしくみと法』(自治体研究社，2017年)
『社会保障入門』(ちくま新書，筑摩書房，2018年)など

Horitsu Bunka Sha

「保険化」する社会保障の法政策
──現状と生存権保障の課題

2019年10月20日　初版第1刷発行

著　者　伊藤　周平
発行者　田靡純子
発行所　株式会社 法律文化社

〒603-8051
京都市北区上賀茂岩ヶ垣内町71
電話 075(791)7131　FAX 075(721)8400
http://www.hou-bun.com/

印刷：西濃印刷㈱／製本：㈱藤沢製本
装幀：石井きよ子
ISBN 978-4-589-04029-9
©2019 Shuhei Ito Printed in Japan

乱丁など不良本がありましたら，ご連絡下さい。送料小社負担にて
お取り替えいたします。
本書についてのご意見・ご感想は，小社ウェブサイト，トップページの
「読者カード」にてお聞かせ下さい。

JCOPY 〈出版者著作権管理機構　委託出版物〉

本書の無断複写は著作権法上での例外を除き禁じられています。複写される
場合は，そのつど事前に，出版者著作権管理機構（電話 03-5244-5088，
FAX 03-5244-5089，e-mail: info@jcopy.or.jp）の許諾を得て下さい。

伊藤周平著
介護保険法と権利保障
A5判・480頁・6500円

高齢者や障害者に負担のみ強いる社会保障改革でよいのか。憲法の生存権規定の法的性格論議にとどまらず、後期高齢者医療制度等の社会保障改革の内実を権利保障の視点から批判的に検証し、将来を展望する。

山下慎一著
社会保障の権利救済
―イギリス審判所制度の独立性と積極的職権行使―
A5判・334頁・6700円

イギリスにおける社会保障法領域の権利救済システムを「独立性」と「職権主義」という分析軸を用いて実証的・理論的に解明。比較法分析によって日本法への示唆を得るとともに、法的権利救済制度の構築へ向けた理論モデルを提示する。

嶋田佳広著
住宅扶助と最低生活保障
―住宅保障法理の展開とドイツ・ハルツ改革―
A5判・334頁・7000円

ハルツ改革前後の制度変遷と判例法理の展開を整理のうえ、ドイツにおける住宅保障の制度と実態を考察。保護基準以上の保障をしない日本と、保護のために柔軟に対応するドイツの住宅扶助に関する比較をふまえ、今後の日本の保護基準のあり方へ示唆を与える。

松本伊智朗編
「子どもの貧困」を問いなおす
―家族・ジェンダーの視点から―
A5判・274頁・3300円

子どもの貧困を生みだす構造のなかに家族という仕組みを位置づけ、歴史的に女性が負ってきた社会的不利を考察、論究。「政策」「生活の特徴と貧困の把握」「ジェンダー化された貧困のかたち」の3部12論考による貧困再発見の書。

久塚純一・山田省三編
社会保障法解体新書〔第4版〕
A5変型判・258頁・2400円

私たちの生活を多岐にわたって下支えしている複雑な社会保障制度を日常の具体的な場面から解きほぐす。図表・イラスト・コラム・解説をふんだんに用いて、そのしくみと機能をわかりやすく概説。旧版刊行（2011年）以降の法改正に対応した。

田中和男・石井洗二・倉持史朗編
社会福祉の歴史
―地域と世界から読み解く―
A5判・224頁・2400円

急速に変化する現在の社会福祉の課題を明らかにするためにその原型となる思想・実践を概観。前近代から説き起こし、古代から明治・大正期、戦中・戦後に至る数百年単位の時間の中で、現在の複雑化する制度の在り方を捉え直す。

―法律文化社―

表示価格は本体（税別）価格です